Empieza con un no

JIM CAMP

Empieza con un no

El *coach* de negociación
con más éxito de EE. UU.
Explica por qué el todos ganan
es una estrategia poco eficaz
que muchas veces lleva al desastre
y cómo superarla.

EDICIONES OBELISCO

Si este libro le ha interesado y desea que le mantengamos informado de nuestras publicaciones,
escríbanos indicándonos qué temas son de su interés (Astrología, Autoayuda, Ciencias Ocultas,
Artes Marciales, Naturismo, Espiritualidad, Tradición...)
y gustosamente le complaceremos.

Puede consultar nuestro catálogo en www.edicionesobelisco.com

Colección Éxito
EMPIEZA CON UN NO
Jim Camp

1.ª edición: marzo de 2026

Título original:
Start with No: The Negotiations Tools that the Pros Don't Want you to Know

Traducción: *Daniel Aldea*
Corrección: *Sara Moreno*
Diseño de cubierta: *Enrique Iborra*

Edita: Ediciones Obelisco, S. L.
Collita, 23-25. Pol. Ind. Molí de la Bastida
08191 Rubí - Barcelona - España
Tel. 93 309 85 25 - Fax 93 309 85 23
E-mail: info@edicionesobelisco.com

ISBN: 978-84-1172-354-1
DL B 22123-2025

Impreso en España en los talleres gráficos de Romanyà/Valls S. A.
Verdaguer, 1 - 08786 Capellades (Barcelona)

Printed in Spain

Introducción

La técnica del todos ganan arruinará el acuerdo

¿Cuántas veces has leído u oído en los últimos veinte años la expresión «todos ganan»?[1] Un montón, ¿a qué sí? Lo sé, empieza a ser pesado. El término ha acabado convirtiéndose en un cliché cultural, el único paradigma aceptable para cualquier tipo de interacción personal. En el mundo de los negocios, su atractivo reside en la creencia de que ninguna empresa tiene derecho a saquear el mercado por el mero hecho de tener una posición de fuerza y dominio. Creemos que la prosperidad compartida –aquélla en la que todas las partes salen ganando– es la más sostenible.

Si todo es tan bonito, ¿a quién se le ocurriría sugerir que el todos ganan no es el modelo ideal para cualquier tipo de negociación? Pues a alguien como yo. Basándome en mis casi veinte años de experiencia como *coach* de negociación, estoy convencido de que el todos ganan es un enfoque de negociación profundamente desacertado, tanto para los negocios como para la vida personal o en cualquier otro ámbito. Este libro y el sistema que he desarrollado deben considerarse como un *rechazo* del todos ganan en todas sus formas. Podría haber elegido muchas ideas que forman parte de mi sistema como título de este libro, pero me decidí por *Empieza con un no* porque quería subrayar de forma

---

1. En inglés, *win-win. (N. del T.)*

expresa el profundo desacuerdo que siento por el todos ganan, una estrategia de negociación que insta implícitamente a llegar al *sí* lo antes posible y, prácticamente, a cualquier precio. Este tipo de negociación es la peor forma de conseguir el mejor acuerdo posible. De hecho, lo más probable es que lo arruine.

Puede que trabajes en alguna de las muchas empresas de todo el mundo que exhiben con orgullo los relucientes trofeos del todos ganan que sus clientes más importantes suelen enviar al equipo de ventas. Así es, trofeos reales que son testimonio de una negociación *fallida,* una negociación sin disciplina ni sistema. En otras palabras, una negociación llevada a cabo por aficionados ingenuos. Me parece estupendo que los niños y las niñas de ocho años reciban trofeos en las competiciones deportivas en las que participan, independientemente de que hayan sido campeones esa temporada o no. Y me parece asombroso que los altos ejecutivos no entiendan que lo que está hundiendo a sus empresas son precisamente las negociaciones en las que ambas partes salen ganando. Pero esto es exactamente lo que está sucediendo. Y lo sé porque he pasado muchas veces por delante de las vitrinas donde se exhiben este tipo de trofeos antes de reunirme con los ejecutivos que querían contratar mis servicios como *coach* de negociación porque las cosas se habían puesto muy feas.

«¡Pero si se han alcanzado muchos acuerdos gracias al todos ganan! ¡Y se han escrito un montón de titulares, artículos y libros sobre esa técnica! ¡Seguro que tiene que funcionar!». Mi respuesta es muy sencilla: el hecho de que se haya negociado y llegado a un acuerdo no me dice gran cosa. ¿Quién ha dicho que el acuerdo era bueno, incluso el *mejor* posible? Es como si alguien dijera que los Cleveland Indians han anotado ocho carreras; ese dato por sí sólo no me dice gran cosa, porque los Yankees podrían haber anotado nueve. Por tanto, necesito conocer el resultado final de esos supuestos acuerdos.

Y lo conozco. Sé que determinada empresa que se dedica a la distribución a escala mundial se convirtió en un gigante del sector llegando a acuerdos con centenares de pequeños proveedores estadounidenses que la susodicha empresa posteriormente anuló para poder conseguir un mejor acuerdo; un mejor acuerdo para la empresa de distribución, claro está. ¿Los primeros acuerdos fueron satisfactorios para los proveedores? Pregúntaselo a ellos. Y también pregúntales qué les parecen los segundos acuerdos. Sé que algunas empresas minoristas del sector textil se han especializado en presionar a sus proveedores para que firmen acuerdos inverosímiles con objetivos de producción imposibles de cumplir. Y cuando eso ocurre, las empresas hacen cumplir la ley, anulan los contratos y vuelven al cabo de aproximadamente un mes para renegociar a precio de saldo, pues por entonces disponen de toda la fuerza para llegar a un acuerdo más ventajoso. ¿Cuáles fueron más beneficiosos para los proveedores, los primeros o los segundos acuerdos? Pregúntaselo a ellos.

En los años ochenta, cuando empecé a trabajar como *coach* de negociación a tiempo completo, después de unos cuantos años haciendo de mentor de un modo más informal, no tomé la decisión porque me dijera: «Jim, siempre hay una oportunidad para lo contrario en cualquier campo, así que ¿por qué no te dedicas a echar por tierra el paradigma del todos ganan?». Tampoco soy un tipo sin corazón que disfruta intimidando a la gente, como si ésa fuera la única alternativa al todos ganan. El mundo de los negocios está lleno de gente así, y a lo largo del libro conoceremos varios ejemplos, pero yo no soy uno de ellos. No, empecé a cuestionar el paradigma todos ganan porque enseguida me di cuenta de que con demasiada frecuencia es más bien una estrategia del todos *pierden.* No nos confundamos: cada minuto se firma en el mundo un acuerdo malísimo pero que, supuestamente, es beneficioso para las dos partes. La promesa no es más que simple manipulación. Malabarismos lingüísticos.

Planteémonos la situación de este modo: si una empresa con un buen producto o servicio y con los recursos adecuados se declara en quiebra, algo que ocurre todos los días, lo más probable es que el causante de dicha fatalidad sea una mala estrategia de negociación con los proveedores, los clientes, los empleados, en definitiva, *con todo el mundo.* Sin embargo, aunque cada día aumenta el número de víctimas del todos ganan, los incautos siguen siendo legión. Si lo único que consigo con este libro es alertar a las personas de negocios de los peligros de esta técnica, habré prestado un valioso servicio público. Estoy tan convencido de la importancia de este tema que voy a dedicarle un par de páginas más.

Algunos lectores –entre los que me incluyo– suelen leer por encima o incluso saltarse las introducciones de los libros. Por favor, con éste no lo hagas. Para poder entender mi sistema, tienes que entender los peligros inherentes al todos ganan.

Están al acecho

No soy el primer negociador profesional en darse cuenta de la debilidad inherente de la filosofía imperante. Ni mucho menos. Muchísimos oportunistas y negociadores astutos de cualquier sector empresarial saben que los negociadores fanáticos de la técnica del todos ganan son un blanco fácil. De hecho, se ha desarrollado una estrategia corporativa de negociación de alto nivel, la cual cada vez es más popular, conocida en el mundo empresarial por el acrónimo en inglés PICOS, con el *único objetivo* de imponerse a negociadores débiles que utilizan la técnica del todos ganan.

Se trata de una historia de lo más instructiva, por lo que la retomaré a principios de los años noventa, cuando un hombre llamado José Ignacio López de Arriortúa era uno de los principales responsables del departamento de compras de General Motors. (Muchos lectores le recordarán porque en 1992 se marchó de esta empresa para ir a Volkswagen, una noticia que creó un gran revuelo por las graves acusaciones de robo de secretos industriales. Aunque el gobierno federal le acusó de espionaje industrial, López sigue luchando en los tribunales para evitar ser extraditado desde España). López y su cohorte en GM desarrollaron PICOS, o Programa de Mejora y Optimización de Costos de Proveedores. (También lo he visto escrito como Optimización del Coste de los Insumos Adquiridos, así que cada cual que elija el que más le guste). La idea detrás de este «método de cálculo de costes» era ayudar a los proveedores a reducir sus propios costes en la fase de diseño y producción de los productos que vendían a GM. Al mantener bajos los costes de los proveedores, GM mantenía bajos los precios de los proveedores y, por tanto, sus propios costes.

¿Qué hay de malo en ayudar a los proveedores a reducir sus costes? Es un buen ejemplo de la técnica del todos ganan, ¿no? En efecto, pero sólo para GM porque, cuando dejamos a un lado la retórica, «optimización de costes» en realidad no es más que un eufemismo políticamente correcto para someter a los proveedores. No era, ni más ni menos, que una forma diligente, sostenida y extremadamente eficaz de que el gigantesco fabricante de automóviles redujera costes apretando las tuercas de sus miles de proveedores, sin preocuparse de las posibles consecuencias para éstos. Si un proveedor se iba al garete o no podía cumplir las condiciones negociadas, siempre había otro proveedor convencido de poder sobrevivir con aquellos precios. PICOS y su retórica del todos ganan sonaba bien en teoría, aunque, en la práctica, fueron y son devastadores para un gran número de empresas.

Hoy en día, algunas de las escuelas de negocios más importantes del mundo han desarrollado programas similares de optimización de costes, o «gestión de sistemas de suministro», como también se los conoce, e imagino que muchas otras seguirán su ejemplo, porque tanto a GM como a otras grandes empresas les han funcionado muy bien. Una escuela de negocios que enseña el mantra de la técnica del todos ganan en un curso sobre negociación es posible que también imparta, justo en el aula de enfrente, un curso sobre «gestión de sistemas de suministro», ¡el cual está expresamente diseñado para contrarrestar el modelo todos ganan! Alucinante.

Un par de semanas antes de escribir este libro, vi por casualidad una entrevista en uno de los canales de audio de la Northwest Airlines con el director general de una nueva empresa que se dedica a desarrollar *software* para el «comercio electrónico interactivo». El director ejecutivo en cuestión se jactaba de cómo el *software* de adquisiciones de la empresa ayudaba a sus clientes a «dominar a sus proveedores». La cita es literal, y eso sólo es la punta del iceberg. Internet facilitará el crecimiento de enormes cooperativas de compra, iniciativas multimillonarias que permitirán a los competidores combinar su poder de compra para reducir los precios de los proveedores y añadir otro recurso a su arsenal de optimización de costes: «Si tus condiciones no son lo suficientemente buenas, iniciaremos una puja en Internet». No tengo ni idea de cómo se desarrollará todo esto en los próximos años, pero de lo que sí estoy seguro es de que terminará representando una mayor ventaja para los peces gordos.

Invitación a una concesión innecesaria

¿Cuál es el veneno que se oculta en el centro de la gran mentira del todos ganan? Ya has oído hablar de él; se llama *concesión*. Son muchos los negociadores que participan del juego del todos ganan invitando a sus incautos adversarios a hacer concesiones prematuras y debilitantes, quienes, a su vez, están casi *programados* para cometer este error fatal por culpa del mantra del todos ganan. Estos negociadores tan persuasivos no hacen ninguna concesión, pero exigen que tú la hagas. (En el caso de los departamentos de compras de las grandes corporaciones, supongo que su compromiso consiste en comprarte *a ti* en lugar de a otro). Y sin dejar de sonreír ni un solo momento durante todo el tiempo que duran las negociaciones. Dado que GM tenía una merecida reputación de abusón, tanto ésta como el resto de las grandes empresas compradoras aprendieron a ser aún más diligentes en el uso de la retórica del todos ganan, recurriendo a un estilo, anticuado y profundamente americano, que popularizó Dale Carnegie con el objetivo de hacer amigos e influir en la gente. Un estilo que podría resumirse con esta frase: «Hagamos esto juntos, *socio*», y que se basa en la vieja tradición americana de la negociación colectiva. De hecho, casi todos los libros que se han publicado recientemente sobre negociación –centenares si incluimos tanto los textos académicos como los libros más comerciales– sustentan su análisis y sus consejos en torno a los principios de la negociación colectiva legalmente establecida para las relaciones laborales (la Ley Nacional de Relaciones Laborales de 1935): la negociación basada en la buena fe, la reciprocidad y las concesiones. En la negociación colectiva, un negociador puede ir a la cárcel por no negociar de buena fe, es decir, por rechazar la técnica del todos ganan. No es de extrañar que muchos de sus gurús se hayan educado y formado en este campo.

En sí misma, la negociación colectiva estrictamente regulada no tiene nada de malo. Como tampoco lo tiene, en general, la «negociación basada en la buena fe». Por supuesto que todo el mundo desea negociar de buena fe. Es algo en lo que yo mismo siempre insisto con mis clientes. Ahora bien, cuando el tigre al otro lado de la mesa dice: «Denise, Tom, debéis tener en cuenta nuestros legítimos intereses. Necesitamos un poco de buena fe en esto, un espíritu más en la línea del todos ganan», ¿qué es lo primero que piensan Denise y Tom? Pues, probablemente, que van a tener que renunciar a algo si quieren llegar a un acuerdo; y necesitan llegar a un acuerdo, porque eso es muy importante para su empresa. Se han dejado manipular sutilmente y ahora se sienten responsables de los resultados que su adversario comunicará a su jefe. Como son buenas personas, hacen una concesión para ayudar a su adversario a convertirse también en ganador, aunque no tengan ni idea de lo que le convierte en uno. Cuando Denise y Tom, ingenuos y ansiosos por ganar, negocian con un astuto tigre que ha leído los *mismos* libros que ellos sobre el todos ganan, se encuentran en un buen aprieto.

Nunca olvides una cosa: los negociadores de la mayoría de las multinacionales que dominan el mercado son tigres. La mayoría, si no todos, los grandes hombres y mujeres de negocios son tigres. Te reto a que entres en la jaula de negociación con ellos, con sus colegas o con un equipo de negociadores de optimización de costes después de haber leído uno de los muchos libros disponibles sobre la técnica del todos ganan. Si no me crees, pregúntales a los proveedores de cierta empresa de distribución a escala mundial y de ciertas empresas minoristas de ropa. Por favor, consúltalo con las empresas más pequeñas que se enfrentan todos los días a los gigantes de la Nueva Economía Global de la Costa Oeste. Y te aseguro que los negociadores de Arabia Saudí y Japón no conocen la tradición estadounidense de negociación colectiva; o, si la conocen, es para aprovecharse del negociador que sentado delante de ellos con ese tipo de mentalidad. ¿Crees que Ho Chi Minh usó la técnica del todos ganan en las fatídicas negociaciones sobre Vietnam? Creo que no. Pero lo que es seguro es que Richard Nixon, Henry Kissinger y el resto de su equipo sí lo hicieron.

El pensamiento más alejado de la astuta mente de Ho Chi Minh era llegar a un «acuerdo inteligente», tal y como se define en *Obtenga el sí*, el principal libro sobre la técnica del todos ganan que puede encontrarse actualmente en las librerías. Creo que es altamente instructivo echarle un rápido vistazo a esa definición. Dice así: «Un acuerdo inteligente puede definirse como aquel que satisface, en la medida de lo posible, los intereses legítimos de las partes, resuelve los conflictos de intereses de forma justa, es duradero y tiene en cuenta los intereses de la comunidad».

Suena bastante bien, pero ¿quién decide qué intereses son «legítimos»? ¿Quién determina si se han resuelto «equitativamente» los intereses en conflicto? ¿Qué significa «en la medida de lo posible»? ¿Y «duradero» significa que el acuerdo tiene que durar un mes, un año o toda la vida? ¿Y de qué «intereses de la comunidad» estamos hablando? Porque intereses hay muchos, y a menudo en competencia mutua: los intereses de las escuelas, de los sindicatos, de la patronal, del medioambiente, del ayuntamiento, sólo por mencionar algunos.

Una vez más: «Un acuerdo inteligente puede definirse como aquel que satisface, en la medida de lo posible, los intereses legítimos de las partes, resuelve los conflictos de intereses de forma justa, es duradero y tiene en cuenta los intereses de la comunidad». Quizá en un mundo perfecto, pero en éste ya me parece estar oyendo, de fondo y bajito, la marcha fúnebre. En esta definición, se entiende de forma implícita, o casi explícita, que ambas partes deben hacer concesiones. Evidentemente, nuestros hipotéticos negociadores, Denise y Tom, *deben* tener en cuenta los «intereses legítimos» de su adversario, siempre y cuando descubran cuáles son exactamente esos intereses, pero eso *no* significa necesariamente que tengan que ceder un solo céntimo.

¿Por qué querrías hacer concesiones antes de estar seguro de que es necesario hacerlas? A veces ceder está bien, pero muchas otras no lo haces y obtienes mejores resultados. El problema es que, con la mentalidad del todos ganan, *nunca sabrás cuál de las dos opciones es la mejor.* Piensa detenidamente un momento en esto: el todos ganan y la cultura de la concesión nos condicionan a empezar cualquier reunión con una mentalidad derrotista. Al negociar bajo la bandera del todos ganan, nunca sabemos si hemos tomado las decisiones correctas y necesarias que han llevado a la concesión.

Puede que algunos lectores estén pensando ahora mismo: «El enfoque de Jim Camp me parece demasiado cruel. *Me gusta* el planteamiento todos ganan. Creo que gracias a él construiremos un mundo mejor y más justo». Ahora ya oigo la marcha fúnebre, no al fondo y bajito, sino a todo trapo. Permíteme que ilustre el tema con una breve historia real. Imagina que formas parte de un reducido grupo de jóvenes genios del *software* de Silicon Valley y que una empresa japonesa se ofrece a comprar vuestra tecnología punta por 400 000 dólares. Necesitáis capital y, de repente, aparece este dinero caído del cielo. Ahora prácticamente no ganáis nada y el dinero os ayudaría a salir adelante. Además, los inversores son lo bastante listos y amables como para valorar como se merece vuestro trabajo y arriesgarse por vosotros. Parece un buen acuerdo en el que todo el mundo sale ganando, ¿verdad? Eso es lo que pensó el equipo en cuestión. Antes de que me los presentaran, estuvieron a punto de aceptar la oferta inicial; sin embargo, yo les sugerí un enfoque distinto tras descubrir que la empresa japonesa que había insistido durante 6 meses que la oferta de 400 000 dólares era el máximo que podían ofrecer en realidad era una corporación falsa que trabajaba en nombre de un importante fabricante de automóviles japonés que pretendía hacerse con tecnología estadounidense a precio de saldo. Estos «escuadrones de la muerte», como se los conoce en el mundo de los negocios, son muy conocidos en Silicon Valley, aunque también operan en otros sectores empresariales, tanto grandes como pequeños, y normalmente lo hacen bajo el disfraz humanitario del todos ganan. Al final, el equipo de *software* obtuvo 8 millones de dólares por su tecnología. ¿Por qué? Porque ése era su valor de mercado. Con la técnica del todos ganan nunca habrían obtenido el valor real que tenía la tecnología en cuestión.

Es posible que algunos lectores también estén pensando: «Camp, ¿por qué has utilizado antes el término "adversario"? No me siento cómodo con eso. Una negociación no es una guerra». No, no es una guerra, y aunque soy consciente de que la palabra «adversario» tiene connotaciones que pueden resultar beligerantes, yo la defino como «oponente que goza de mi respeto». Estás negociando con un oponente al que respetas. Principalmente, empleo la palabra «adversario» para contrarrestar la idea sensiblera según la cual las personas al otro lado de la mesa de negociación quieren ser tus amigos, y que incluso pueden llegar a fingir que lo son.

¡No cabe duda de que el concepto todos ganan suena bastante bien! Precisamente por eso es tan peligroso y hay que tener tanto cuidado con él. Puede que te sirva cuando tengas que negociar con el vecino de al lado a qué hora puedes encender el carbón para hacer una barbacoa, pero no te servirá de mucho contra los duros y experimentados negociadores del mundo de los negocios.

Negociación basada en las *emociones* frente a negociación basada en las *decisiones*

El mundo de los negocios es una locura. En muchísimas empresas, los departamentos de ventas siguen el paradigma del todos ganan y, por tanto, ceden a la menor oportunidad en su desesperación por «cerrar el acuerdo», mientras que los diversos agentes y departamentos de compras son expertos conocedores de alguna de las teorías de gestión de los sistemas de suministro, las cuales están diseñadas para aprovecharse de las debilidades de los vendedores que utilizan la técnica del todos ganan. ¿Los directores ejecutivos de estas empresas son conscientes de esta contradicción, de este absurdo? ¿Comprenden que *tanto* el paradigma del todos ganan *como* el paradigma PICOS son contraproducentes? Me gustaría saberlo.

He aquí una historia real que ejemplifica perfectamente mi punto de vista. A un lado de la mesa, una empresa mediana que vende un producto vital para el mundo de la alta tecnología. Pongamos que la empresa se llama Euphoric, Inc. Al otro lado de la mesa, una división de una gigantesca multinacional que suministra un producto químico vital para la fabricación del producto de Euphoric. Pongamos que este proveedor se llama Worldwide, Inc. En esta negociación, Worldwide se puso en contacto con Euphoric y le pidió una renegociación del contrato para el suministro del producto químico del que tenían la patente, un derivado del petróleo cuyos costes de producción se habían encarecido por culpa del aumento mundial del precio del crudo. Euphoric se negó a renegociar el contrato. Un trato es un trato, dijeron. En respuesta, Worldwide ralentizó el envío del producto químico, con lo que Euphoric no tendría más remedio que parar su producción.

¿Cuánto habría aumentado el coste unitario del producto de Euphoric la petición de Worldwide? Unos quince céntimos. ¿Por cuánto vendía Euphoric el producto? Por algo más de 2000 dólares.

Las cifras anteriores no son erratas. La batalla se libraba por un aumento de quince céntimos en el coste de un producto que costaba 2000 dólares. ¿Cómo se explica semejante ceguera? Muy sencillo. Worldwide, como casi todos los departamentos de ventas de todo el mundo, estaba tan acostumbrada a hacer concesiones a la primera de cambio en nombre del todos ganan que no se atrevía a insistir en la subida justificada de precio de su producto patentado. Mientras tanto, el personal de adquisiciones de Euphoric estaba poniendo en riesgo cientos de millones de dólares de sus beneficios porque, como la mayoría de los departamentos de compras de todo el mundo, estaban ciegamente comprometidos a obtener en todo momento el máximo rendimiento de los adversarios que negocian con la técnica del todos ganan. Ambas partes estaban encerradas en su mundo emocional, comprometidas con teorías abstractas de negociación, y ninguna de las dos estaba tomando buenas decisiones. Al final, Worldwide consiguió el aumento que reclamaba, dado que era la mejor decisión para ambas empresas, pero la negociación fue ridículamente larga, complicada y cara.

Este libro es una refutación de la negociación basada en las *emociones*. Como alternativa, someto a tu consideración la negociación basada en las *decisiones*. Al final, creo que estarás de acuerdo conmigo en que la diferencia entre ambas es más que evidente y que la elección entre las dos es bastante sencilla.

Cuando estaba en la fuerza aérea, aprendí, primero en el aula y después desde la cabina del avión, decisión tras decisión, error tras error, que no podía controlar directamente las acciones y decisiones de mi adversario, pero que sí podía, mediante hábitos entrenados, gestionar mejor su *evaluación* y asegurarme de que era la correcta. Gracias a una alta capacidad para tomar decisiones, tenía la posibilidad de mantener el control de la situación y, por tanto, lograr un resultado beneficioso. Del mismo modo, aunque no era capaz de controlar totalmente mis emociones –nadie puede hacerlo–, sí podía mantenerlas bajo control, evitando que influyeran demasiado en mis *acciones,* mediante hábitos de comportamiento cuidadosamente estructurados. No se diferencia mucho a cómo los cirujanos o cualquier otro profesional aprende su oficio: practicando, estudiando, tomando buenas y malas decisiones, corrigiendo las malas, practicando más, estudiando más, tomando más decisiones, corrigiendo más.

Me centré en lo que podía controlar, los medios, y no en lo que escapaba a mi control, el fin. El objetivo de este libro es enseñarte a hacer lo mismo durante una negociación, ya que la mayoría de los negociadores hacen justo lo contrario. Se centran en lo que no pueden controlar, el fin, y pierden de vista lo que sí controlan, los medios.

Me gusta especialmente esta analogía del mundo del béisbol: Barry Bonds y Sammy Sosa no pueden controlar si conseguirán o no un *home run*. Al fin y al cabo, Bernie Williams puede trepar al muro y arrebatarles la gloria o el lanzamiento largo puede topar con una corriente de aire que haga caer la pelota en la franja de advertencia. Pueden pasar muchas cosas, por eso Bonds y Sosa sólo pueden centrarse en los medios que permiten alcanzar un fin: batear la pelota con un *swing* fluido y perfecto. Sólo piensan en mantener la potencia y la dirección durante la ejecución del bateo. Si piensan en los *home run* que pueden hacer, *pierden* potencia y dirección al hacer un *swing* excesivo y fallar demasiados lanzamientos.

La analogía también es aplicable a las negociaciones comerciales, algo que comprendí desde el primer momento que me puse a reflexionar seriamente sobre el tema, concretamente, cuando ayudé a un amigo de California a llegar a un pequeño acuerdo comercial. No puedes controlar las acciones y decisiones de la otra parte —al menos no directamente—, pero sí puedes controlar el análisis de la situación de tu adversario; además, con mucho trabajo y disciplina, también puedes controlar tus propias acciones y decisiones, y mantener tus emociones bajo control. Con mi sistema, aprenderás a controlar lo que se puede controlar en una negociación. Y cuando lo consigas, serás capaz de alcanzar el éxito (entendiendo que, a veces, el éxito significa marcharse de la reunión tras despedirse educadamente).

Mi lema (y título), «Empieza con un no», está basado en la idea de que un «no» es una decisión. Un «sí» prematuro probablemente sea un truco, y un «tal vez» es sólo eso, tal vez, algo que no lleva a ninguna parte. Pero un «no» es una decisión que da algo de lo que hablar a todo el mundo y que nos ayuda a mantener el control, como explicaré en detalle en el capítulo 3.

Otra de mis reglas es «No cierres el trato». Es posible que pienses que es absurdo. Al fin y al cabo, «Cómo cerrar un trato» es una sección prácticamente obligatoria en cualquier libro sobre negociación que se precie, así que tiene que ser importante. Pero esto no es un juego. Los grandes acuerdos, e incluso los pequeños, no se «cierran» en el sentido habitual del término, sino que se *concretan* a través de la visión y la decisión, durante semanas, meses o puede que años. Además, si cerrar el trato es tu objetivo, tu obsesión, tal vez incluso el sueño de tu vida, entonces es que te estás centrando en lo que *no puedes* controlar y olvidándote de lo que sí puedes controlar. Si negocias con auténticos profesionales, al final pagarás el precio por este comportamiento equivocado. En mi sistema, te olvidas de ganar y te concentras en lo esencial: la toma de decisiones más acertada.

Al principio, algunas personas –muchas, para ser francos– se muestran escépticas ante estas y otras reglas que utilizo en mi trabajo, pues parecen ir en contra de la corriente empresarial más en boga. Algunos de mis nuevos clientes incluso se han mostrado bastante reticentes, pero después de un análisis más detenido y, obviamente, después de poner a prueba mi método en una negociación real, la gran mayoría de estos hombres y mujeres se convierten a la causa porque invitar al adversario a decir que «no» funciona, porque la regla «No cierres el trato» funciona y porque centrarse en lo que realmente puedes controlar en una negociación –los medios y no el fin– simplemente funciona.

De repente, lo que parece contradictorio se convierte en sentido común.

El *sistema* Camp

Repito: la técnica del todos ganan a menudo se convierte en la técnica del *todos pierden* porque induce a hacer concesiones innecesarias, está basada en las *emociones* en lugar de en las *decisiones* y en ella empleamos el corazón, no la cabeza. Y una cosa más: la técnica del todos ganan no está basada en sólidos principios, sino en cursilerías como la definición de «acuerdo inteligente» que hemos visto anteriormente.

El todos ganan no permite controlar la negociación de forma clara y paso a paso. Ésa es una de las razones por las que esta técnica de negociación es superada una y otra vez en el mundo real de los negocios. Conozco a muchos directores ejecutivos que, pese a estar orgullosos de sus acuerdos, carecen totalmente de disciplina y criterio para tomar decisiones. Se tiran a la piscina suponiendo que los demás también lo están haciendo. Pero algunos de sus adversarios no lo hacen, sino que los esperan bajo el agua con bombonas de oxígeno y un arpón, y el incauto del todos ganan es el objetivo. No es una pelea justa.

Muchos lectores habrán oído alguna vez la conocida historia de Ross Perot sobre el americano que quiere comprar un camello. El hombre se detiene delante de una tienda con media docena de camellos atados fuera y le pregunta al dueño por un animal en concreto. El beduino le responde: «Oh, ése es el camello de mi hijo, su mascota. No puedo venderlo». Desconcertado, el americano vuelve a subir a su Range Rover y empieza a alejarse. El beduino corre tras él, gritando: «¡Pensaba que quería comprar mi camello!».

Estoy de acuerdo con Ross Perot: ¡los americanos no saben negociar! Si pudieras, seguramente nos preguntarías a Perot y a mí: vale, entonces, ¿cómo han llegado a la cima todos esos directores ejecutivos si son unos negociadores tan incompetentes? Dado que el todos ganan no es un sistema ni ofrece criterios reales para evaluar a quienes lo «utilizan», la mediocridad campa a sus anchas. Todos sabemos que hay mucha mediocridad en el mundo de los negocios, y creo que el paradigma del todos ganan tiene una buena parte de culpa. ¿Qué pasa si el negociador ha terminado ofreciendo un descuento del 27 % cuando sus jefes esperaban que sólo tuviera que ofrecer el 24 %? Lo ha intentado, y además la diferencia es de sólo un 3 %. Todos salimos ganando, ¿no? Adelante, descorchen el champán. Nadie tiene ni idea del descuento que *debería* haberse ofrecido ni el que se habría aceptado, ni siquiera si era necesario ofrecerlo. O cambiemos la perspectiva: el *comprador* esperaba obtener un descuento del 27 %, pero sólo consiguió el 24 %, y con el todos ganan, ¿quién sabe cuánto podría haber conseguido si hubiera negociado mejor? Así que, al otro lado de la mesa también descorchan el champán.

Este libro ofrece un *sistema*. Gracias a él, *sabrás* cuál es el descuento que se debería haber ofrecido, por lo que *no* ofrecerás ni un céntimo más. Con mi sistema, te centrarás en los objetivos y la conducta que puedes controlar e ignorarás los resultados que no puedes controlar. Aunque los aspectos básicos del sistema son bastante sencillos de entender, es necesaria una férrea disciplina y mucha práctica para emplearlo con éxito, tanto si estás negociando el precio de una carta Pokémon, una casa nueva o un acuerdo multimillonario con una multinacional. La disciplina y la práctica a las que me refiero han cambiado la vida de mis clientes, no sólo porque ahora están ganando mucho más dinero que antes, sino también en un sentido más amplio por el modo en que ha mejorado la relación con su jefe, sus compañeros de trabajo y de equipo, su pareja, sus hijos y sus amigos. Sea cual sea tu ámbito de trabajo, si te pusieras a contar el número de negociaciones que llevas a cabo en una semana ajetreada, el resultado te sorprendería. Yo mismo lo probé una vez, pero dejé de contar al llegar a cien. Seguro que tú obtendrías una cifra similar, ya que, si tu familia es como era la mía hace algunos años, nos pasamos el día negociando: a qué restaurante ir con los niños, dónde sentarse, qué platos pedir y cuánto tienen que comer, por ejemplo. Supongo que te haces una idea. En Nueva York, la ruta que debe tomar el taxista desde La Guardia hasta el centro de Manhattan es otra negociación. La hora de la reunión con tus adversarios en el hotel también puede convertirse en una negociación.

La lista es interminable, y los principios y el sistema que presento en este libro son aplicables a cualquier situación.

Aunque el contenido de este libro es polémico, la estructura no podría ser más sencilla: catorce capítulos que presentan, uno a uno, los principios y prácticas que componen mi sistema. Van desde los principios más generales, que en realidad tratan sobre cómo prepararse para la negociación (la necesidad, el *no* sentirse cómodo), hasta aquellos que, aunque siguen tratando sobre cómo prepararte, también te llevan al terreno de la negociación real.

En estos capítulos también encontrarás muchas ideas nuevas, incluso cuando hablemos de conceptos empresariales verificados como la misión y el propósito, los cuales, en mi sistema, no tienen nada que ver con cualquier declaración de esa índole que hayas tenido que redactar alguna vez.

En los últimos capítulos nos adentraremos en las prácticas esenciales que utilizaremos para negociar acuerdos reales.

Aprenderemos a estructurar con rigurosidad todos los aspectos clave del proceso de negociación, como las agendas, los presupuestos y otros elementos importantes que no suelen ser la práctica habitual en el mundo de los negocios.

Una biografía y una garantía

Este sistema empezó a tomar forma cuando estaba en la fuerza aérea estadounidense, siguió desarrollándose durante mi etapa como piloto comercial y, más tarde, cuando pasé al terreno empresarial para dedicarme a ser *coach* de negociación. No soy un consultor, sino un *coach*, y hay una gran diferencia entre ambos: un consultor es mucho menos activo que un *coach* y no asume ninguna responsabilidad por su trabajo. Hay cientos, puede que miles, de consultores que incluyen las negociaciones entre sus servicios. Ahora bien, hay muy pocos *coach* que hagan lo que yo hago: trabajar con mis clientes *todos* los aspectos de una negociación.

Los últimos doce años, desde que creé las Negotiator Coaching Series en el Área de la Bahía, y luego Camptraining, he formado y asesorado a muchos equipos de negociación tanto en EE. UU. como en el resto del mundo. Todos los años celebro simposios para *coach* de negociación en grandes recintos de todo el país. La Universidad de Harvard, la Universidad Estatal de Ohio y la Universidad de San Francisco han enviado participantes a mis conferencias y simposios. La revista *Inc.* me ha invitado a su conferencia anual *Growing the Company*. En total, he presentado mis ideas y mi sistema a unas quince mil personas. He trabajado con unas 150 empresas en miles de negociaciones. En la última década, hombres y mujeres de campos muy diversos han utilizado mi sistema para negociar transacciones por valor de más de 4000 millones de dólares.

He asesorado a personal y equipos para empresas como Motorola, Texas Instruments, Merrill Lynch, IBM y Prudential Insurance. También trabajo con muchas medianas y pequeñas empresas. Suelo trabajar con unas treinta empresas a la vez, impartiendo seminarios o sesiones individuales de *coaching* con una media de 130 personas por empresa. Participo en unas 750 negociaciones al año. También asesoro a algunos empresarios de forma individual. Sin olvidar mi página web interactiva, Camptraining.com.

No pretendo que este libro consiga para los lectores lo que consigo con mis talleres, sesiones prácticas y asesoramiento a través de la web, ya que con mis clientes trabajo durante horas, días, semanas, meses, años y, en algunos casos, incluso décadas. Estoy bastante de acuerdo con las teorías del aprendizaje que aseguran que los seres humanos necesitamos unas ochocientas horas para dominar completamente un concepto complejo y los hábitos necesarios para su aplicación. De lo que no me cabe ninguna duda es que este libro por sí solo será una revelación para los lectores, tal y como lo es el material en su forma más práctica para mis clientes. Considérame un *coach* paciente, comprensivo y entusiasta *in absentia* o, si lo prefieres, a distancia. Es posible que la lectura de este libro no te capacite para negociar un acuerdo de 2 millones de dólares con Humongous, Inc., cuyos negociadores tienen fama de ser extraordinariamente tenaces, pero si aplicas los principios que presento aquí y desarrollas los hábitos adecuados, estarás más cerca de ese objetivo de lo que crees.

Obviamente, hay miles de artículos, libros, cursos universitarios y sitios web dedicados al arte y la ciencia de la negociación. Se han alcanzado muchísimos acuerdos muy buenos antes de que yo apareciera en escena, y muchos de ellos los han logrado negociadores que jamás han oído hablar de mí. Pero también es verdad que se han firmado muchísimos acuerdos malos. Ésta es la promesa que te hago: aunque es posible que lleves a cabo una negociación exitosa –o al menos obtengas un resultado afortunado– sin utilizar el sistema Camp, *con él* conseguirás muchos más buenos acuerdos y nunca te verás arrastrado o te quedarás atascado en una mala negociación.

Nadie contrata, ni debería hacerlo, a un asesor o *coach* de negociación después de ver un anuncio. Todos mis clientes acuden a mí porque otro cliente se lo ha recomendado. Cuando empecé a trabajar como *coach,* les ofrecía a todos los clientes nuevos una garantía por escrito. Si pudiera publicarse un libro con una garantía similar, lo haría sin pensármelo dos veces. Si lees con detenimiento y pones en práctica los principios y prácticas que aparecen en este breve libro, *te aseguro* que te convertirás en un negociador muchísimo mejor. No me cabe ninguna duda.

Nos guste o no, el mundo de los negocios es una auténtica jungla plagada de depredadores. En mi trabajo utilizo a menudo la imagen «bailar con el tigre», porque el tigre es visto o incluso venerado en todo el mundo como el depredador definitivo. Para bailar bien, para negociar bien, debemos oír la música, *sentir* la música, estar en sintonía con nuestra pareja, nuestro «adversario», en todo momento, y seguir disciplinadamente una serie de pasos cuidadosamente establecidos. Este libro ofrece tanto la disciplina como el sistema. No se trata de un montón de teorías ideadas en una torre de marfil y que parecen muy buenas sobre el papel, pero que no pasan la prueba del algodón. Mi sistema ha sido desarrollado en el mundo real de los negocios y es utilizado con un éxito rotundo en ese mismo mundo real todos los días. Aunque he pasado mucho tiempo en la torre de marfil, leyendo sobre las grandes personalidades responsables de la toma de decisiones, nunca he vivido ni trabajado allí.

El libro está compuesto por material práctico que te será de utilidad de *inmediato* y que podrás aplicar tanto en tus negociaciones empresariales como en los demás aspectos de tu vida. Aprenderás a diseñar una negociación sobre el papel y a controlarla paso a paso, a reaccionar con eficacia ante *cualquier cosa* que ocurra, a no dejarte sorprender nunca y, si es necesario, incluso a marcharte con una sonrisa. Cuando termines de leer este libro, tendrás la sensación de que puedes hacerlo. Más aún, tendrás una idea bastante buena de *cómo* hacerlo.

1
—

La mayor debilidad en una negociación

Los peligros de la necesidad

¿Por qué el tigre tiene los ojos en la parte frontal de la cabeza, mirando hacia delante? Porque es un *depredador* que siempre está al acecho en busca de una presa. ¿Por qué nuestros ojos también están orientados hacia delante? Porque también somos depredadores. Aunque observar a los niños en un parque infantil es una experiencia encantadora, también resulta muy aleccionadora, como bien saben todos los padres, ya que desde una edad muy temprana vemos surgir en ellos los instintos de dominio, superioridad, bravuconería y competitividad. Instintos que perduran durante toda la vida, como bien sabe cualquiera que haya pasado algo de tiempo en una residencia de ancianos. A muchas personas esos instintos los acompañan hasta la tumba.

Lo sé, es una forma bastante despiadada de empezar el primer capítulo de este libro, pero creo que es un punto que debemos dejar claro desde el principio. Como todos los depredadores, los humanos a menudo nos aprovechamos de los temerosos, los angustiados, los vulnerables y los *necesitados*. Aunque también somos capaces de ser altamente altruistas, en el mundo de los negocios y de la negociación no suele haber demasiado altruismo, a pesar de las bonitas palabras de algunos astutos negociadores del todos ganan. En una negociación, la expresión «perro come perro» a veces no hace justicia a la ferocidad que yace bajo la superficie. En tu vida como negociador, e incluso en tu vida como ciudadano del mundo, te enfrentas continuamente a despiadados depredadores en busca del menor signo de angustia y necesidad.

En tanto negociador, es absolutamente necesario que comprendas la importancia de este punto. NO necesitas el trato, porque necesitar algo significa perder el control y tomar malas decisiones.

¿Hasta qué punto te vuelves vulnerable a los depredadores cuando pierdes el control? Del todo. Ilustraré este punto con ayuda de la película *Caminando con leones*. En esta película protagonizada por Richard Harris y ambientada en África Oriental, como no podía ser de otro modo, el personaje interpretado por Harris tiene muchos «amigos» entre los animales, incluido un león. Un día, cuando Harris resbala y cae por la ladera de una colina, ¡el león salta sobre él en un abrir y cerrar de ojos! Harris consigue disparar su arma y ahuyentar al león, pero no le dispara, porque siempre ha sabido y nunca ha olvidado que el león es, ante todo, un depredador que se comportará como tal a la menor oportunidad y cuando perciba debilidad. Todos los adiestradores de animales te dirán lo mismo: para los depredadores todo es una cuestión de poder.

Muchos negociadores son iguales, incluso los que utilizan la técnica del *todos ganan*. Cuando hablo sobre este tema en talleres y seminarios, algunas personas creen que estoy exagerando la importancia de la necesidad. Pero no exagero. De hecho, si les preguntara a los clientes con los que he trabajado los últimos años qué idea de mi sistema ha tenido un *impacto más positivo e inmediato* en su actividad negociadora, estoy convencido de que muchos de ellos elegirían esta sencilla advertencia sobre la necesidad. La experiencia les ha enseñado que mostrar necesidad puede tener, y *tendrá*, un efecto profundamente *negativo* en su comportamiento. En la mesa de negociaciones debes deshacerte de aquellas actitudes que transmiten necesidad.

La necesidad tiene muchas caras

Quizá la categoría de negociación en la que esta dinámica de la necesidad es más poderosa y peligrosa es la negociación directa para la venta al por menor, en la que la regla de oro de los negocios es asumida implícitamente por ambas partes: «El que tiene el dinero manda».

En la cultura occidental, nos consideramos básicamente compradores, ¿no crees? Compramos y consumimos con orgullo todo lo que podemos. El vendedor, en cambio, tiene un problema de imagen. El propio término «ventas» está siendo sustituido en muchos campos por el de «desarrollo empresarial», porque la imagen que solemos tener en la cabeza del vendedor se acerca bastante a la del vendedor ambulante. Y lo que es aún más importante, el vendedor es sin duda la parte *dependiente* en una negociación. Debe estar dispuesto a hacer concesiones, a transigir, mientras que el comprador acapara todo lo que puede. Al fin y al cabo, en la mayoría de los casos el comprador puede ir a comprar a otro sitio, mientras que el pobre vendedor *necesita* el trato. La imagen que tiene de sí mismo el individuo que desempeña el papel de vendedor lo condiciona a mostrar una actitud necesitada que a menudo se traduce en malos acuerdos.

Los mejores negociadores son expertos en reconocer la necesidad en sus adversarios, pero también en *provocarla*. Especialmente los negociadores que trabajan para las grandes empresas suelen aumentar las expectativas de los proveedores con los que están negociando, pintando escenarios optimistas y exagerados para conseguir grandes pedidos, proyectos conjuntos, alianzas globales, y todo ello con el objetivo de crear en su adversario la necesidad de alcanzar un acuerdo excepcional que no puede dejar escapar. A continuación, cuando la necesidad ha quedado claramente establecida, bajan el listón con cambios, excepciones y muchos otros recursos que no son más que exigencias para obtener concesiones. A lo largo de este libro veremos cómo funciona esto en toda su crudeza.

A veces, sin embargo, es el comprador, y no el vendedor, quien se encuentra en una potencial posición de necesidad. Un ejemplo clásico de esto es la historia de la expedición de Lewis y Clark. Cuando estos intrépidos exploradores *necesitaban* caballos frescos, de algún modo los nativos americanos lo sabían. Cuando los residentes locales negociaban la venta de bienes menos valiosos y necesarios, llegaban a rápidos acuerdos; ahora bien, cuando les vendían caballos a los exploradores, caballos de los que dependía su vida, entonces montaban sus tipis y se preparaban para una larga negociación. Eran negociadores con un instinto especial. (Los diarios de Lewis y Clark son una lectura muy recomendable para cualquier negociador, pues estos dos grandes americanos se enfrentaron a numerosas situaciones de negociación poco habituales).

A veces Lewis y Clark sí que *estaban* necesitados, simple y llanamente. A veces necesitaban desesperadamente caballos y otros suministros. Hoy en día, en pleno siglo xxi, no lo estamos. Y a pesar de eso, seguimos oyendo a la gente decir: «*Necesito* esta chaqueta». O «*Necesito* este coche». O «*Necesito* hacer una llamada». O «*Necesito* este trabajo». O «*Necesito* hablar contigo». O «*Necesito* este acuerdo». Usamos la palabra «necesitar» demasiado a la ligera. Las únicas cosas que realmente *necesitamos* son aquellas que nos garantizan la supervivencia física –aire, agua, comida, ropa, cobijo–, y todos los que estáis leyendo este libro ya las tenéis garantizadas. También debemos satisfacer las necesidades básicas para el bienestar intelectual y emocional: amor, familia, amistad, un trabajo satisfactorio, aficiones, fe…, cada persona tendrá su propia lista. Pero se trata de una lista corta, y no incluye –o al menos no debería incluir– una chaqueta de 500 euros o un coche de 100 000, porque hay otras chaquetas y otros coches. No debería incluir ni un trabajo ni una venta ni un acuerdo en concreto, porque hay otros trabajos, ventas y acuerdos.

Sin embargo, la necesidad está en todas partes. Permitidme que os cuente la experiencia más instructiva sobre el tema que he tenido en mi vida. Son las cero treinta horas (las primeras horas de la madrugada, en jerga militar) de una fría, húmeda y brumosa mañana de enero en el oeste de Texas. Es el primer día que mi grupo de pilotos de caza en prácticas volarán en formación. La sala está llena de jóvenes subtenientes vestidos con sus nuevos trajes de vuelo de color verde y botas negras de caña alta, esperando al comandante de vuelo. Y entonces llega el comandante Dave Miller, con el pelo ligeramente canoso en las sienes, el espécimen perfecto de piloto de caza, veterano del valle del río Rojo, en Vietnam, escenario de algunos de los combates aéreos más intensos de la historia. «¡Atención!». Nos levantamos de un salto y nos ponemos firmes.

Con una voz profunda y segura, ordena: «¡Siéntense!». Nunca he visto a nadie sentarse tan rápido como aquel grupo de hombres. Inmediatamente después dice: «Teniente Camp». Me sobresalto, pero me repongo lo mejor que puedo, vuelvo a la posición de firmes y respondo: «¡Señor, sí, señor!». Dave Miller continúa: «Acabas de despegar, estás a trescientos pies del suelo y ascendiendo. De repente, todo se queda en silencio y notas como si alguien estuviera pisando el freno. Tu velocidad es de doscientos cincuenta nudos y disminuyendo. Entonces te das cuenta de que los dos motores se han parado. ¿Qué haces?».

Me quedo en blanco y el corazón me late a toda velocidad. Tengo la sensación de que pasa mucho tiempo, pero finalmente me oigo decir: «Bueno, señor, ¿en qué pista estoy?». Y, aunque cueste creerlo, empecé a discutir con él, un veterano experimentado, mi instructor, sobre cómo debería haber actuado en esa situación hipotética. La respuesta correcta a la pregunta de Miller era eyectar. ¿*Eyectar?* Debía de estar loco. Jamás había eyectado en toda mi vida; ni siquiera me lo había planteado durante mi formación previa. Y aquella mañana en ningún momento se me ocurrió pensar que Miller estaba tratando de salvarme la vida, mientras yo intentaba presumir demostrando que podía alcanzar una determinada pista de aterrizaje.

Hay otra forma de describir toda la osadía y el ego que puse de manifiesto aquel día: la necesidad, simple y llanamente. En aquella «negociación» con mi instructor, necesitaba ser el mejor, saberlo todo, tener razón. A veces la necesidad es obvia y fácil de detectar, como en la historia con mi instructor, pero habitualmente es más sutil e insidiosa. El negociador experimentado continuamente detecta todo tipo de necesidades, tanto grandes como pequeñas. Es muy fácil caer en ese tipo de estado, a menudo incluso sin ser consciente de ello.

Piensa en algo tan sencillo como un saludo.

—Hola, soy Frank Jones.
—Hola, señor Jones.

Un servilismo tan sutil te pone inmediatamente en una situación de desventaja. Acabas de aceptar que Frank Jones es el número uno de la sala, y él lo sabe. Estás a punto de caramelo. Así que será mejor que lo llames simplemente Frank.

Fíjate en la siguiente petición para una cita:

«Señor Smith, soy Bob Jones. Trabajo para el fondo de riesgo First Advantage. Me gustaría saber si podría hacerme un hueco de diez minutos en su agenda para mostrarle cómo podemos trabajar con usted en el futuro».

Recuerda que las nuevas empresas no son las únicas que pueden parecer necesitadas. Algunas empresas de nueva creación están bien financiadas y son exigentes con los inversores de capital riesgo que pueden atraer. Los inversores también pueden sonar necesitados, como le pasó a Bob Jones cuando prácticamente *suplicó* que le dieran una cita. Bob debería haber dicho:

«Bill, me llamo Bob Jones. No estoy muy seguro de que nuestro fondo de inversión encaje del todo con la dirección en la que vais. Sencillamente no lo sé. Lo que me gustaría hacer es reunirme contigo para que podamos ver hacia dónde vais y tú puedas ver hacia dónde vamos en First Advantage y ver si encajamos. ¿Cuándo te iría mejor que nos viéramos?».

«No hables»

Al hablar podemos expresar abiertamente nuestras necesidades. Por eso mismo una de mis reglas reza así: «No hables». Es una exageración, por supuesto, pero la he convertido en una regla para dejar bien claro el mensaje: hablar y mostrarse necesitado van de la mano. Uno de mis mejores alumnos empezó con un deseo insaciable de ser oído. Era un tipo brillante, y siempre quería que la gente supiera que estaba tan bien informado y al tanto de todo como cualquiera de sus compañeros. Necesitaba sentirse importante. «De acuerdo –pensaron sus adversarios más astutos–, dejaremos que te sientas importante mientras te despellejamos vivo».

Éste es un problema muy habitual con el que tienen que lidiar a diario los machos alfa más agresivos: quieren saberlo todo o, dicho de otro modo, quieren que los demás se den cuenta de que lo saben todo. La adrenalina se dispara, la necesidad se convierte en un proceso bioquímico y, en última instancia, termina convirtiéndose en una adicción bioquímica. Creedme, es así.

Uno de los mejores vendedores de seguros de vida que he conocido era un hombre que iba en silla de ruedas y que no podía hablar. Para comunicarse, escribía pacientemente sus preguntas con un rotulador. Obviamente, no le desearía a nadie la discapacidad de este hombre, pero su impedimento a la hora de hacer preguntas era una estupenda ventaja en su profesión, como él mismo reconocía, pues es mucho más difícil sentir que necesitas algo cuando estás sentado en una silla de ruedas mientras escribes tranquilamente las preguntas en una hoja de papel. (Por cierto, su pregunta más eficaz era: «Si muere, ¿dónde vivirá su familia?»).

¿Cuántas personas conoces que no dejan hablar? Al mostrarse prepotentes, estas personas en realidad están revelando sus necesidades. Incluso he llegado a escuchar un mensaje prepotente y necesitado en un contestador automático. Lo normal es oír: «Hola, soy … Por favor, deje su mensaje después de la señal». En lugar de eso, esta mujer saludaba con un mensaje dando todo lujo de detalles acerca de su agenda para la hora, el día y la semana siguientes. No es difícil de imaginar qué tipo de mensajes solía dejar en los contestadores de los demás: ¡muy largos! Quería asegurarse de que supieras lo ocupada que estaba, lo competente que era y lo afortunado que serías si pudiera dedicarte algo de su tiempo. Pero todo eso resulta contraproducente. Y profundamente molesto.

Ahora fijémonos un momento en las denominadas «llamadas en frío» y «llamadas en caliente», pues pueden considerarse la lección definitiva sobre este tema.

El comercial medio siente escalofríos con sólo oír hablar de las llamadas en frío. No cabe duda de que son difíciles, y mucha gente muy válida se niega a hacerlas. Aunque todo el mundo sabe que son la peor forma de hacer negocios, también es verdad que son una forma estupenda de coger práctica en la venta, además de que pueden ser sorprendentemente eficaces porque nos permiten *mantener nuestra necesidad bajo control*. Al no tener grandes expectativas, se agudiza la disciplina. Empiezas diciendo algo como:

«Bueno, Mary, no tengo ni idea de si lo que hacemos tiene alguna relevancia para tu negocio. De verdad que no lo sé. Si no la tiene, por favor dímelo y seguiré con otra cosa, pero si la persona que se encarga de la investigación de mercado…».

Y continúas desde ahí o no. Da igual. Pero tu necesidad está bajo control.

Una llamada en frío es una negociación, ni más ni menos, y cuando termines de leer este libro, sabrás cómo desenvolverte en una siguiendo las mismas reglas y hábitos que cualquier otra negociación.

Lo mismo puede decirse de las llamadas en caliente:

«Hola, Tom, soy Bill. Tengo una gran oportunidad para ti. Les he hablado de ti, de lo que haces. Están en la rampa de salida. Están maduros. Lo único que tienes que hacer es llamar y cobrar. Me debes una, colega».

¡Vamos! A pesar de la subida de adrenalina, más le habría valido a Tom una llamada en frío que una recomendación como esa. Si no se anda con cuidado, perderá la disciplina, empezará a pensar en su sueldo, se emocionará y se obsesionará con todo aquello que necesita. Y entonces llega la derrota cuando ya estabas saboreando la victoria. Hazte un favor: trata cada llamada en caliente como si fuera la más fría que hayas hecho nunca.

Durante una negociación, cuando las emociones están a flor de piel, hablar en voz alta es una señal inequívoca de necesidad. Otra señal inequívoca es hablar a toda velocidad. Mientras que los negociadores necesitados alzan la voz, los negociadores controlados la bajan. Así que baja la voz en momentos de agitación interior. Baja el ritmo.

Los bazares del tercer mundo ofrecen excelentes lecciones sobre la necesidad, algo que aprendí mientras hacía las compras navideñas en Saigón en el año 1967. Con 100 dólares en el bolsillo, me dispuse a comprar regalos para toda la familia. Mis abuelos eran muy especiales para mí, y al encontrar en una misma tienda dos hermosas piezas lacadas y un barquito tallado en un cuerno de búfalo de agua pensé inmediatamente en ellos. Mama-san quería 1000 piastras por cada pieza, unos 10 o 30 dólares en total. Aunque yo deseaba las tres cosas con todas mis fuerzas, era demasiado dinero y se lo dije. Por entonces era demasiado joven e ingenuo para emplear una estrategia de negociación y, aunque no quería ser el típico turista americano ingrato, no podía permitírmelo. Cuando hice ademán de irme, Mama-san me persiguió y me las ofreció por 800 piastras cada una. Le dije que no, que seguía siendo demasiado. Fui de compras a otro sitio, compré algunas cosas bonitas y algunas baratijas, pero cuando volví a pasar por delante de la tiendecita con las piezas lacadas y el barco tallado, seguía sin tener nada para mis abuelos. Cuando Mama-san me vio con los paquetes, me agarró y me dijo: «Oh, tú soldado americano número uno, tú compras mucho». Me instó a volver a entrar en su tienda, donde me ofreció un precio de 500 piastras por cada uno de los tres objetos, pero seguía siendo demasiado. «No», le dije. «Te daré cuatrocientas, es todo lo que tengo». Ella dijo: «Vale, soldado, te las vendo por cuatrocientas».

Yo no lo necesitaba. Ella sí. Sin embargo, si la mujer hubiera sido una negociadora del método Camp, me habría preguntado (dejando de lado el problema del idioma): «¿Para quién son?». Una vez le hubiera contestado, ella habría soltado un silbido y me habría dicho: «¿Por qué quieres gastarte tanto dinero en ellos? Es demasiado dinero para unos abuelos». En ningún momento habría mostrado necesidad mientras cimentaba *la mía*. Me habría hecho sentir culpable *(el dinero no es un factor cuando se trata de mis abuelos)* y yo habría pagado 1000 piastras, o casi, porque realmente quería mucho a mis abuelos.

No te preocupes por el rechazo

El miedo al rechazo es un signo de necesidad; concretamente, la necesidad de caer bien a los demás. Es imprescindible que el negociador entienda qué es el rechazo y quién puede rechazarte y quién no. La clave es ésta: en una negociación, tus adversarios *no pueden* rechazarte. No necesitas nada de ellos, así que ¿por qué van a rechazarte? Es imposible. El padre puede rechazar a su hijo, porque el hijo necesita al padre. Los cónyuges pueden rechazarse mutuamente. Incluso un profesor puede rechazar a sus alumnos cuando éstos son aún pequeños, porque el niño o la niña necesitan al profesor. Pero ¿realmente puede rechazarte tu adversario en una negociación? En realidad, no tienen tanto poder sobre ti. Por tanto, *nunca* les permitas creer que lo tienen.

Los negociadores serios saben que esforzarse por caer bien o parecer inteligentes o importantes es un despilfarro inútil de energía emocional. Lo único que quieren es que se reconozca su eficacia y seriedad, eso es todo. Dedican toda su energía a la tarea profesional que tienen entre manos. No necesitan todo lo demás. Sin embargo, a menudo solemos caer en la trampa de la necesidad. En las relaciones entre trabajadores y empresarios, estos últimos suelen emplear una táctica efectiva para identificar a aquellos sindicalistas dispuestos a recibir un estímulo para su ego y a los que, por tanto, se les pueda hacer sentir que necesitan algo. Estos sujetos pueden ser manipulados hasta que convertirse en agentes dobles de la dirección, transmitiendo información falsa y diciéndoles a sus compañeros cosas como ésta: «El comité de empresa nos está dejando tirados. Tengo amigos en la dirección y eso es lo que me dicen. Podrían cerrar la planta si seguimos así».

Hablo tanto desde mi experiencia personal (hace muchos años viví en primera persona el conflicto laboral que he mencionado anteriormente) como desde mi experiencia profesional como *coach,* ya que he visto a muchos miembros de equipos de negociación socavar a su propio equipo de muchas maneras distintas: filtrando información valiosa, aportando información falsa, minando la determinación de su equipo, instando a llegar a compromisos innecesarios… Y todo porque la necesidad que tienen de parecer listos, caer bien a los demás, ser importantes, se vuelve en su contra gracias a la pericia de un adversario astuto. A bote pronto, podría nombrar a una docena de directivos muy bien pagados de empresas que están en la lista Fortune 500 que, a la hora de la verdad, trabajaron para sus adversarios en importantes negociaciones. Lo sé porque los adversarios en cuestión eran clientes míos. Puedo nombrar a un altísimo ejecutivo cuya necesidad de llegar a un acuerdo que le sirviera de trampolín para alcanzar la presidencia de la empresa le hizo aceptar un compromiso totalmente innecesario. Aunque el acuerdo final terminó camuflándolo todo, no cabe duda de que fue innecesario. Lo sé porque el beneficiario del ridículo compromiso era cliente mío.

Hace unos años, empecé a trabajar con un cliente corporativo que acababa de ver cómo se frustraba un gran acuerdo con una multinacional *después* de haber hecho un montón de concesiones. Para empezar, tenían la mejor tecnología y, además, ofrecían el mejor precio, las mejores condiciones, los mejores plazos de entrega, el mejor servicio, en definitiva, era la mejor opción en todo. Cedieron en casi todos los puntos posibles de la negociación. Incluso llegaron a incluir, gratis y sin condiciones, una pieza de maquinaria carísima. Sin embargo, la multinacional no quiso saber nada de este acuerdo aparentemente tan beneficioso. ¿Por qué? Al final descubrimos que su director ejecutivo estaba receloso precisamente porque la empresa que ahora era mi cliente había hecho *demasiadas* concesiones. Algo no debe de ir bien, pensó, para que una empresa muestre tanta necesidad. No puede ser una empresa competente y digna de confianza. Nunca podrán cumplir lo que prometen. Y ese director ejecutivo tenía razón. Mi nuevo cliente nunca habría podido cumplir los compromisos que se habían negociado en aquel acuerdo.

Querer está bien, necesitar, no

La próxima vez que veas uno de esos programas sobre la vida salvaje en la que aparecen depredadores y sus presas, observa atentamente las escenas de persecución. Siempre hay una o dos escenas en las que el león o el guepardo no tienen éxito, y cada vez ocurre lo mismo: el depredador se acerca a su presa…, cada vez está más cerca…, más cerca, y entonces se queda atrás ligeramente y *enseguida* termina por rendirse. En un instante. En cuanto la distancia que le separa de su presa empieza a aumentar, el cazador abandona. La leona (las hembras son las que se dedican mayoritariamente a la caza) nunca malgasta su energía en una causa perdida. Se aleja, porque no importa. Hay otros ñus, otras gacelas. El negociador competente se comporta del mismo modo porque no tiene necesidades, porque, sencillamente, no importa. Hay otros tratos. Pasa página. Olvídate de éste.

En la introducción he mencionado una de mis reglas de oro: «No cierres el trato». El contexto era una discusión sobre los peligros del todos ganan, cómo nos insta implícitamente a centrarnos en lo que no podemos controlar –el fin– mientras perdemos de vista lo que sí podemos controlar: los medios. Añadiré a eso que las prisas a la hora de cerrar un trato delatan tus propias necesidades. *Necesitas* cerrarlo.

No, no necesitas nada. Pero quizás tu adversario sí.

La experiencia personal de todos y cada uno de los lectores de este libro es un ejemplo de los peligros que conlleva tratar de cerrar un acuerdo precipitadamente. Cuando alguien ha intentado cerrar un trato contigo demasiado rápido –y seguro que te ha pasado alguna vez, a no ser que aún seas un lactante–, estoy seguro de que tu reacción instintiva fue negativa. No hay nada, absolutamente nada, que eche por tierra más rápidamente una negociación que la precipitación a la hora de juzgar una situación. ¿Por qué? Porque reconociste la necesidad en la otra persona, lo que hace que cualquiera se sienta incómodo emocionalmente, y que también sirve como advertencia para examinar más de cerca el trato en cuestión.

La necesidad, más que ningún otro factor, es la responsable de la mayoría de los malos acuerdos y las pérdidas de ventas. Si alguien ha de sentir necesidad por algo en una negociación, ése tiene que ser tu adversario, nunca tú. Nunca alcanzarás el nivel de éxito del que eres capaz hasta que no entiendas y *asumas* este concepto. Los negociadores, los humanos, mostramos nuestras necesidades de muchas maneras distintas. Para reconocer tus propias variedades, lo único que debes hacer es pararte a pensar qué estás haciendo ahora y cuál es la motivación subyacente. Nadie sabe mejor que tú si las necesidades que proyectas son auténticas. Cuando te paras a pensarlo, es asombroso lo mucho que llegamos a preocuparnos por cosas que, en realidad, carecen de importancia.

Como negociador que aspira a la excelencia, debes evitar a toda costa mostrar a los demás lo que necesitas. Y para poder evitarlo, lo mejor es dejar de *sentir* necesidad. *No* necesitas este trato. Pero ¿qué ocurre si sustituimos la palabra y la emoción «necesidad» por «deseo»? La dinámica cambia. ¿Qué imagen te viene a la mente al leer la palabra «quiero»? Yo veo un Porsche descapotable de color rojo brillante, con techo e interiores negros. ¿Qué ves tú? Como buenos negociadores, la palabra «quiero» significa algo por lo que trabajamos, nos esforzamos, trazamos planes, pero nunca la confundimos con la palabra «necesi-to». Por supuesto que quiero esta alianza global con Humongous, Inc., pero no la *necesito*. Quiero el coche, pero no lo necesito. Quiero la casa, pero no la necesito. Si alguno de estos acuerdos no llega a buen puerto, serán ellos lo que salgan perdiendo, no yo. Pase lo que pase, esta noche dormiré tranquilo.

Los negociadores al estilo Camp nunca muestran necesidad, sólo deseo. La «necesidad» es la muerte; el «deseo» es la vida. Créeme, la gente sentada al otro lado de la mesa percibirá al instante esta diferencia de actitud. La seguridad y la confianza aumentan en todos los ámbitos. Y tú ganarás en control y disciplina.

A riesgo de sonar como un disco rayado (¿o debería ponerme al día y decir CD?), me gustaría volver a repetir este concepto: supera ya la necesidad.

2

El efecto Colombo

El secreto de «no estar bien»

¿Recuerdas *Colombo,* la vieja serie de televisión? Es posible que hayas visto alguna de las muchas reposiciones que han hecho. Colombo era detective de homicidios en Los Ángeles, llevaba una gabardina raída, conducía un viejo Peugeot destartalado, le gustaba contar historias conmovedoras sobre su mujer y su perro –creo que era un *basset hound* de aspecto triste, definitivamente no un sedoso *golden retriever*– y siempre se olvidaba de hacer la pregunta clave en cada entrevista e interrogatorio. Tenía que volver a llamar al timbre, disculparse y hacer esa última pregunta. Siempre se presentaba ante sus adversarios ligeramente menos competente que ellos, un poco menos perfecto o, en la mayoría de los casos, bastante menos perfecto. Conseguía que la gente hablara con él porque les hacía sentirse superiores y, por tanto, cómodos. Utilizando la jerga que se hizo famosa con el libro *Yo estoy bien, tú estás bien*, les seducía para que se sintieran bien.

Estar bien significa sentirse cómodo y, por tanto, seguro. Ésa es la forma más sencilla de definir la expresión tal y como se utiliza en la psicología «pop». Desde el momento en que nacemos, todos los seres humanos luchamos por sentirnos cómodos y seguros. Cuando somos bebés y niños pequeños, necesitamos –¡exigimos!– el amor incondicional de nuestros padres, pues ellos son la *única* fuente de bienestar. A medida que crecemos, nuestras exigencias en este sentido aumentan. Queremos que se nos reconozca. Queremos que nos escuchen. Queremos caer bien. Queremos tener razón. ¿O debería decir que lo *necesitamos*? Me temo que sí. Y esta *necesidad* de sentirnos bien nos acompaña hasta la adolescencia y la edad adulta al pugnar por la victoria, los logros, el éxito. Cuando se nos pide que nos mostremos tal y como somos, ¿mostramos nuestras debilidades? Jamás. Mostramos nuestras fortalezas. Puede que nuestra fortaleza sean los conocimientos, la belleza física o nuestra encantadora personalidad. Tal vez seamos astutos e intrépidos o poseamos un ingenio ágil. Sea cual sea nuestra mayor fortaleza, empezamos a construir a partir de ella. Eso es lo que le mostramos al mundo. Lo que necesitamos mostrar al mundo.

Del mismo modo, solemos compararnos con los demás para determinar dónde estamos. ¿Estamos un poco por delante o por detrás? Cuando estamos con personas que creemos superar o, al menos, estar al mismo nivel, nos sentimos cómodos. La conversación fluye fácilmente y las preguntas nunca resultan ofensivas. Nos sentimos bien. No obstante, en presencia de personas con las que nos sentimos inferiores, ya sea cultural, social o intelectualmente, nos sentimos mal y podemos ponernos a la defensiva, volvernos agresivos, sentirnos resentidos o muchas otras emociones. ¿Cómo te sientes cuando alguien tiene un aspecto perfecto y tú necesitas urgentemente ir a la peluquería? Exacto. Un poco incómodos, un poco mal. La conversación puede volverse difícil, las preguntas parecen peligrosas, tememos parecer tontos o incluso estúpidos.

Dándole la vuelta a la situación, ¿te has dado cuenta de que los humanos tendemos a sentirnos bien cuando vemos a alguien que *no* lo está? Nos sentimos cómodos cuando vemos a alguien que no da la talla. Los aficionados a las telenovelas las ven porque las vidas de los personajes de esas historias son aún más desastrosas que las suyas. Nos deleitamos con las tribulaciones de los ricos y famosos porque nos encanta presenciar cómo cambian las tornas: ¡no le sirve de nada toda la fama y el dinero que tiene! De repente, estamos mejor que la estrella de cine ingresada en ese centro de rehabilitación que cuesta 2000 dólares al día. Posiblemente no sea nuestro rasgo más atractivo, pero así son las cosas. Hace mucho tiempo, los alemanes bautizaron este sentimiento con el nombre de *Schadenfreude*.

No creo que nadie pueda rebatir estos aspectos del hecho de «sentirse bien». Son bastante evidentes. Sin embargo, la próxima aseveración dista mucho de ser evidente. De hecho, a primera vista, a muchos lectores les parecerá una locura (como les pasa a la mayoría de mis clientes), pero ahí va de todos modos: el negociador inteligente sabe que, en una negociación, sólo hay una persona que puede sentirse bien: el *adversario*.

Algunos de mis nuevos clientes no sólo se sienten desconcertados por esta máxima, sino que también se muestran profundamente hostiles. Sin embargo, el axioma es correcto y extraordinariamente eficaz como herramienta en una negociación. Al dejar que tu adversario se sienta un poco mejor que tú, empiezas a derribar barreras. Como Colombo, la forma más eficaz de tener el control es permitir que tu adversario crea que lo tiene. La actitud cuasipatética del detective era una estrategia perfectamente calculada. Sus adversarios no lo sabían, pero los espectadores sí. También sabemos *por qué* se comporta así. Entendemos la psicología: Colombo resolvía los crímenes permitiendo que sus adversarios se sintieran mejor que él.

Citaré algunos ejemplos sacados de la historia. Ronald Reagan, intencionadamente o no, era un maestro en el arte de aparentar estar peor de lo que realmente estaba en las ruedas de prensa. Tartamudeaba y se reía de sí mismo antes de responder a una pregunta, y además muchas de sus respuestas tampoco podían considerarse exactamente una respuesta. Pero, al final, conseguía lo que quería, ¿no? Winston Churchill era un gordinflón bastante soso, Franklin Delano Roosevelt, un lisiado en silla de ruedas, Abraham Lincoln, uno de los hombres menos atractivos del planeta, pero estos tres líderes al final lo hicieron bastante bien. Un último ejemplo: ¿qué hizo el general Norman Schwarzkopf al iniciar las negociaciones con el rey Fahd de Arabia Saudí para instalar tropas y aviones estadounidenses en suelo saudí mientras EE. UU. se preparaba para la guerra de Irak en 1990? El general del alto mando se arrodilló (no por *necesidad*, sino por «no estar bien»). La necesidad es un estado interno; «no estar bien», una proyección pública).

Seguro que te has dado cuenta de que todos los grandes oradores que abren o cierran una velada aprovechan los primeros minutos para contar una historia en la que se ríen de ellos mismos. El mensaje implícito que desean transmitir a la audiencia es el siguiente: puede que me paguen diez mil dólares por estar aquí, y que mi traje sea más caro que el tuyo, pero no soy mejor que tú, sólo soy uno más. Y no están *mintiendo;* a fin de cuentas, todo el mundo en este planeta es sólo uno más de la pandilla, una gran pandilla, sin duda, pero sólo una pandilla. Vamos juntos en el mimo barco. Todos somos humanos. Todos hemos cometido algún error hoy, y mañana cometeremos otro, muy posiblemente de bulto. Las personas que fingen lo contrario sólo se engañan a sí mismas (si es que se engañan).

Como negociadores, debemos adoptar este mismo enfoque. Si eres capaz de emular, aunque sólo sea un poco, la actitud de «no estar bien» de Colombo, tu éxito negociador aumentará exponencialmente.

En un profundo ensayo titulado «Compensación», Ralph Waldo Emerson escribió: «Nuestra mayor fortaleza es nuestra mayor debilidad». Y es cierto. Normalmente, tendemos a sobrestimar nuestra posición, por así decirlo; sin embargo, como negociadores debemos controlar ese instinto mientras dejamos que florezca en nuestro adversario. Si le gusta presumir de su palabrería, déjale. Si a la menor oportunidad trata de encandilarte con su encanto, déjale. Si le gusta demostrar su extraordinario conocimiento de los detalles de la ley marítima federal, déjale. El negociador competente está encantado dejando que su adversario se exhiba del modo que más le plazca, ya que su mayor fortaleza acabará convirtiéndose en su mayor debilidad.

Hace algunos años colaboré con una empresa a la que llamaré Network, Inc. que estaba al borde de la quiebra. Si esta empresa hubiera seguido vendiendo su producto al precio contratado con su cliente principal, habría tenido que cerrar porque estaba perdiendo 100 000 dólares con cada máquina que vendía. Era necesario llevar a cabo una renegociación. O eso o la quiebra. Ahora bien, no había nadie en la empresa que pensara que debían reabrir la negociación. Creían que esta medida parecería «poco profesional». Se dijeron: «Vamos a parecer idiotas». El presidente también se mostraba reticente, hasta que finalmente conseguí que viera la realidad preguntándole: «¿Cuánto tiempo queréis seguir pegando un cheque de 100 000 dólares en un lado de cada máquina?».

Cuando el presidente de Network llamó a su adversario para abordar el tema, le dijo más o menos esto: «Habéis hecho un excelente trabajo de negociación, pero nosotros somos tan incompetentes y débiles negociando que nos hemos convertido en un proveedor mediocre. Os hemos puesto en una situación difícil y os pedimos disculpas por ello. Asumimos la responsabilidad de nuestra ineptitud negociadora». Era la verdad, y había que decirla, pero también era una estrategia muy eficaz al estilo Colombo, y aquello ayudó a desarmar al adversario. Además, semejante reconocimiento no fue, en absoluto, un acto poco profesional. El adversario en cuestión es ahora el cliente más importante de mi cliente.

Otro de mis clientes corporativos actualmente trabaja en un sector donde la mayoría de los negociadores utilizan PICOS o alguna de las otras metodologías para la gestión de los sistemas de suministro. Se trata de profesionales muy duros y reconocidos en el sector. Recurriendo a tácticas muy directas, han llegado a insultar a mis clientes, acusándoles de comportarse de forma poco profesional. (Un día, estos tipos pueden ser tus mejores amigos e invitarte a cenar y, al día siguiente, intimidarte con su bravuconería). ¿Mis clientes se muestran necesitados? ¿Se ponen a la defensiva y después agresivos y pasan a la ofensiva? No. Escuchan con calma, toman notas, tratan por todos los medios de no estar bien y, a continuación, preguntan en voz baja: «¿Qué quieres que hagamos?».

Tan efectivo que da miedo

No estoy diciendo que tengas que parecer poco profesional. Te pido que no le tengas miedo a la franqueza ni a la honestidad, que te atrevas a mostrar que no estás del todo bien, que no eres perfecto. ¿Te gusta relacionarte con personas perfectas? A mí no. La gente prefiere tratar con personas normales.

En una negociación, no estar del todo bien significa mostrar algún defecto de vez en cuando. Exhibe cierta torpeza. Pide prestado un bolígrafo o una hoja de papel para tomar notas. Busca las palabras adecuadas para hacer una pregunta. Dejar que la gente te ayude es una forma excelente de ayudarles a que se sientan mejor. También le dice a tu adversario: «Lo que ves es lo que hay».

Mis nuevos clientes creen que estoy de broma cuando les sugiero que, en la primera reunión, se dejen el maletín o las tarjetas de visita en casa. Aunque es posible que tú tampoco quieras hacerlo, estoy aquí para decirte que esta táctica, u otra similar, puede ser extraordinariamente efectiva. En una ocasión asesoré a una mujer que se dedicaba a vender material de oficina a empresas emergentes de Silicon Valley. En una negociación en la que estaba en juego una comisión de 35 000 dólares, finalmente pude convencerla de que dejara caer su bolso al suelo. El problema fue que, cuando el bolso cayó al suelo, se abrió y todo lo que llevaba dentro se desparramó por la sala de reuniones. Un auténtico desastre. El hombre con el que estaba negociando dio rápidamente la vuelta a la mesa y se arrodilló para ayudar a mi clienta a recogerlo todo. Cuando ella reconoció sentirse avergonzada, el hombre le dijo: «No te preocupes. El contrato es tuyo».

Aunque puede haber gente que lo considere como males artes, yo no estoy de acuerdo. Mi clienta no consiguió el contrato porque tirara el bolso al suelo, sino porque el incidente del bolso rompió la última barrera de la negociación, permitiendo que las decisiones fluyeran libremente. No es una cuestión de tácticas poco éticas, sino de honestidad, la honestidad de mostrar que no se está del todo bien capaz de derribar barreras.

Cuanto más dura sea la negociación, más importante es entender que, si alguien en la sala no tiene que estar bien del todo, ése debes ser tú y no tu adversario. Cuando tu adversario no se siente cómodo, las barreras se levantan mucho más rápido, dificultando que puedas derribarlas. Por el contrario, cuando eres tú quien no se siente cómodo, las barreras suelen caer como por arte de magia.

Soy consciente de que se trata de una conducta difícil de llevar a la práctica, pues, desde que nacemos, nos esforzamos continuamente por sentirnos mejor, y luego prácticamente nos *instruyen* para conseguirlo. Y, por supuesto, vemos fotos de los titanes de la industria (tal vez el director ejecutivo de la empresa donde trabajamos) vestidos de punta en blanco mientras disfrutan del desayuno de negocios, la comida de negocios, la cena de negocios, el aperitivo de negocios y el puro de negocios. Esos hombres (porque, admitámoslo, la mayoría son hombres) se sienten increíblemente bien. Sus vidas son lo que se supone que debemos querer y *necesitar*. ¡Y aquí estoy yo sugiriéndote que alcances la cima mostrando a los demás que no estás del todo bien!

Sí, es lo que te sugiero en el contexto de una negociación. No estoy diciendo que te presentes con una mancha en la camisa o la blusa. Simplemente una pequeña pincelada que indique que no eres perfecto para proyectar algo de humanidad, vulnerabilidad e incomodidad. Los negociadores realmente hábiles y exitosos tienen esa habilidad de serie. (Si eres afortunado, serás como el expresidente Jerry Ford o las ex primeras damas Barbara Bush y la difunta Jackie O., todos ellos famosos por su capacidad instintiva para hacer sentir bien a la gente que tenían cerca o que los veía por televisión. Pero si eres como…, bueno, no importa, tendrás que esforzarte un poco más para conseguirlo. Algunas personas tienen el desafortunado don de hacer que los demás se sientan mal).

Si tienes alguna duda sobre la idoneidad de los consejos que aparecen en este capítulo, es muy fácil comprobar su eficacia. La próxima vez que te encuentres en una situación en la que tu «adversario» se muestre un poco distante o dubitativo, intenta mostrarte peor de lo que eres. Finge que se te ha acabado la tinta del bolígrafo y pídele que te preste uno. O haz que buscas un bloc de notas en el bolsillo, simula que te lo has dejado en casa y pídele una hoja de papel. O finge que tu agenda electrónica se ha quedado sin batería, otra vez. Y entonces dime que no notas una diferencia inmediata y beneficiosa en la atmósfera de la «negociación».

3

—

Empieza con un no

Cómo las decisiones hacen avanzar las negociaciones

Cuando te pones nervioso, ¿en qué parte del cuerpo lo sientes primero? ¿Dónde notas las mariposas antes de un discurso o una actuación pública de cualquier tipo? ¿Cuándo fue la última vez que oíste a alguien decir: «Es que no tiene estómago para eso»? ¿Recuerdas alguna ocasión importante en la que le has dicho a alguien: «Mi instinto me dice que no debería hacerlo»? Probablemente sí. En Japón, donde la negociación es venerada casi como una forma de arte, se dice que debemos tomar todas nuestras decisiones con el estómago *(hara),* nunca con la cabeza ni el corazón. Estoy totalmente de acuerdo en que es ahí donde *empiezan* las decisiones. Así es como *tomamos* las decisiones, nos guste o no la idea.

En una negociación, las decisiones dependen completamente de las emociones. Sí, un cien por cien. Los investigadores en psicología lo han demostrado sin dejar lugar a dudas. Aunque a veces utilizamos el término «ciencia de la negociación», la parte «científica» de la expresión sirve para saber que las decisiones que tomamos son en sí mismas pura emoción. En una negociación al estilo Camp, *siempre* debemos estar pendientes de lo que nos dice el estómago, porque es ahí donde se desarrolla la verdadera negociación.

¿Cuándo fue la última vez que presentaste unos datos o unas cifras que para ti tenían todo el sentido del mundo y que, por tanto, también deberían haber tenido todo el sentido del mundo para tu adversario, pero al final éste no estuvo de acuerdo contigo o ni siquiera sabía de qué estabas hablando? Seguro que te ha pasado, porque los datos no ganan las negociaciones. Los datos son para después, porque no significan nada para el estómago.

Piensa, si no, en el hábito de fumar. Probablemente conozcas a un fumador que asegura que puede dejarlo en cuanto «decida» hacerlo. ¿Y deja de fumar? En la mayoría de los casos, desgraciadamente, sólo lo hace después de someterse a un baipás cuádruple; y, a veces, por increíble que parezca, ni siquiera entonces. Si los datos no son capaces de convencer a la mayoría de los fumadores de dejar el hábito que literalmente los está matando, no es de extrañar que tampoco sirvan de mucho en una negociación. La cabeza está demasiado confundida, o es demasiado rígida, pero sobre todo está fuera de onda. Las verdaderas decisiones se toman en otra parte. Nuestra llamada mente racional sólo entra en juego *después* de haber tomado la decisión, para justificarla *a posteriori*.

Cuando nos observamos a nosotros mismos y a otras personas con atención, podemos ver la transición del estado emocional (el *hara*) al estado intelectual (la cabeza). Cada día, cada hora, incluso cada minuto, en función de determinadas circunstancias, pasamos del estado emocional al llamado estado racional. Nuestras emociones se disparan justo antes de tomar una decisión, y posteriormente nos dedicamos a racionalizarla. Para negociar con éxito es necesario comprender y aplicar plenamente esta dinámica de la toma de decisiones.

Espera un momento. ¿No contradicen los párrafos anteriores la afirmación que he hecho en la introducción según la cual mi sistema se basa en las decisiones, *no* en las emociones? ¿Cómo puede ser esto verdad, si todas las negociaciones son emocionales? Las negociaciones, incluso la toma de decisiones, *empiezan* en el ámbito de las emociones. Las emociones están a flor de piel, son el origen de nuestras decisiones iniciales, no son fiables e incluso son destructivas, pero *no* tienen por qué ser nuestra última palabra. Mi sistema ve las emociones como lo que son y trabaja con ellas, no contra ellas. Mi sistema enseña a progresar *desde* las emociones, las cuales nunca producen acuerdos permanentes, hasta las *decisiones,* que sí producen acuerdos duraderos.

En efecto, las negociaciones clavan sus raíces en las emociones y, con demasiada frecuencia, nunca llegan a superarlas. Tu función como negociador es aprender a reconocerlas y superarlas mediante decisiones precisas. Tu trabajo consiste incluso en utilizarlas a tu favor con una toma de decisiones precisa. El tema de este capítulo es, por un lado, la sutil relación que se establece entre las emociones y la toma de decisiones y, por el otro, las formas de sacar partido al conocimiento de esta relación.

Olvídate del «sí», olvídate del «tal vez»

Me gusta provocar a mis nuevos clientes y a los asistentes a mis seminarios y talleres asegurando que, en una negociación, el mejor «sí» es decir que «no». Aunque también he intentado provocar al lector con el título del libro, *Empieza con un no,* lo cierto es que la frase pretende ser mucho más que una mera provocación. Porque es la verdad. En realidad, la negociación empieza con un «no», no con un «tal vez», y mucho menos con un «sí», sino con un «no» rotundo y claro. En toda negociación, ésta es la palabra clave que quiero escuchar. Todo lo anterior es mera fachada.

¿Cómo es esto posible? Porque el «no» es una decisión real que induce a la persona sentada al otro lado de la mesa a pensar por qué acabas de decir que «no». La responsabilidad de tomar una decisión clara ayuda al adversario a centrarse en los verdaderos temas de la negociación.

El adversario debe asumir la responsabilidad del «no», de modo que ahora todo el mundo tiene algo real de lo que hablar. De hecho, como veremos dentro de poco, la mera *invitación* a que la otra parte diga que «no» cambia la dinámica de una negociación de una forma muy beneficiosa. Sin embargo, las otras respuestas posibles –«tal vez» y «sí»– no son decisiones reales. No sirven de nada para detener el flujo y reflujo de las emociones. Son una frustrante pérdida de tiempo. Veamos por qué.

Con un «tal vez», ninguna de las dos partes sabe a qué atenerse. Si dices «tal vez», no has dicho lo suficiente para obtener una respuesta o información útil de la otra parte, porque en realidad no has dicho nada. Has enturbiado las aguas, eso es todo. Asimismo, cuando *oyes* «tal vez», tus emociones se descontrolan. ¿En realidad quería decir que «sí»? ¿Estamos cerca del acuerdo? ¿O es una estratagema de última hora en la que finge hacer concesiones? ¿O realmente ha querido decir: «No, esta oferta no tiene ninguna posibilidad»? ¿O lo ha dicho porque ni siquiera sabe lo que quiere? En definitiva, ¿quién demonios sabe lo que significa? Incluso podría llegar a sugerir que «tal vez» es más una emoción que cualquier otra cosa. Lo que está claro es que no es una decisión, no involucra la mente racional del negociador y no da a ninguna de las dos partes nada con lo que empezar a trabajar.

No me cansaré de repetir este punto: «tal vez» es la sentencia de muerte para cualquier negociación. Si no puedes sortear rápidamente un «tal vez» –y las variedades son infinitas, naturalmente–, será mejor que abandones la reunión, ya que estarás perdiendo el tiempo (especialmente cuando negocies con japoneses, quienes suelen volver locos a los negociadores inexpertos con el uso de «tal vez»).

A veces, incluso un «tal vez» suena demasiado duro para el pusilánime que no quiere herir nuestros sentimientos y poner en riesgo la negociación. A veces nuestro adversario está tan condicionado por la ética del «llegar al sí» que *empieza* la negociación con un «sí». Sin embargo, un «sí» al principio no es mucho mejor que un «tal vez». En realidad, no es una decisión, porque tu adversario no puede querer decir realmente que «sí». Si realmente lo estuviera diciendo, ¿por qué demonios os habéis sentado a *negociar?*

Y lo que es aún más importante, cuando nuestro adversario dice que «sí», nos emocionamos, nos sube la adrenalina, empezamos a pensar en la comisión y a decidir entre el Mercedes y el BMW… y antes de darnos cuenta, nos dejamos llevar por aquello que necesitamos. Y en cuanto pasa eso, perdemos el control. Pese a saber racionalmente que ese «sí» no es real ni definitivo, la emoción se apodera de nosotros. Y entonces, horas, días o semanas después, cuando ese «sí» se convierte en un sutil «si», «pero», «sin embargo», «cuando» o cualquier otro peligroso calificativo por parte de nuestro adversario, ya habremos perdido el foco de atención y nos habremos vuelto vulnerables a una concesión innecesaria. De repente, la otra parte tiene el control. De hecho, dar un «sí» prematuro es un truco que usan los tigres para atraparnos en su jaula. Los astutos negociadores corporativos lo utilizan continuamente.

Si «tal vez» es inútil y «sí», peligroso, sólo nos queda el «no», una decisión real. Como he dicho antes, el «no» pone al adversario sentado al otro lado de la mesa en modo racional. El mero hecho de *pensar* en decir «no» hace que el adversario entre en modo racional. Es necesaria una explicación más detallada, aunque ahora ya dispones de temas reales para debatir.

El negociador en el desierto de Ross Perot debería haberse sentido encantado, no decepcionado, ante la negativa del beduino en relación con el camello elegido.

Analicemos una situación clásica a la que se enfrentan casi todas las pequeñas empresas cuando negocian con multinacionales. En concreto, una gran multinacional estaba negociando con tres empresas distintas mucho más pequeñas para un proyecto especial, y durante el proceso, se dedicó a enfrentar a los competidores entre sí, pedirles una concesión tras otra e ir bajando paulatinamente el precio. Finalmente, la empresa que había sido la primera opción de la multinacional (la llamaré Bonanza, Inc.) se cansó de este tira y afloja y reclamó cambiar la dinámica si la multinacional no quería que abandonara la negociación. Sus negociadores le comunicaron a la multinacional que Bonanza no podía ni quería participar en más reducciones, por lo que probablemente no era la empresa ideal para el proyecto. En resumen, Bonanza dijo que «no», lo que era una invitación para que la multinacional también dijera que «no».

Ahora la multinacional se enfrentaba a un par de dilemas. Por un lado, era posible que no consiguieran la mejor empresa para el proyecto y, por el otro, las otras empresas podían adoptar la misma postura que Bonanza. Ya no podían enfrentar a las tres empresas entre sí. Dado que una de las empresas estaba dispuesta a arriesgarse a perder el acuerdo antes que seguir cediendo, los negociadores de la multinacional se encontraron en una situación de gran desventaja. No es difícil adivinar lo que sucedió a continuación. La multinacional empezó a revelar información a Bonanza, la misma empresa que había dicho que «no», lo que le dio una gran ventaja ante sus competidores. Al final, fue esta empresa la que se quedó con el proyecto.

Ése es el poder del «no». Ahora bien, ¿qué habría pasado si la multinacional hubiera seguido el método Camp y les hubiera dicho desde el principio tanto a Bonanza como a las otras dos empresas: «No dudéis en decir que no. Rechazadnos en cualquier momento»? La negociación habría avanzado mucho más rápidamente. Las cuestiones esenciales, no las emocionales, habrían estado sobre la mesa desde el principio. Ninguna de las partes habría tenido que perder el tiempo tratando de adivinar las intenciones ajenas, pues todos habrían sabido cómo veían la negociación los demás. Todo el mundo habría podido dedicarse a resolver los problemas reales. Se habría ahorrado un montón de tiempo, dinero y recursos.

Ésa es la idea fundamental: el «no» permite dejar de lado las cuestiones emocionales y los asuntos más triviales para centrarte en las cuestiones *esenciales*. Queremos una negociación basada en las decisiones, no la pérdida de tiempo basada en las emociones típica de la estrategia del todos ganan.

Ya he mencionado antes que, en Japón, el uso del inoperante «tal vez» es casi una forma de arte. La siguiente historia protagonizada por el «no» tuvo lugar en el estimado país nipón, una historia en la que uno de mis nuevos clientes estadounidenses se encontraba atrapado en un terrible acuerdo de distribución con un gigante japonés. El acuerdo en cuestión, que había sido negociado años antes por un equipo de mi cliente mediante la técnica del todos ganan, le estaba provocando unas pérdidas de millones de dólares al año. En realidad, el acuerdo estaba hundiendo la compañía, por lo que todos los miembros del consejo de administración eran conscientes de que tenían que renegociarlo *ya,* aunque contractualmente no se pudiera revisar hasta pasados otros cinco años de pérdidas.

Sin embargo, y como era previsible, los que habían negociado el antiguo acuerdo argumentaron que la empresa perdería su prestigio en Japón y jamás se recuperaría en cuanto se corriera la voz de que queríamos renegociar el contrato. No se puede actuar así en Japón, nos advirtió el antiguo equipo de negociación. Es imposible. Pero el presidente de la empresa decidió que lo único imposible era continuar con el ridículo acuerdo firmado por aquel incompetente equipo de negociadores de la estrategia del todos ganan.

Dieciocho meses después de que se planteara por primera vez la renegociación, el tema por fin llegó a la cúpula de la empresa japonesa, ante la cual el equipo estadounidense presentó su nueva propuesta, instando a los japoneses a decir que «no» si se sentían obligados a hacerlo. Nuestro acuerdo debe cambiar, dijeron mis clientes, pero dígannos que «no» si creen que la nueva propuesta no les interesa. Simplemente dígannos: «No podemos hacerlo». Los japoneses mostraron abiertamente su desaprobación y estuvieron hablando entre ellos durante al menos veinte minutos. A continuación, se hizo un receso. Mis clientes esperaron pacientemente. Al final, los japoneses volvieron a la sala de reuniones y anunciaron que aceptaban la propuesta que les habíamos hecho. Y punto.

La invitación a decir que «no» concretó su pensamiento. Conseguimos su atención. Si nos hubieran dado un «no» como respuesta, habríamos profundizado en los detalles de nuestra oferta y habríamos empezado a negociar desde ese punto. Pero, en cambio, la invitación a decir que «no» condujo directa, e inevitablemente, a un acuerdo. ¿Y qué hay de la funesta predicción que auguraba el fin de la relación comercial con el distribuidor japonés? ¿Qué hay de la perspectiva de ruina con todo el mercado japonés? Tonterías. Las dos empresas mantienen ahora una relación mutuamente provechosa; de hecho, muy provechosa.

A unos cientos de kilómetros al oeste de Japón está Corea, donde los ejecutivos corporativos también tienen fama de tenaces negociadores que siempre se salen con la suya. Mi cliente en esta historia coreana, una empresa de alta tecnología, estaba negociando con un gigante coreano un acuerdo relacionado con una maquinaria extremadamente complicada y vital. El gigante coreano estaba convencido, y con razón, de que necesitaba esa tecnología, pero insistía en conseguirla gratis. Se trataba de una exigencia perfectamente natural, dado que, como muchos lectores sabrán, muchas empresas estadounidenses creen que deben regalar tecnología y maquinaria para poder abrirse paso en esa sociedad y economía. Y no me estoy refiriendo a maquinaria de 200 000 dólares, sino de decenas y cientos de millones de dólares en maquinaria y tecnología *gratis*. ¿Cómo se les ocurrió a las empresas estadounidenses que tenían que hacer algo así? Porque los coreanos se lo pidieron, y todos sabemos lo duros que pueden llegar a ser los coreanos. Que yo sepa, ninguna empresa estadounidense ha dicho nunca: «No, no lo vamos a hacer, creemos que hemos de obtener un beneficio justo para nuestra empresa. No duden en decirnos que no, pero no les vamos a dar una porción importante de nuestros beneficios a cambio de nada. No es una buena práctica ni para nosotros ni para nuestros inversores».

En ese momento, el equipo de ventas de mi cliente en Corea había recibido preparación en el sistema Camp, por lo que entendían que un negociador no negocia por diversión ni regala parte de la producción simplemente porque alguien se lo *pide*. Aun así, les aseguraron a sus jefes de la oficina central que el sistema Camp no funcionaría en Corea, ya que allí todo negocio necesita de un suculento incentivo. Aunque ellos insistían en dejar de lado su formación, el presidente de la empresa insistía en lo contrario. No le apetecía regalar nada. Dio instrucciones a sus vendedores de que negociaran el precio total de las máquinas. Una tarea abrumadora, no cabe duda, pero el equipo regresó a Corea e hizo su presentación, invitando a los coreanos en todo momento a decir que «no». Como cabía esperar, los adversarios perdieron los estribos. «Aquí no se hacen negocios así». Las protestas duraron tres días.

Finalmente, mis clientes les anunciaron que se marchaban a la mañana siguiente y, muy educadamente, les dieron a los coreanos una última oportunidad de decir que «no» y acabar con el asunto. Sin embargo, los coreanos no lo hicieron, y el equipo regresó a casa sin un «no» firme ni un pedido de maquinaria.

Tres días después sonaba el teléfono en la sede central de la empresa. Los coreanos hicieron un pedido por valor de 30 millones de dólares en el que ni siquiera faltaba el número de orden de compra. Pagaron el precio íntegro, porque el precio íntegro es un precio justo para este tipo de tecnología punta, algo que los coreanos sabían desde el principio. Pero por qué no intentar conseguir algo gratis, habían pensado, y quién podía culparlos cuando esa táctica les había funcionado desde hacía tiempo al negociar con los mediocres equipos estadounidenses del todos ganan.

Regresemos a EE. UU. con otro ejemplo: uno de mis clientes, un fabricante de maquinaria muy cara, estaba a punto de enviar el primer pedido a un nuevo cliente cuando éste llamó para decir que también necesitaba otra máquina que funcionara en tándem con la del pedido principal. El comercial de mi cliente, que era el responsable de esta operación, quería enviar inmediatamente el nuevo artículo para ponerse una medalla con el nuevo cliente. Sin embargo, el artículo en cuestión no estaba disponible, por lo que sus superiores y mi cliente decidieron decir que no, que la máquina no estaba disponible, que el plazo de entrega era de ocho semanas y que no sabían qué podían hacer para ayudarle. La respuesta se envió el viernes por la noche. El sábado por la mañana, mi cliente volvió a llamar al cliente y le dijo que *podían* hacer malabarismos y enviarle la otra máquina, pero como la cuenta de resultados corría el riesgo de verse afectada, le pidió al nuevo cliente si podía ayudarles comprando dos máquinas antiguas y pagando en el plazo de un mes. El cliente aceptó de inmediato las nuevas condiciones. *Entonces*, el lunes llamó el cliente para decir que habían encontrado la otra máquina que necesitaban, así que ya no necesitaban el favor. Mi cliente le contestó tranquilamente que de acuerdo, pero que habían hecho muchos malabarismos para ayudarle y que esperaban que pudiera comprar los dos sistemas antiguos que había prometido pagar. Y añadió: si quiere puede negarse, no pasa nada, no le guardaremos rencor, pero creemos que lo justo es que compre los dos sistemas antiguos.

El cliente aceptó.

El poder del «no»

Decir que «no», *invitar* a decir que «no», *escuchar* un «no» son todas ellas todopoderosas herramientas para cualquier negociador bien instruido, y también para un chico en su último año de instituto que conocí hace algún tiempo, un atleta que estaba solicitando plaza en diversas universidades. Como cualquier otro estudiante prometedor, había recibido un aluvión de cartas detallando los programas de varias universidades de todo el país. Tenía dos enormes bolsas de basura llenas de cartas que ni siquiera había abierto. (Supongo que hay programas informáticos que se dedican a enviar continuamente ese tipo de invitaciones). El chico envió a los entrenadores de las facultades que le interesaban su expediente académico junto con una carta en la que les pedía que le informaran si no estaba cualificado desde el punto de vista académico. Aquélla era una invitación directa a que le dijeran que «no». El candidato no quería perder el tiempo con una universidad para la que no estaba cualificado. En la negociación posterior (porque eso es exactamente lo que era), volvió a hacer una petición similar a otros entrenadores, invitándoles también a que le dijeran que «no». En la carta les decía: «Por favor, díganme si no van a considerar mi solicitud durante el proceso de admisión. Les agradecería saberlo cuanto antes porque, si no van a contar conmigo, me gustaría centrarme en las otras universidades que me interesan».

Aunque el chico no sabía qué influencia exacta tenía el entrenador en el proceso de admisión, sí sabía que el número de alumnos/atletas era limitado y que el comité de admisiones no seleccionaría a los afortunados sin la opinión del entrenador. Si lograba el sello de aprobación del entrenador, sus posibilidades aumentarían exponencialmente. El compromiso del entrenador de apoyar su solicitud era lo más cerca que podía estar de una aceptación definitiva. La forma más fácil de lograr ambos objetivos –conocer cuáles eran sus posibilidades reales y poner al entrenador de su parte– era pedirle a éste que dijera que «no».

Gracias a su campaña de petición de «noes», terminó recibiendo un montón de «síes». Traigo a colación esta historia para demostrar que muchas situaciones que podríamos considerar que no son «negociaciones», en realidad sí lo son, y que «simplemente di no» es una herramienta eficaz en *cualquier situación en la que puedas encontrarte*.

En la exposición acerca de la necesidad del capítulo 1, sugerí que la persona que se enfrenta a una llamada en frío empiece la conversación así: «Bueno, Mary, no tengo ni idea de si lo que hacemos tiene alguna relevancia para tu negocio. De verdad que no lo sé. Si no la tiene, por favor dímelo y seguiré con otra cosa, pero si la persona que se encarga de la investigación de mercado…». ¿Ves como esa declaración invita al adversario a decir que «no»? Establecer esta regla básica es fundamental en *toda* negociación. Ahora bien, ¿cuándo fue la última vez que alguna compañía telefónica, agente de bolsa o banco que suele llamar a la hora de la comida te ha invitado a que los despaches? De haberlo hecho, ¿se habría reducido considerablemente la tentación de colgar el teléfono de golpe? «¡No! –dirás–. Le habría colgado de todos modos». Y tal vez es cierto, pero estoy aquí para decirte que un buen guion que comience con una serena invitación a decir que «no» suele generar aproximadamente *tres* buenas citas cada *diez* llamadas, lo cual, como estarás de acuerdo, es un porcentaje increíble.

Todo esto no son sólo especulaciones. Sé perfectamente de lo que hablo porque, al principio de mi carrera de *coach,* me labré una cartera de clientes tanto con llamadas en frío como con referencias personales. Llamé a distintas personas que trabajaban en el sector de los seguros, el inmobiliario, la publicidad, la bolsa y la contabilidad y les dije algo parecido a esto: «Pete, no estoy seguro de que lo que hago encaje con tu modelo de negocio. De verdad que no lo sé. Así que si esto no tiene ningún sentido, dímelo y colgaré el teléfono. ¿Te parece justo?». Si Pete me invitaba a continuar, cosa que normalmente hacía, entonces le preguntaba: «Pete, ¿a quién tienes de tu lado? ¿Quién puede asegurarte que tus ingresos aumentarán gracias al *coaching?*».

Al principio, trabajaba con compañías de seguros y sus equipos de venta, y podía *garantizar* que, tras dieciocho horas de formación, un grupo de treinta vendedores podía conseguir cada uno noventa citas válidas con sólo dos horas haciendo llamadas. Como sabe cualquiera que trabaje en ese sector, eso es un extraordinario resultado por la inversión de tiempo.

Hace unos ocho o nueve años, mi hijo mayor, Jimmy, tuvo algo de tiempo libre después de graduarse en la universidad y antes de empezar su preparación para convertirse en piloto de las fuerzas aéreas. Casi como una broma, Jimmy trabajó durante un tiempo con otros cincuenta hombres y mujeres haciendo llamadas en frío para la correduría Prudential, en Nueva York. El primer día, Jimmy dijo que no iba a utilizar el contraproducente guion que le habían dado, sino uno ideado por él mismo (y por mí), el cual incluía la invitación a «decir que no». Como quieras, le dijo su jefe, pero será mejor que rindas. Pues bien, Jimmy rindió, unas tres veces más que sus compañeros.

El derecho a decir «no»

Hace muchos años, me encontraba en Hong Kong después de haber leído un libro sobre negociación donde aparecía una definición bastante parecida a la de *Obtenga el sí* que he citado en la introducción. La definición también contenía un montón de palabras que no dicen ni significan gran cosa al analizarlas detenidamente. Frustrado y sabiendo que esa forma de pensar no sirve para nada, aunque sin saber exactamente por qué, entré en una librería de Hong Kong y busqué la palabra «negociación» en un diccionario. Y allí estaba: «Una negociación es un acuerdo entre dos o más partes, en el que todas las partes tienen derecho de veto».

Fue como si acabara de caerme un rayo. Aún recuerdo el momento con claridad. ¡Eureka! Una negociación es simplemente un acuerdo entre dos o más partes, en el que todas las partes tienen derecho de veto. Eso es lo que es. Ni más ni menos; nada extravagante, nada sin sentido, nada de la parafernalia típica del *todos ganan*.

Ahora bien, el derecho de veto es el derecho a decir «no», ¿verdad? Son la misma cosa. En cuanto volví a casa, hice algunos experimentos con la palabra «no» en contextos seguros. Como *hobby*, también había empezado a vender sistemas de descalcificación de agua para un conocido. Mi planteamiento era sencillo: «Señora Smith, puedo hacerle una pequeña demostración de las ventajas de un descalcificador de agua. Quizá le interese, quizá no. No lo sé. Si quiere verlo, estaré encantado de enseñárselo, y si le interesa, estupendo, y si no, no pasa nada. Me iré por donde he venido». En pocos meses, ganaba más dinero vendiendo sistemas de descalcificación que pilotando aviones a reacción. Una de las principales razones era mi invitación a los clientes potenciales a decirme que «no».

Vale, aunque diría que esto es bastante sencillo y poco controvertido, también creo que es bastante curioso: en una negociación, como hemos visto, a veces puede resultar difícil responder a una oferta con un simple «no», pero también es difícil oírlo como respuesta a una oferta que acabas de plantear. Supongo que esta ambivalencia comienza para todo el mundo al cumplir los «terribles dos años», la edad en que descubrimos esa increíble palabra. El «¡NO!» nos da, por primera vez en nuestra vida, algo de poder, pero también tiene la desventaja de provocar peleas con nuestros padres, ya que el «no» funciona en ambos sentidos. Y cargamos con esta experiencia durante el resto de nuestra vida.

En el capítulo 1 he dicho que mi advertencia sobre la necesidad es probablemente el principio de mi sistema que tiene un impacto más beneficioso en mis clientes. Ahora debo añadir que el principio de «simplemente di no» es el que *más* les cuesta aceptar y poner en práctica a las personas de negocios. Cuando por fin dominan la palabra, los resultados suelen ser mágicos, pero para muchos no es fácil superar el escollo. Especialmente en el mundo de los negocios estamos tan inmersos en la atmósfera emocional del todos ganan que resulta demasiado complicado decir que «no». Va totalmente en contra de la tendencia sumisa, maleable y basada en la necesidad del todos ganan. Todos queremos caer bien, no herir los sentimientos de nadie, no parecer demasiado bruscos, hoscos, arrogantes o exigentes, no cerrar la puerta a un acuerdo antes de tiempo, no empezar una negociación del todos ganan en un tono negativo. Por eso nos contenemos y decimos «tal vez» o incluso «sí», creyendo que así se resuelven todos los problemas. No hemos tenido que usar la palabra desagradable y nuestro adversario no ha tenido que escucharla. ¡Todos hemos salido ganando! Pues no. Todos hemos salido perdiendo porque estamos atrapados y somos víctimas de nuestras emociones.

A modo de prueba, a continuación presento a un cliente de hace algunos años, abogado y experto en prácticas empresariales y jurídicas japonesas que contrató mis servicios porque nunca había podido cobrar lo que realmente valía. Se trataba de un hombre en el más alto nivel de su exigente especialidad, alguien que asesoraba al primer ministro japonés, pero que a menudo trabajaba como consultor por 100 dólares la hora en EE. UU. Ridículo. Debería haber cobrado 400 como mínimo, además de los gastos, pero como era un negociador del todos ganan, siempre le estafaban, y aunque él lo sabía, no podía controlarse. *En teoría,* entendía el poder de decir «no» y las ventajas de invitar a la otra parte a decir que «no», pero la mera idea de llevarlo a la práctica para su propio beneficio le aterraba sobremanera. No obstante, un día que íbamos juntos en coche desde San Francisco hasta Silicon Valley, recibió una llamada de una empresa que quería contratarlo como perito en Los Ángeles durante dos días. Inmediatamente, le insté a que aprovechara la oportunidad de probar por sí mismo el poder del «no». Le dijo a la persona que le había llamado que le devolvería la llamada en un momento y rápidamente confeccionamos una agenda. (Las agendas se tratarán en profundidad en el capítulo 12). Mi cliente pediría billetes de avión en primera clase, una limusina para recogerlo en el aeropuerto y una tarifa de 500 dólares la hora, con un mínimo de dos días, lo que hacía un total de 8000 dólares por 16 horas de trabajo, a transferir inmediatamente. No había nada fuera de lugar en la propuesta, nada en absoluto. Para un experto de su prominencia, estaba dentro del precio de mercado. Sin embargo, cuando devolvió la llamada, estaba muy incómodo; hizo su propuesta y después les invitó a decir que «no» si consideraban que era demasiado dinero. Le aseguró a la otra parte que lo entendería, sin resentimientos, y que estaba seguro de que podrían encontrar a otro buen perito en algún lugar de la Costa Oeste. Con algo de tiempo, incluso él podía recomendarles uno. Así que, le dijo antes de despedirse, háganmelo saber.

Su interlocutor le dijo que tenía que consultarlo. Mi cliente colgó, completamente agotado tras la traumática experiencia. Cuarenta y cinco minutos después, la otra parte volvió a llamar, aceptó el trato y le pidió el número de cuenta para hacerle la transferencia.

Otro cliente me dijo hace poco: «¿Cómo le va a *gustar* mi empresa a la gente si no bajamos los precios?». ¡Con esas mismas palabras! No dijo: «¿Cómo puede ser rentable mi empresa?» o «¿Cómo podemos transmitir la imagen de una empresa eficaz y dinámica con la que hacer negocios?». No, lo que me preguntó fue: «¿Qué puedo hacer para caerles bien?».

Evidentemente, el anterior era un cliente nuevo y sin formación. Nunca más ha vuelto a pensar así. Imagina qué habrían hecho los depredadores al acecho con un adversario tan vulnerable. De todos modos, resulta increíble la cantidad de negociadores que desean caer bien, que quieren *evitar* a toda costa que el adversario tenga que tomar una decisión difícil. Es algo más extendido de lo que parece. He aquí otro caso representativo. Hace unos años, un cliente estaba negociando con una gran empresa japonesa en una situación difícil que podía resultar muy rentable para mi cliente. Un equipo de cinco negociadores se sentó en una sala de Tokio con un número similar de homólogos de la empresa japonesa. El silencio era ensordecedor, como suele decirse, y entonces ocurrió algo realmente estúpido: la presión a la que estaba sometido el adversario por el hecho de tener que tomar una decisión se hizo demasiado insoportable para un miembro de *mi propio equipo*. Sin consultarlo con sus compañeros de equipo, y mucho menos con sus jefes de la central, de repente les soltó a los japoneses que podían beneficiarse de un descuento del 2 %. ¡Sin que ellos se lo pidieran! Y como se trataba de una negociación millonaria, si empiezas a regalar un 2 % por aquí y otro 2 % por allá, al final acabas tirando una cantidad considerable de dinero por el desagüe, todo para que el adversario se sienta cómodo y evitar que tenga que asumir la responsabilidad de sus decisiones. Los japoneses aceptaron encantados la oferta, la reunión se aplazó, se armó la de San Quintín en el bando estadounidense y el equipo tuvo que volver a la mesa de negociación al día siguiente para recuperar el descuento del 2 %, cosa que consiguió.

Nunca «salves al adversario» ni «salves la relación»

No cabe duda de que uno de los errores más peligrosos que se pueden cometer en una negociación es intentar «salvar al adversario», como me gusta llamarlo. No se puede salvar al adversario ni emocional, ni intelectual, ni financieramente, ni de ningún otro modo. Nunca. Es una práctica espantosa que no beneficia a ninguna de las partes.

¿A ninguna de las partes? Correcto, porque si «salvas al adversario», *te* vuelves parcialmente responsable de *sus* decisiones. Y si luego surge algún problema, ¿quién se sentirá culpable? ¿Quién se expondrá a un nuevo compromiso? Supongo que la respuesta es obvia. Por si no lo es, cojamos como ejemplo el siguiente cuento con moraleja cuyos protagonistas son una empresa del sector de los microchips y uno de sus principales clientes. Antes de involucrarme en las negociaciones, la empresa en cuestión había permitido que uno de sus clientes, una gran multinacional, cancelara un contrato de servicio a nivel mundial. Concretamente, un comercial de la empresa permitió que el encargado de

la gestión del sistema de suministro de la multinacional derogara el acuerdo, porque creyó que les iría mejor pagando el mantenimiento y el servicio parcial. Fue un terrible error por parte de mi cliente. En primer lugar, el comercial estaba negociando con un adversario no cualificado. Nunca debería haber permitido que el responsable de compras tomara semejante decisión. El acuerdo de servicio debería haberse examinado minuciosamente y renegociado hasta el último detalle. sin embargo, en nombre de la amistad, el representante de mi cliente aceptó la derogación del acuerdo sin tener en cuenta las consecuencias de su decisión: cuando el equipo necesitara mantenimiento, las piezas tardarían una semana en llegar en lugar de un día, y el servicio de atención en la propia empresa dejaría de estar disponible las 24 horas del día, los 7 días de la semana, incluidos los festivos. ¿Cómo es posible que la cobertura fuera tan amplia si no se pagaba nada por ella? Sin embargo, cuando surgieron problemas con el servicio parcial, mi cliente asumió la culpa, a pesar de que era el responsable de gestión del sistema de suministro de la otra empresa quien había solicitado este nuevo acuerdo. Salvar al adversario en nombre de la amistad había resultado contraproducente tanto para mi cliente, que acabó convirtiéndose en el malo de la película, como para el cliente de éste, quien acabó pagando más por el servicio parcial una vez descontado el tiempo de inactividad.

«Salvar al adversario» no es más que un ejemplo más de los muchos comportamientos conocidos en los círculos negociadores como «salvar la relación». Este tipo de comportamientos se producen *a todas horas,* en todo el mundo y en cualquier sector de actividad. Es parte de la filosofía detrás de la técnica de negociación conocida como «todos ganan». Por ejemplo, una amiga que trabaja para una compañía de danza que hace giras nacionales estaba negociando con el director de una organización que pretendía contratar a la compañía para un evento. Sin embargo, el director en cuestión no quería firmar el contrato de la actuación, por razones que nunca quedaron claras, por lo que recurrió a la ayuda de un colega de mi amiga. Este colega le espetó a mi amiga: «¡Me da igual que tu postura sea lógica! No es una forma muy agradable de tratar a una importante programadora de danza».

Por miedo a empañar su relación con el adversario durante la negociación, el colega de mi amiga no quería parecer demasiado exigente.

No quería herir los sentimientos del adversario diciéndole algo como: «Sin un contrato firmado, esta compañía de danza no actuará». Debido a su arraigado deseo de aprobación, era incapaz de ver el auténtico problema de la negociación.

De hecho, terminó convirtiéndose en un saboteador interno, dispuesto a poner a mi amiga y a su compañía de danza en la tesitura de asumir un considerable riesgo financiero para salvar su relación con la directora del programa.

Sin embargo, el colega de mi amiga tenía razón en una cosa: a la directora del programa *no* le gustaba que le dijeran que «no». Se lo tomó muy mal cuando el agente de contratación le dijo: «No, no vamos a ir a su ciudad porque no hacemos negocios sin un contrato previamente firmado». En un monólogo telefónico de treinta minutos, la directora aseguró que en diecisiete años de carrera nunca la habían tratado así. Acusó al agente de menospreciar su experiencia, reputación e integridad. Para ella, el «no» del agente representaba una falta de confianza. No podía aceptarlo.

Evidentemente, esta reacción es bastante común. De hecho, en la fase inicial de una negociación diría que es probablemente la reacción más común. La gente se toma el «no» como un rechazo personal. Se vuelven irascibles y entran en una dinámica altamente negativa. Por eso «salvar la relación» es un comportamiento típico del todos ganan. La suposición tácita, o a veces explícita, que subyace a este tipo de estrategia negociadora es que la gente se sienta en la mesa de negociaciones con la intención de crear relaciones amistosas que perduren en el tiempo.

El clásico dilema de la estrategia todos ganan es el siguiente: *¿cuánto dinero tengo que poner sobre la mesa para poder mantener esta relación?* Los negociadores de las grandes empresas, como muchos otros negociadores, llevan este juego hasta las últimas consecuencias. Insisten en la importancia de la colaboración, la lealtad y los vínculos basados en las emociones a largo plazo. *¿Cómo puedes proteger todos estos beneficios si mantienes una posición firme?* Aunque en realidad, su única preocupación es el precio que están pagando.

Una vez uno de mis clientes me dijo:

—Soy muy amigo de su jefe de compras.

—¿En serio? Qué interesante.

—Sí, su mujer y la mía también son muy buenas amigas. Juegan al tenis juntas.

—¿En serio? ¿Cuánto hace que tienen esa relación?

—Un par de años, creo.

—¿Y desde cuándo es jefe de compras?

Una pausa.

—Creo que desde hace un par de años.

Bienvenido a otra estrategia explícita de la gestión de sistemas de suministro consistente en utilizar actividades lúdicas, viajes pagados y cualquier otro medio para hacer amistades que luego puedan utilizarse como palanca tácita cuando el adversario quiera y tenga que decir «no» en la negociación.

La amistad con la buena gente sentada al otro lado de la mesa puede estar bien o ser muy peligrosa. Si a muchos negociadores ya les cuesta decir que «no» a adversarios que acaban de conocer, imagina cómo será decir que «no» a un amigo.

Lo que debemos buscar es el respeto, no la amistad

La tendencia a pensar y actuar de un modo compatible con el hecho de salvar la relación es errónea, no sólo porque es una mala estrategia de negociación, sino también porque el adversario *no* quiere ser tu amigo. Tu amistad le trae sin cuidado. *Es algo que ni siquiera se ha planteado.* Es verdad que antes he dicho que la mayoría de los seres humanos queremos caer bien, no herir los sentimientos de nadie, no parecer demasiado bruscos, hoscos o arrogantes. Y también es cierto que nadie quiere ser la víctima de ese tipo de comportamiento. Pero eso no significa que queramos ser amigos de todo el mundo. Para las personas de negocios y los negociadores de cualquier sector, antes que la amabilidad, es mucho más importante la eficacia y el respeto. Eso es todo. ¿Alguna vez te has preguntado cómo se las arreglan los cretinos del mundo? ¿Cómo es posible que algunos incluso salgan adelante o lleguen a la cima? Estas personas no se salen con la suya por su injustificado comportamiento grosero y ofensivo, sino porque son eficaces en su trabajo y porque, de un modo u otro, aportan beneficios a sus relaciones comerciales.

Estoy seguro de que todo el mundo entiende perfectamente lo que estoy diciendo. Todo el mundo conoce un caso en el que alguien ha elegido tratar con una persona odiosa pero eficaz en lugar de hacerlo con una amable pero inepta. ¿Qué tiene que ver la amistad con la buena toma de decisiones empresariales y negociadoras? Nada. Como quedará claro más adelante, siempre he defendido y predicado un trato respetuoso y cortés con el adversario, en todo momento. Esto es algo obligatorio para mis clientes. Pero esta práctica no tiene nada que ver con *evitar* que el adversario asuma su responsabilidad en las decisiones en aras de la amistad, de caer bien o de sentirse importante. La mayoría de las personas de negocios, si dedicaran unos instantes a pensar detenidamente en este tema, estarían de acuerdo conmigo en que la amistad en el mundo de los negocios es el resultado de acuerdos eficaces a largo plazo. Es un error tomar decisiones basadas en la creencia de que nuestro adversario desea ser nuestro amigo. Porque el adversario prefiere que seamos eficaces.

¿Por qué añadir a una relación comercial una alta carga emocional, incluida la culpa, la cual puede ser una de las consecuencias de la «amistad»? No es recomendable. Ni rentable. Si los acuerdos son el resultado de una toma de decisiones eficaz, existen muchas probabilidades de que la relación comercial sea duradera, independientemente de si juegas al golf con tu adversario o no. Si los acuerdos son el resultado de una toma de decisiones incompetente, no habrá, ni debería haber, una relación a largo plazo, independientemente de las rondas que juegues con ellos.

La *próxima* decisión

El miedo a herir los sentimientos de la gente, a no caer bien, a dañar una relación duradera, todas éstas son razones por las que tenemos miedo a decir que «no». Otra es que tenemos miedo de tomar una decisión *equivocada*.

«No» es una respuesta bastante contundente, una decisión bastante enérgica, de ahí que pensemos: ¿y si me estoy equivocando? A la gente le aterroriza la perspectiva, y ese miedo a tomar la decisión equivocada es una de las emociones más debilitantes que existen, una emoción que hunde sus raíces profundamente en todos los aspectos de la toma de decisiones.

Los negociadores inexpertos u obcecados creen que el «no» les obliga a tomar una decisión equivocada y que una de las formas de protegerse de eso es el «tal vez». La duda los asalta por todos lados:

«¿Por qué aceptar este trato?».
«Parece demasiado bonito».
«Quizá pueda conseguir aún más».
«¿Por qué me lo ponen tan fácil?».
«¿Qué saben ellos que yo no sé?».
«Esto no puede estar bien».
«¿Cómo puedo salir de ésta?».

Yo o cualquier otra persona de negocios podría ampliar esta lista durante unas cuantas páginas más. No cabe duda de que cualquier negociador se enfrenta en un momento u otro a la duda. El miedo a tomar la decisión equivocada está relacionado con el miedo al fracaso, el cual está profundamente arraigado en la mayoría de las personas. En la escuela teníamos miedo de dar una respuesta equivocada porque eso nos haría parecer estúpidos y los demás niños se reirían de nosotros. En el mundo de los negocios, las consecuencias de una respuesta errónea –una decisión equivocada– son mucho peores. Así que vivimos con miedo a tomar una decisión equivocada, y ese miedo nos paraliza. El miedo innecesario a tomar una mala decisión es uno de los principales obstáculos a la hora de tomar buenas decisiones.

¿Cómo podemos deshacernos del miedo a equivocarnos? Responderé a esta pregunta con otra: ¿qué ocurre realmente cuando tomamos una mala decisión? Pues que luego tomamos otra decisión, y después otra y otra y otra más. Una negociación es una serie de decisiones. Cuando –no si– tomamos una mala decisión, después simplemente tomamos otra mejor. Comprender esta sencilla lección te liberará como negociador. O como le dijo un instructor de vuelo a mi hijo durante su formación como piloto militar: «Teniente Camp, seguro que tomará algunas malas decisiones en este avión, pero no se preocupe. Lo importante es que tome decisiones; las malas ya las arreglaremos sobre la marcha».

Asume la responsabilidad de tus malas decisiones, aprende de ellas, asume el fracaso y sigue adelante sin miedo, porque sólo necesitas una buena decisión para volver por el buen camino. Ahora bien, esta actitud y este enfoque requieren disciplina y mucha confianza en uno mismo, ya que tener la razón es muy importante para la mayoría de las personas. Es una *necesidad* poderosa y, como todas las necesidades, debemos aprender a superarla.

En una negociación con uno de mis clientes, el adversario –una empresa bastante grande con unas iniciales famosas– insistió en un descuento del 28 % para el producto de alta tecnología de mi cliente. A pesar de que el precio rebajado apenas ofrecía rentabilidad, el negociador accedió a la petición. (Cuando su jefe se enteró, me llamó con la intención de despedirme, cosa que debería haber hecho, salvo por el detalle de que yo tampoco sabía nada de aquella rebaja). Ese descuento del 28 % era una mala decisión, una decisión horrible, una decisión con consecuencias fatales. Afortunadamente, aquello *no* fue el fin del mundo. A la semana siguiente, mi cliente volvió a hablar con el adversario, reabrió las negociaciones y le dijo que no podía trabajar con aquel precio: «Lo siento, pero el acuerdo fue un terrible error». Al final, el adversario aceptó renunciar a la mayor parte del descuento.

Un momento, entonces, ¿no podemos considerar al adversario culpable de *salvar* a mi cliente renegociando el descuento acordado? No lo sé; no estuve presente en las conversaciones privadas. Puede que nos estuvieran salvando, o puede que tomaran una prudente decisión comercial. Me inclino más por lo segundo, porque estamos hablando de una empresa prudente, pero no puedo demostrarlo. De acuerdo, pero ¿y si la empresa hubiera dicho: «Mala suerte. Usted aceptó el descuento del 28 % y ahora lo queremos?». Pues entonces mi cliente habría retirado al antiguo equipo negociador y habría enviado uno nuevo, el cual habría dicho: «Lo siento, *mea maxima culpa*, la hemos fastidiado, pero la máquina no va a salir a ese precio tan rebajado. Sigamos a partir de aquí».

¿Y qué habría pasado entonces? Pues que habríamos *negociado*. No obstante, a menudo las empresas encadenadas a malos contratos negociados con el todos ganan ni siquiera se plantean la posibilidad de re-negociarlos. Dicen que es de mala educación, y eso suponiendo que sepan que *es* un mal contrato, algo que puede que no entiendan hasta que los lobos llaman a la puerta. He visto cómo pasaba infinidad de veces.

A continuación presentamos dos casos paradigmáticos sacados de los anales empresariales recientes sobre cómo revertir decisiones espantosas. Hace unos años, Coca-Cola decidió que debían cambiar su fórmula y sacaron al mercado la «nueva Coca-Cola». Una mala decisión, una decisión espantosa, una decisión que podía tener lamentables consecuencias, una decisión increíblemente vergonzosa. Pero no fue el fin del mundo. La empresa simplemente revirtió la decisión. (¿O la primera decisión fue en realidad una estrategia de marketing increíblemente *inteligente?* He oído esa teoría, según la cual la empresa simplemente fingió sustituir la Coca-Cola Clásica por la Nueva Coca-Cola para recordarnos cuánto nos gusta la auténtica. Sea como fuere, error o estrategia comercial, la cuestión es que las cosas terminaron bien, porque las ventas se dispararon y la capitalización de la empresa ha pasado de 9000 millones de dólares a algo más de 100 000 desde 1985).

Y después está otro gigante, Microsoft, que se equivocó durante años al mantener una actitud desdeñosa respecto a Internet. Cuando Bill Gates se dio cuenta del error, dio un giro de 180 grados a su gigantesca empresa de 15 000 empleados. En un período de noventa días, todas las divisiones de Microsoft replantearon sus objetivos en relación con este tema. Sea cual sea la opinión que nos merece Bill Gates, debe reconocerse que fue una increíble demostración de liderazgo empresarial. Demostró que no estaba dispuesto a perseverar en una mala decisión (o en la falta de una, en realidad). Dio un giro de 180 grados y nadie lo tiene en menor consideración por ello.

Una última vez

Recurre al «no» en cualquier momento de la negociación. No le tengas miedo a la palabra; háztela tuya. *No* te lo tomes como un rechazo personal; no necesitas nada. Asume que todos los «noes» son *reversibles.* En cuanto logres interiorizar este principio del sistema Camp, serás mucho mejor negociador. En cuanto dejes de preocuparte por si puedes herir los sentimientos de alguien y dejes de intentar salvar a tu adversario, serás mucho mejor negociador. Cuando entiendas la honestidad y el *poder* del «no», habrás dado un paso decisivo para alejarte de la negociación basada en las emociones y acercarte a la negociación basada en las decisiones.

Si no puedes aceptar un «no», quemarás demasiados puentes y no podrás volver a la mesa de negociaciones. Nada, absolutamente nada, es más importante para el éxito de una negociación que dejar lo más claro posible desde el principio que el «no» es una respuesta perfectamente aceptable en aquella negociación. Debes dejar claro que no te tomas el «no» como un rechazo personal, sino como una decisión honesta que puede ser discutida y, tal vez, revocada. Debes dejar claro que un «no» rotundo es preferible a un «tal vez», que no dice nada en absoluto, y también preferible a un «sí», una respuesta completamente inaceptable para empezar una negociación. Debes poner en tela de juicio las sutilezas del sistema todos ganan basado en las emociones, porque se trata de un sistema que, en el mejor de los casos, no sirve para nada y que, en el peor, te hará caer en la trampa.

Aunque es algo que puede resultar difícil al enfrentarte a adversarios comprometidos con el sistema todos ganan, cuando seas capaz de hacerlo, te sorprenderá descubrir cómo este derecho a decir y oír que «no» relaja la atmósfera de la mesa de negociación. Si tu adversario es un experto astuto y preparado, te mirará con mucho más respeto. Si es un ingenuo entusiasta del todos ganan, se sentirá mucho más seguro. Te podrá decir que «no» con sinceridad, tú lo aceptarás con gratitud y él sabrá que en el futuro reaccionarás de la misma manera. Al sentirse seguros diciendo que «no», también se sentirán seguros cuando lo oigan. Las barreras desaparecen, la confianza aumenta, todo el mundo se siente más cómodo, más sincero, más adulto, y todos agradecen la atmósfera de honestidad.

A la larga, el «no» es la respuesta más segura. *No* destruye las relaciones comerciales, sino que *ayuda* a edificarlas. ¿Quieres que todo el mundo salga ganando? Decir, invitar a decir y escuchar un «no» es el auténtico modo de conseguirlo.

4
—

Los cimientos del éxito

Desarrolla tu misión y tu propósito

Para que una negociación sea eficaz, necesitamos tomar decisiones eficaces, simple y llanamente, y para poder tomar decisiones eficaces, necesitamos una misión y propósito válidos para guiarlas. Éstos son los cimientos de mi sistema. Uno no puede mantenerse enfocado durante una larga negociación o proyecto de cualquier tipo sin tener una misión y propósito claros. No hay otra forma de hacerlo. Sin embargo, si desarrollas y te comprometes con una misión y propósito válidos, es imposible que te desvíes de tu camino. Si tienes una misión y un propósito válidos, y el resultado de la negociación está en armonía con ellos, entonces podemos decir que la negociación ha sido buena y que ha merecido la pena.

La idea es bastante sencilla, y aunque no parece demasiado profunda, el principio rector funciona a las mil maravillas. Es una guía infalible que nos permite tomar decisiones eficaces.

¿Recuerdas la lista de dudas que pueden afectar a una buena toma de decisiones que hemos visto en el capítulo anterior? Aquí la tienes de nuevo (y podría haber sido mucho más larga):

«¿Por qué aceptar este trato?».

«Parece demasiado bonito».

«Quizá pueda conseguir aún más».

«¿Por qué me lo ponen tan fácil?».

«¿Qué saben ellos que yo no sé?».

«Esto no puede estar bien».

«¿Cómo puedo salir de ésta?».

¡Olvídate de todo esto! Si la negociación sirve a una misión y propósito válidos, no tendrás que preocuparte más de *obtener* hasta el último euro o concesión del acuerdo, ni de *facilitar* los euros y las concesiones necesarias. Dejarás de preocuparte de las relaciones a largo plazo. No serás responsable de las decisiones de la otra parte. No te importará si el contrato es todos ganan o todos pierden. Esta forma de *categorizar* los acuerdos pasará a ser arbitraria, hueca y carente de sentido. Ya no tendrás que preocuparte de esas cosas y, créeme, esa libertad hará que te encuentres mucho más relajado durante la negociación.

Enseño y *predico* que la misión y el propósito son la esencia misma del éxito, por lo que deben convertirse en algo tan automático como respirar. Debes habituarte a recurrir a ellos en asuntos grandes y pequeños, porque te proporcionará una orientación clarísima en cualquier situación. El ejemplo definitivo de la eficacia de la misión y el propósito para guiar las decisiones en las circunstancias más difíciles y críticas imaginables –tan difíciles y críticas que, hoy en día, continúan pareciéndome inimaginables– fue la firme determinación de salvar la Unión por parte del presidente Lincoln. Ésa era su misión y su propósito tanto en la negociación con su electorado como en la *otra* negociación con la Confederación: salvar la Unión. A cualquier precio. Lincoln decidió que el sueño de un continente norteamericano que pudiera evitar lo que había ocurrido en los Estados europeos, es decir, una guerra tras otra, correría serio peligro si la Unión se descomponía. Ante semejante perspectiva, Lincoln estaba dispuesto no sólo a hacer cualquier tipo de sacrificio personal (de hecho, al final hizo el mayor de los sacrificios, algo que ya había previsto) sino también *pedir* a su pueblo que se sacrificara, incluso luchando en una guerra civil, al servicio de esa misión y ese propósito.

Como general de las tropas de la Unión durante la guerra de Secesión, Ulysses S. Grant asumió sin vacilar la misión y el propósito de Lincoln de salvar a la Unión a cualquier precio, incluso a pesar del altísimo número de bajas en el campo de batalla. Grant sacrificó sus tropas ante las barricadas confederadas en Vicksburg, Spotsylvania, Cold Harbor y Petersburg porque comprendió que su superioridad numérica y de equipamiento al final le permitiría ganar la guerra de desgaste. No obstante, como *presidente*, Grant fue un desastre: recibió malos consejos, tomó malas decisiones, tuvo que tratar con una serie de personajes desagradables, básicamente porque no sabía por qué era presidente ni lo que quería lograr durante la Reconstrucción. No tenía una misión ni un propósito claros.

¿Qué gran decisión, qué gran logro, se ha conseguido sin una misión y un propósito claros? Aunque, evidentemente, a veces se han producido avances tecnológicos accidentales, vuelvo a preguntar: ¿qué gran hazaña política, científica, social o filantrópica, o qué obra de arte, se ha llevado a cabo sin el enfoque, el control y la resolución que proporcionan una misión y un propósito claros? No creo que puedas nombrar ni siquiera una. Otro ejemplo que suelo utilizar en mis talleres es el de Thomas Alva Edison, quien podría haberse conformado con instalar una farola para demostrar que su tecnología funcionaba o fabricar la primera tostadora eléctrica del mundo, pero que decidió aferrarse a su misión y propósito, implantar la energía eléctrica para el uso cotidiano de la humanidad, y para ello invirtió una cantidad astronómica de su propio dinero para iluminar una manzana entera de Nueva York. Qué gran historia. Qué gran visión. Qué gran misión y propósito.

¿Cuántas decisiones hacen que las cosas sean más difíciles de lo que lo eran el día anterior, pero que terminan por resultar enormemente beneficiosas a largo plazo? A menudo recurro al ejemplo del hipotético inventor que puede invertir los ahorros de toda su vida en una campaña de *marketing* para su producto o en una complicada y costosa solicitud de patente sobre la que no habrá una decisión hasta dentro de tres o cinco años. Sin una misión y un propósito válidos, el inventor podría despistarse, pensar a corto plazo y sacar el producto al mercado sin una patente. Pero ¿qué ocurre si el producto tiene éxito sin proteger adecuadamente su invento? Pues que termina perdiendo tanto a corto como a largo plazo. Con una misión y propósito válidos, no cometería ese error. Solicitaría la patente.

La siguiente historia es más práctica y está protagonizada por un escritor y artista que desarrolló una exitosa carrera en el Medio Oeste. Este cliente vivía en una pequeña ciudad y terminó involucrándose en todo tipo de negocios, algunos directamente relacionados con sus talentos y aspiraciones naturales, y otros bastante más descabellados. Compró una copistería, una imprenta y un proveedor de servicios de Internet, por citar sólo algunas de sus empresas. Está claro que es un tipo muy brillante y con mucha energía, y si surgía una buena oportunidad, se lanzaba a por ella. Al cabo de unos años, su situación se había convertido en el clásico ejemplo de la extralimitación. Había estirado más el brazo que la manga, como solía decir mi abuela. Es algo muy habitual. Alguien empieza vendiendo cucuruchos de helado, luego empieza a hacer el helado, después compra sus propias vacas... ¡y al final se plantea abrir una carnicería!

Lo primero es lo primero, le dije a mi nuevo cliente, y después de trabajar en su misión y propósito, esto es lo que decidió:

«Mi misión y propósito es ayudar a la gente a ver, descubrir y experimentar el mundo en el que vivimos como un mundo de imaginación, posibilidades y sanación. Y lo hacemos compartiendo nuestras historias y nuestro modelo de empresa, de forma que sea sostenible tanto ahora como en el futuro que heredarán nuestros hijos».

Una vez establecida su misión y propósito válidos, mi cliente pudo ver claramente cuáles de sus filiales tenían sentido. Gracias a esta visión clara, le resultó mucho más fácil decidir qué debía conservar y qué debía vender. Desde entonces le ha ido muy bien, tanto a él mismo como a muchos otros, adhiriéndose al espíritu de su declaración en todos los negocios y negociaciones que ha emprendido.

A lo largo del libro verás cómo los negociadores y las empresas con una misión y un propósito válidos, los cuales expresan claramente tanto su objetivo a largo plazo como su responsabilidad permanente, son capaces de superar cualquier contingencia que pueda surgir en el toma y daca cotidiano de sus negocios. Su capacidad para tomar decisiones es muy superior a la de los negociadores que prefieren improvisar. Los negociadores de los departamentos de gestión de suministros te bombardearán con una andanada de promesas, amenazas, peticiones, plazos, objeciones, documentos de posición y otras cosas por el estilo. La misión y el propósito te servirán de escudo antimisiles para hacer frente a estas tácticas.

Un ejemplo: a petición de uno de los mayores fabricantes de chips del planeta, uno de mis clientes presentó una propuesta completa y detallada para vender las cajas que transportan los chips de silicio a lo largo de la cadena de producción de la fábrica en una operación valorada en unos 50 millones de dólares. (Debo precisar que no se trataba de unas cajas cualquiera. No eran las típicas cajas de cartón corrugado, sino un producto de alta tecnología valorado en casi 3000 dólares cada una). Hay cuatro empresas más en el mundo que fabrican estas cajas, y todas habían preparado propuestas para el gigante de los chips. Fue necesaria una larga negociación para que mi cliente entendiera exactamente lo que necesitaba su cliente, pero tras recibir una propuesta exhaustiva y cuidadosamente negociada, el equipo de gestión del sistema de suministro del fabricante de chips intentó dividir en secciones la propuesta y negociarlas por separado. ¿Por qué? Para forzar a que hubiera concesiones, por supuesto.

Mi cliente se negó a hacerlo. Su misión y propósito era proporcionar el más alto nivel tecnológico para el ámbito de los semiconductores de 300 mm, como se conoce este tipo de producción, minimizando en la medida de lo posible el riesgo de fallo operativo para el fabricante de chips. Con semejante misión y propósito, y dado que los elementos de su propuesta se habían elaborado para que funcionaran orgánicamente y minimizar así el riesgo de fallo operativo del fabricante de chips, mi cliente no podía aceptar que la propuesta se dividiera en secciones, porque eso habría socavado su misión y propósito.

Evidentemente, el personal del departamento de gestión del sistema de suministro del fabricante de chips no pensaba lo mismo, sino que consideraba que su trabajo consistía en *ahorrarle* dinero a la empresa por adelantado. De modo que el meollo de la negociación se centró ahora en conseguir que los *verdaderos* responsables de la toma de decisiones del fabricante de chips (el reto de encontrar a las personas que realmente toman las decisiones es el tema del capítulo 11) entendieran que el riesgo de utilizar una caja de inferior calidad era enorme, ya que el fallo de una sola caja en el lugar y el momento adecuados de la cadena de producción podía representar una pérdida millonaria.

Al final, el fabricante de chips vio la luz, adjudicó el contrato a mi cliente y pagó el precio completo.

La misión y el propósito son tan importantes para las negociaciones en nuestra vida cotidiana como en nuestro trabajo o profesión. Estoy pensando en otro cliente, el orgulloso y feliz padre de una niña que nació prematuramente con una válvula cardíaca defectuosa, una afección que, según los médicos, es muy habitual en los bebés prematuros. A veces se puede inducir el cierre de la válvula mediante fármacos, pero, si eso no funciona, como ocurrió con el bebé de mi cliente, se tiene que operar. Los médicos querían trasladar a la bebé a otro hospital porque es donde estaban los mejores cirujanos torácicos pediátricos. Los padres –mi cliente y su mujer– creían que el traslado era innecesario. El hospital en el que estaba su hija contaba con una unidad neonatal de última generación. Además, había un quirófano anexo a la unidad neonatal. Creían que trasladar a su hija a otro hospital era un riesgo demasiado alto. Pero mi cliente, un experimentado empresario y negociador, también sabía que estaba demasiado implicado emocionalmente para poder hablar y argumentar eficazmente con los médicos.

Aquello era una negociación en estado puro, y mi cliente desarrolló una misión y un propósito específicos para conseguir que el responsable de la unidad neonatal viera y decidiera que, trasladando a la bebé a otro hospital, estaba poniendo en riesgo su vida. Esa idea tan clara orientó lo que los padres le dijeron al médico y cómo se lo dijeron. Les ayudó a mantener bajo control sus emociones, lo que a su vez impidió que los médicos los metieran –probablemente con razón– en la categoría de padres emocionalmente estresados a los que no hay que tomar en serio. La misión y el propósito de esos padres sirvió para guiar la entrevista con los médicos, aunque la decisión final resultó ser toda una sorpresa. Conoceremos todos los detalles en el capítulo 9.

¿Qué pasa si *no* tienes una misión y un propósito válidos? He descubierto que la mejor forma de llamar la atención de la gente es responder a esa pregunta del siguiente modo: si no trabajas en nombre de tu propia misión y propósito, entonces es que lo estás haciendo en nombre de la misión y el propósito de otra persona. Eso hace que todo el mundo se quede pensativo. Ahora bien, no pasa nada por trabajar en nombre de la misión y propósito de otra persona –siempre y cuando seas consciente de que lo estás haciendo, es decir, si adoptas como propios y libremente su misión y propósito o elaboras los tuyos propios para apoyar los suyos–, pero es una terrible pérdida de tiempo trabajar en nombre de la misión y el propósito de otra persona sin ser consciente de ello. Y eso es lo que ocurre cuando no los tienes, cuando ni siquiera has pensado en el tema. Las personas que no son felices y se sienten frustradas en su trabajo, o bien tienen una misión y un propósito inválidos («Quiero ganar un millón de dólares antes de cumplir los veintiuno») o bien no tienen ninguno y están trabajando en nombre de los de otra persona, pero son conscientes de ello a un nivel demasiado profundo.

Conozco y he trabajado con muchos autónomos y empresarios de pequeñas empresas que creen que su misión y propósito son evidentes. Algo que demostró ser un error para mi cliente del Medio Oeste, y un error para cualquier persona que se encuentre en su misma posición. La misión y el propósito no son evidentes. Si trabajas para ti mismo y no tienes una misión y un propósito claros, estarás en desventaja. Trabajar y negociar en nombre de una misión y un propósito inválidos te pone en una situación tan vulnerable como la del empleado anónimo en una gran multinacional. Es imperativo que empieces a crear tu propia misión y propósito. Veamos cómo hacerlo.

El dinero y el poder no son propósitos válidos

Quiero ganar un millón de dólares antes de cumplir veintiún años.

Quiero ganar 10 millones de dólares este año.

Quiero dejar un legado de 100 millones de dólares.

Quiero llegar a ser presidente y director ejecutivo de esta empresa.

Quiero ser el político más poderoso del estado.

XYZ se ha comprometido a aumentar sus ventas este año en un 25 %.

Éstas son algunas de las afirmaciones más populares sobre la misión y el propósito, aunque normalmente no se expresen con tanta franqueza. Así es como muchas personas y empleados interpretan el trabajo de su vida y su empresa. A estas alturas del libro, supongo que ya sabrás qué opinión me merecen este tipo de declaraciones, aunque el problema principal no es que los objetivos sean muy estrechos de miras. El problema es que están centrados en el *yo*, en el mundo del individuo que construye la misión y el propósito. Por eso son completamente *inválidos* y carentes de valor para cualquier persona, empresa o negociación. No tengo nada en contra del dinero y el poder adquiridos y utilizados adecuadamente, pero tanto lo uno como lo otro debe ser el *resultado*, no la esencia, de una misión y un propósito válidos.

Tanto la historia como la experiencia nos enseñan repetidamente que tener como objetivo en la vida la riqueza o el poder acaba siendo profundamente destructivo para cualquier individuo (y, en algunos casos, también para muchas otras personas). Vale la pena repetir el tópico una vez más: el dinero por el dinero corrompe; el poder por el poder corrompe. ¿Crees que las personas de negocios cuya misión y propósito es «forrarse» son capaces de crecer y prosperar a largo plazo con una misión y un propósito tan estrecho de miras y egoísta? No mucho más de lo que prosperaron Hitler, Ferdinand Marcos o Joseph Stalin.

Una de las grandes tragedias empresariales de la década de los ochenta fue la quiebra de Eastern Airlines. Sin embargo, el tiempo ha demostrado que Eastern no quebró sola, sino que acabaron con ella tanto sus directivos como algunos tipos que especulaban con los bonos basura. Estoy seguro de que estas personas tenían una misión y un propósito para el gran público con nobles intenciones como la promoción del empleo, la reducción de los precios de los billetes para el consumidor y la seguridad aérea, pero, al parecer, la *verdadera* misión y propósito consistió en despojar a la aerolínea de sus activos y dejar sólo facturas y deudas para los acreedores.

Posiblemente, uno de los mejores ejemplos recientes sacado de los anales empresariales sea el de Quaker Oats y Snapple. La megacompañía compró la empresa de bebidas por unos 1700 millones de dólares en 1994, creyendo que Snapple encajaría bien con su propia marca:

Gatorade. Sin embargo, Snapple tenía un plan de distribución completamente diferente al que Quaker Oats utilizaba para Gatorade, y el plan de la empresa de obligar a los distribuidores y compradores de Snapple a ajustarse al modelo de Gatorade encontró importantes resistencias y terminó fracasando. Pocos años después de comprar Snapple por 1700 millones de dólares, Quaker Oats la vendió por unos 300 millones. La empresa compradora, TriArc, demostró mucha mayor cordura, reconstruyó la marca y la vendió por 1600 millones de dólares a Cadbury Schweppes; y eso que ni siquiera lo necesitaban, ya que estaban a punto de salir a bolsa cuando llegó la oferta.

Cuando leo sobre este tipo de debacles empresariales, de las que hay muchas cada año, siempre analizo el acuerdo desde la dicotomía misión y propósito válidos o inválidos. A primera vista, reunir a Snapple y Gatorade bajo el mismo paraguas empresarial tenía sentido, pero una misión y un propósito válidos no son elementos meramente decorativos, y tampoco presuponen que la empresa que vende una bebida popular sea capaz *necesariamente* de vender otra.

¿Y los depredadores de la negociación acerca de los cuales te he advertido antes? ¿No son el tipo de persona cuya misión y propósito está centrada en el objetivo de «forrarse»? Bueno, es posible que sí, pero no necesariamente. Su técnica depredadora a la hora de negociar es un medio; simplemente se aprovechan de los negociadores débiles que usan la técnica del todos ganan. Es posible que tengan una misión y un propósito perfectamente válidos. En cualquier caso, no culpo a este tipo de negociadores por lo que hacen, sino que culpo a los negociadores débiles del todos ganan por fomentar su proliferación.

Otro de los problemas de situar el dinero y el poder como tu misión y propósito es que te hace estar demasiado pendiente de los resultados, y estar pendiente de los resultados significa que te estás centrando en algo sobre lo que no tienes ningún control real. Dicho de otro modo, estás pensando más en jugar por debajo del par por primera vez (o en uno sobre par, más probablemente) que en los requisitos para el golpe crucial del hoyo diecisiete. Estás pensando en el nuevo BMW, no en la disciplina y el esfuerzo que deberás emplear en una negociación que, de tener éxito, servirá para pagar el reluciente coche nuevo con el que sueñas. Un último comentario para dejar las cosas claras. Vince Lombardi, el gran entrenador de los Green Bay Packers, dijo una vez con propósitos comerciales: «Ganar no lo es todo, es lo único». Sin embargo, cuando le escuché dirigirse al equipo de fútbol americano de Ohio State durante los entrenamientos de la primavera de 1965, lo expresó de forma algo distinta: «Ganar no lo es todo, pero la voluntad de prepararse para ganar sí que lo es». Espero que la distinción entre ambas afirmaciones haya quedado clara. También creo que la segunda afirmación debía de reflejar los auténticos sentimientos de Lombardi, ya que los grandes entrenadores deportivos o *coaches* empresariales saben que la primera actitud tarde o temprano está abocada al fracaso porque ganar queda fuera de nuestro control, mientras que el proceso de preparación está totalmente bajo nuestro control. ¿Y cuál es el pilar de la preparación? La misión y el propósito.

Tu misión y propósito se sitúan en el mundo de tu *adversario*

Haz que sea una misión y un propósito *válidos*. ¿Qué es una misión y un propósito válidos? Ante todo, deben situarse *en el mundo del adversario*. En el caso de un político y dirigente, debe situarse en el mundo de sus electores. Para un empresario, en el mundo del cliente. Para un negociador, debe situarse en el mundo del equipo sentado al otro lado de la mesa. Situar la misión y el propósito en el mundo de los electores, del cliente o del adversario les permite a todos ellos reconocer con claridad las características y ventajas que tanto tú como tu producto o servicio tenéis para ofrecerles. Para el negociador, situar su misión y propósito en el mundo del adversario es la mejor forma de ver el mundo de su adversario con claridad y sin falsas suposiciones, y de conseguir que el adversario lo vea y actúe con la misma claridad.

> «Mi misión y propósito es ayudar a la gente a ver, descubrir y experimentar el mundo en el que vivimos como un mundo de imaginación, posibilidades y sanación. Y lo hacemos compartiendo nuestras historias y nuestro modelo de empresa, de forma que sea sostenible tanto ahora como en el futuro que heredarán nuestros hijos».

Cuando leíste la declaración de la misión y propósito del artista unas páginas atrás, quizá notaste algo diferente en ella, pero no te detuviste lo suficiente para ver cuál era esa diferencia. Ahora puedes volver a hacerlo. Tómate uno o dos minutos para estudiar la declaración y asimilar el hecho de que se sitúa fundamental e irrevocablemente en el mundo de su cliente. No se plantea en absoluto comprar más empresas o ganar más dinero, y no es un simple juego de palabras para decir lo contrario. Hace poco, este cliente me dijo: «Mi misión y propósito son mi brújula en este mundo; por encima de todo, lo que quiero lograr y cómo quiero lograrlo. Si llegara la hora de mi muerte, podría decir de todo corazón que es algo por lo que estoy dispuesto a vivir».

Volvamos ahora a mi cliente que estaba a punto de hablar con los médicos sobre su niña recién nacida. Su misión y propósito era conseguir que el responsable de la unidad neonatal viera y decidiera que, trasladando a la bebé a otro hospital, estaba poniendo en riesgo su vida. Se situaba en el mundo de los médicos. En una misión y propósito válidos, nuestro mundo debe ser secundario. Es posible que te preguntes por qué, si es *mi* misión y propósito, tengo que centrarme en el mundo de otra persona. Porque, a menos que vivas solo en una isla desierta, tu misión y propósito *consiste* en centrarte en otra persona. Esa «otra persona» es tu sustento, ya seas político, médico, paciente, empresario o negociador. No olvides esto nunca. Por definición, un negociador no va *a ninguna parte* sin su adversario.

Todos conocemos el lema que ya se ha convertido en una convención de las ventas minoristas: «El cliente es lo primero». No conozco ninguna empresa minorista a la que le haya ido bien durante un largo período de tiempo con cualquier otro *modus operandi.* Por eso mismo no suelo confiar mucho en la supervivencia a largo plazo de las empresas que viven de intentar aprovechar los *booms* circunstanciales y desatienden su servicio al cliente. Como las aerolíneas, por ejemplo, a juzgar por el número de quejas que recibe la FAA. Y otras empresas que, en teoría, han modernizado su servicio de atención al cliente con esos programas telefónicos automatizados que sólo sirven para enfurecernos con sus bucles interminables, es posible que se lleven una sorpresa cuando la economía se ralentice. Habrá ganadores y perdedores, y tengo muy claro por quién apostar.

A largo plazo, los beneficios llegan cuando pensamos primero en el cliente, y de ahí se deriva una analogía directa con la negociación: cuando nuestra misión y propósito pone en primer lugar al adversario, aumentamos exponencialmente nuestras posibilidades de éxito. Sólo conseguiremos forrarnos –u obtener un sólido beneficio– adentrándonos de lleno en el mundo, el negocio, las necesidades, los requisitos, las esperanzas, los miedos y los planes de nuestro adversario. Tu misión y propósito consiste en hacerle ver y comprender que fábricas y distribuyes la mejor máquina del mercado a un precio competitivo. El objetivo, por tanto, *no* es vender diez mil máquinas este año fiscal. Si ofreces la mejor máquina, seguramente venderás diez mil unidades, pero centrarse en eso significa anteponer el beneficio al rendimiento, tu mundo al de tu adversario. No funcionará.

Retomemos la historia de la empresa al borde de la quiebra porque estaba perdiendo 100 000 dólares con cada venta. La solución no pasaba por la reducción de costes; ése no era el problema. El problema era que la empresa había sido engañada durante la negociación con su principal cliente, permitiendo que el precio se situara por debajo de los costes. Examinemos algunas posibles misiones y propósitos para las empresas que se encuentran en una situación tan grave como esta.

«Renegociar el contrato». Bueno, obviamente la empresa en cuestión quería renegociar el gran contrato.

«Volver a ser rentable». Evidentemente, tanto la dirección como los empleados y los accionistas querían que la empresa volviera a ser rentable.

No obstante, estos dos planteamientos no iban a funcionar, puesto que no abordaban el mundo de la otra empresa con la que habían firmado el fatídico contrato, una empresa que, además, no estaba obligada a renegociarlo.

En lugar de esas dos afirmaciones centradas en su propio mundo, la empresa elaboró la siguiente misión y propósito centrados en el cliente de cara a la próxima renegociación:

«Ayudar a la cúpula directiva [de la otra empresa] a que nos vean como una organización nueva y revitalizada que va a mejorar su eficacia en beneficio no sólo de su empresa, sino también de toda la industria, convirtiéndose en un proveedor más eficaz y competente para dicha industria».

Y fueron capaces de cumplir esta misión.

¿Recuerdas al atleta del capítulo 3 que estaba decidiéndose entre varias universidades? Su misión y propósito no era «entrar en un buen programa para que me fiche un equipo profesional y conseguir un contrato de 5 millones». Era perfectamente consciente de que nunca llegaría a ser profesional. Su misión y propósito tampoco era «entrar en una universidad de alto nivel académico para poder ganar mucho dinero después de graduarme». Ni tampoco «irme lo más lejos posible de casa». Aunque seguramente llegó a plantearse las dos últimas visiones, ninguna de las dos habría sido una misión y propósito válidos porque estaban centrados en su mundo. Su misión y propósito válido era proporcionarles a los entrenadores un individuo capaz de implementar el esfuerzo necesario para conseguir el éxito de todo el equipo. Del mismo modo, la misión y el propósito de la agente de contratación de la compañía de danza en la negociación con la directora del programa no era conseguir otra semana de gira para la compañía y aumentar los ingresos de ésta ni conseguir una comisión para la agente y aumentar sus ingresos, sino que consistía en conseguir que la directora viera y entendiera que contar con la participación de la compañía de danza aportaría un valor cultural tanto al público como a la comunidad de su organización, además de ayudar a la directora del programa a cumplir la misión y los objetivos de su organización.

Cuando tengas una entrevista de trabajo, tu misión y propósito podría consistir en ayudar al entrevistador a ver y comprender que eres una persona íntegra y con un gran carácter, la persona que la empresa necesita para llevar su negocio a otro nivel. Si eres agente inmobiliario, podría consistir en ayudar a la vendedora a ver y decidir que lo mejor para *ella* a largo plazo es aceptar la oferta que le estás haciendo en aquel momento. Si te dedicas a la fontanería, podrías ayudar a los contratistas a ver y decidir que aportarías un gran beneficio a sus proyectos proporcionando mano de obra profesional, utilizando los suministros y materiales de la mayor calidad posible y garantizando los plazos de ejecución. Como agente de viajes, podría consistir en ayudar a los viajeros a ver y decidir que tus conocimientos y experiencia en el sector y tu atención al detalle mejorarán todos los aspectos del viaje.

¿Y cuál es la misión y propósito de Jim Camp, autor? Pues ofrecer a las personas la oportunidad de mejorar sus niveles de éxito mediante una redacción clara y concisa que presente de forma sistemática las claves de la negociación basada en la toma de decisiones. Cuando les pregunté a algunos de mis clientes qué opinaban de este proyecto, un par de ellos mostraron serias dudas de que pudiera conseguirlo con un solo libro. Enfrentado a aquella duda, revisé mi misión y propósito, dándole varias vueltas al que creía que era el concepto clave: «oportunidad».

Mi propósito no es mejorar tu éxito a cualquier precio, sino simplemente proporcionarte la *oportunidad* de hacerlo. Se trata de una gran diferencia, y no me cabe la menor duda de que este libro será capaz de ofrecerte esa oportunidad. Ésa es la razón por la que lo estoy escribiendo.

En 1999, los árbitros de las Grandes Ligas de Béisbol debieron pensar que su misión y propósito era demostrar a los mandamases del béisbol que no podían salir adelante sin ellos. Se equivocaron. Estaban cegados por un análisis incorrecto de la situación, y algunos de ellos lo pagaron con sus empleos. Su misión y propósito debería haber sido conseguir que los jugadores, los aficionados y los dueños de los equipos vieran y comprendieran que los árbitros proporcionan el más alto nivel de pericia a la hora de cantar bolas, *strikes* y jugadas en las bases, al tiempo que permanecen invisibles en el campo. O algo parecido. Creo que la palabra «invisible» es importante porque he jugado mucho al béisbol y he arbitrado algunos partidos de la Liga Juvenil y sé que es muy fácil que el árbitro caiga en un exceso de protagonismo. Una misión y propósito que incluya la voluntad de pasar desapercibido debería resultar muy útil para los árbitros de cualquier disciplina deportiva.

Con semejante misión y propósito, ¿crees que hubieran ido a la huelga, que es, por definición, un acto de altísima visibilidad? ¿Qué habría pasado si los árbitros hubieran dicho que *nunca* irían a la huelga, porque eso iría en detrimento del juego que todos amamos, pero que harían todo lo que estuviera en sus manos para informar a los jugadores y aficionados de su situación contratando para ello a una empresa de relaciones públicas? Creo que la negociación habría sido bastante distinta.

Por supuesto, en este caso estoy hablando sin conocimiento de causa. No conozco los pormenores del caso, y no sé con certeza qué les habría recomendado a los árbitros o a los propietarios de los equipos si hubieran sido mis clientes, pero lo que sí sé es que los árbitros, y probablemente también los propietarios, estaban dando bandazos sin un motivo ni un propósito válidos.

No eran los únicos. La mayor parte de los conflictos laborales están provocados por una misión y propósito inválidos, casi por definición.

A estas alturas, el significado de la frase «ver y decidir» en la mayoría de las declaraciones de misión y propósito presentadas anteriormente debería resultar obvia. ¿Qué tiene de especial esta frase? A menudo, lo que se pretende es crear una *visión* en la otra parte que la impulse a *actuar*. La misión y el propósito impulsan la visión de todas las partes, y la visión impulsa la toma de decisiones eficaz de éstas. Así de simple. En resumidas cuentas, te interesa que tus adversarios *vean y decidan*. ¿Desde qué perspectiva verán y decidirán? Desde la perspectiva de su propio mundo, por supuesto. Por lo tanto, tu misión y propósito deben situarse en su propio mundo, el criterio clave para una misión y propósito válidos.

También hay otros criterios. Todas las buenas declaraciones de misión y propósito son concisas. Si podemos enunciarla de forma sencilla y concisa, podremos crear la visión que deseamos. Si nos complicamos demasiado la vida, si somos demasiado enrevesados, enturbiaremos nuestra visión. Aunque las declaraciones sean válidas, dificultarán la creación de una visión.

La declaración de nuestra misión y propósito siempre debe hacerse por escrito. ¿Qué ocurre cuando ponemos algo por escrito? Técnicamente no lo sé, pero sí sé que poner un pensamiento por escrito hace que éste sea más fuerte, reforzando el compromiso. Aunque la mente es un órgano asombroso, también es verdad que puede desconcentrarse fácilmente. Por ese motivo todos los asuntos importantes se ponen por escrito, y no sólo para crear más papeleo gratuito. De modo que coge un boli o siéntate delante del ordenador.

Estamos en la era del trabajo en equipo, y el equipo debe tener una misión y propósito que esté en perfecta armonía con la misión y el propósito generales de la institución. Todo el mundo tiene que estar alineado en la misma dirección, y estar convencido de ello. En un equipo, la misión y propósito tienen que *negociarse;* y en una negociación, por supuesto, todas las partes tienen derecho a decir que no.

Ya te habrás dado cuenta de que tanto los individuos como las empresas pueden tener *más de una* misión y propósito. La empresa que renegociaba el contrato que le estaba provocando unas pérdidas de 100 000 dólares por cada máquina vendida desarrolló una misión y propósito específicos para la renegociación.

Es posible que tú o tu empresa tengáis varias misiones y propósitos, ya que se puede tener uno para casi todas las tareas importantes que se emprenden, y también para muchas de las tareas aparentemente menores. Tienes la misión y el propósito generales de tu negocio o empresa y, después, una segunda misión y propósito para la negociación con un adversario específico.

Dentro de esa negociación hay otros niveles de misión y propósito, cada uno de los cuales guían la toma de decisiones en ese momento. En las negociaciones complicadas donde hay mucho en juego, mis clientes suelen redactar una misión y propósito para prácticamente todas las llamadas telefónicas con alguien de la otra parte. En serio. Y, por supuesto, cada una de esas declaraciones está centrada en el mundo del adversario.

Una cosa más sobre la misión y el propósito que a primera vista puede parecer totalmente contradictoria con el resto de los puntos expuestos anteriormente. Tu misión y propósito pueden y quizá deban *cambiar.* Si eres fontanero, es posible que las destrezas y atributos que necesitas dominar en tu trabajo no cambien, por lo que tu misión y propósito tampoco debería cambiar. Pero si cambiaras el enfoque de tu negocio, pasando, por ejemplo, del sector residencial al comercial, tu misión y propósito también debería cambiar. Es fácil imaginar hasta qué punto podría cambiar la situación de una persona que se dedica a un negocio mucho menos enfocado, como, por ejemplo, el sector inmobiliario.

En cualquier caso, si cambian las características y ventajas que aportas a tu trabajo, tendrás una visión distinta de lo que puedes conseguir, por lo que tu misión y propósito deberán transformarse en consecuencia. Antes me he referido a los éxitos obtenidos por Ulysses S. Grant como general durante la guerra de Secesión, pero su fracaso como presidente. Otra forma de ver esto es que Grant tenía una misión y propósito válidos para la guerra de Secesión, pero fue incapaz de elaborar una visión para la presidencia durante el período de Reconstrucción. Se podría pensar que la derrota de George Bush en las elecciones de 1992 se debió a su incapacidad de convencer al electorado de que tenía una nueva misión y propósito para el país después de la guerra del Golfo.

En 2000, Al Gore perdió las elecciones porque, como muchos vicepresidentes que se presentan a la presidencia, no fue capaz de desarrollar y vender su propia misión y propósito, es decir, una visión alternativa a la de Bill Clinton.

Piensa en cómo Internet ha cambiado los productos y servicios que las compañías telefónicas, las de venta por catálogo o las empresas de publicidad ofrecen a sus clientes. Antes he mencionado cómo Bill Gates vio finalmente la luz con respecto a Internet y cambió la misión y el propósito de Microsoft en sólo tres meses. Internet ha cambiado, o debería haberlo hecho, la misión y el propósito de la mayoría de las empresas del sector. Al final, ¿crees que quedará alguien que resulte inmune a su influencia?

Una misión y propósito válidos nunca te defraudarán

En su excelente libro *La gerencia: Tareas, responsabilidades y prácticas*, Peter Drucker dedica un gran número de páginas al problema de comprender qué es lo que *realmente* hacemos: nuestra misión y propósito. En sus propias palabras: «Tu negocio nunca es aparente. Requiere un cuestionamiento profundo que permita un proceso de reenfoque constante de lo que haces». Debes analizar y preguntarte continuamente: ¿en qué consiste mi negocio?; ¿cuál es mi misión?; ¿cuál es mi propósito? Al establecer una misión y un propósito válidos, descubrirás que la imagen de lo que estás intentando conseguir se vuelve evidente, eliminando toda confusión.

Como negociador, una vez que tienes una misión y un propósito válidos, eres capaz de controlar tus emociones y tomar decisiones eficaces. Si todas las decisiones que tomas, incluso las que no salen bien, están al servicio de una misión y un propósito sólidos, no puedes equivocarte a largo plazo.

No me cansaré de repetirlo: la misión y el propósito pueden ser tu baza más poderosa.

5

Deja de intentar controlar el resultado

Céntrate en tu comportamiento y tus acciones

Hace unos años, mientras me estaba relajando en compañía de uno de mis mejores alumnos, un comercial muy exitoso, me contó la siguiente historia:

«Ya sabes, Jim, que tengo un cliente potencial en mi zona al que llevo visitando desde hace más de dos años. Sobre las 8:30 de la mañana del primer lunes de cada mes me pasaba a verle; es un tipo muy agradable, pero pensaba que nunca me compraría. Parecía incapaz de centrarse en los problemas. A decir verdad, era frustrante, y sólo pasaba a verle porque me quedaba muy cerca de casa. Era cómodo. Formaba parte de mi plan mensual. Una semana iba de camino a casa por la tarde y tenía algo de tiempo libre. Decidí pasar a verle. ¡Y era otro hombre! Estaba concentrado, reconoció que tenía algunos problemas que nosotros podíamos solucionar, y terminó haciéndome el primer pedido. Me quedé de piedra. Después de terminar el papeleo, no pude contenerme y le pregunté qué había cambiado, qué le había llevado a comprarme aquel día. Y él me dijo: "Bueno, es que soy diabético y por la mañana tardo un par de horas en controlar mis niveles de azúcar. Hasta las diez de la mañana no empiezo a funcionar con normalidad. Ahora que lo pienso, creo que nunca he hecho un pedido por la mañana, siempre espero a hacerlo por la tarde, probablemente por costumbre. Le agradezco que haya seguido visitándome».

Guau. ¡Dos años! En el capítulo 8 analizaremos el error que cometió mi cliente y que hizo que la negociación durara tanto tiempo, pero lo importante para el tema que nos ocupa es que ni una sola de aquellas visitas fue una pérdida de tiempo, ni siquiera si al final no hubiera firmado el acuerdo.

El tema que ahora nos ocupa son los objetivos. Como con el tema de la misión y el propósito, a pesar de creer en este tipo de herramientas, mi enfoque es bastante distinto del habitual. Mis clientes *nunca* fijan objetivos de ventas, cuotas, números o porcentajes. Jamás. En lugar de eso, establecen objetivos que pueden controlar.

¿Y qué es lo que podemos controlar? Si eres capaz de responder a esta pregunta e interiorizar la respuesta, vas muy por delante de la mayoría de la gente, incluidos muchos negociadores «profesionales». Cuando hago esta pregunta en talleres y seminarios, sólo unos pocos responden: «A nosotros mismos». Aunque es la respuesta correcta, ésa es sólo una parte. ¿Podemos controlar nuestro ritmo cardíaco, por ejemplo? He leído que algunos monjes pueden hacerlo, pero la mayoría de la gente no. ¿Podemos controlar nuestra ira después de que nos insulten? La verdad es que no, las emociones son incontrolables. ¿Y el tiempo? ¿Podemos controlar el tiempo? Bueno, no podemos alterar el hecho de que sólo tenemos veinticuatro horas al día para trabajar, y algunas de ellas tenemos que «dedicarlas» a dormir, pero podemos controlar lo que hacemos durante las horas de vigilia y cómo lo hacemos. Siguiendo la progresión, llegamos a la verdadera respuesta de lo que podemos controlar de nosotros mismos: el comportamiento y la actividad, o como a veces me gusta llamarlo, *la acción o el esfuerzo para un fin*.

No podemos controlar la ira que sentimos cuando nos insultan, pero sí podemos controlar nuestro comportamiento. Depende de nosotros si devolvemos el golpe o ponemos la otra mejilla.

En la vida cotidiana, en las negociaciones, desarrollamos hábitos de comportamiento, tanto buenos como malos, y actividades que nos ayudan o perjudican. Todo lo demás –*incluido el resultado*– podría considerarse un acto de Dios.

Si el objetivo de mi cliente hubiera sido «vender su producto» a su cliente diabético, habría terminado tirando la toalla. Pero ése nunca podría haber sido su objetivo, porque la venta real era un fin sobre el que no tenía control alguno, y nadie en su sano juicio se fijaría un objetivo sobre el que no tiene el control.

¿O sí? Por supuesto que sí. Ocurre a todas horas, tanto en el mundo de los negocios como en nuestra vida cotidiana. Incluso diría que la mayoría de las empresas, profesionales e individuos se fijan objetivos de rendimiento que, en realidad, son *resultados* sobre los que no tienen ningún control y que incumplen una y otra vez. Llevo años trabajando con negociadores en ventas directas, hombres y mujeres que pueden llegar a ganar 750 000 dólares al año en comisiones, estudiantes universitarios que se preparan para su primer trabajo serio, altos ejecutivos de empresas que están en la lista Fortune. He asesorado las negociaciones de algunas de las instituciones académicas y de servicios más eminentes del mundo. De forma invariable, independientemente de su procedencia, todas estas buenas personas quieren lo mismo: ¡resultados! No obstante, cuando les pido que identifiquen los comportamientos y actividades que deben tener sus equipos de negociación o ventas, no saben qué responder. No pueden hacerlo. Lo único que saben es que en todos los equipos de ventas tiene que estar, forzosamente, el mejor vendedor o negociador, independientemente de las condiciones del mercado y de la dificultad de la negociación. ¡¿Por qué no consigue todo el mundo los mismos resultados?!

Bueno, hay muchas personas que podrían conseguirlos, pero para ello es necesario entender la diferencia entre objetivo y resultado, entre lo que podemos controlar y lo que no podemos controlar.

Controla lo que puedas controlar y olvídate del resto

¿Qué objetivos te fijaste antes de sentarte a leer este libro y profundizar en el arte y la ciencia de la negociación? Probablemente no te hayas fijado ninguno. No pasa nada. La mayoría de la gente no lo hace; nadie ha dicho que tengas que hacerlo. Pero te sugiero que *ahora* pienses en tu objetivo para este proyecto. Si yo fuera un neófito en el tema de la negociación basada en la decisión (en contraposición a la negociación basada en la emoción y la concesión), mis objetivos iniciales serían centrarme en todo momento en mi misión y propósito, controlar mi necesidad y no ponerla jamás de manifiesto, permitir que mi adversario se sienta bien en todo momento, no tener miedo a decir o escuchar que «no»…; en resumidas cuentas, los temas que hemos visto en los capítulos anteriores. Los anteriores son cuatro objetivos muy sencillos, alcanzables y válidos que, si los sigues al pie de la letra, te convertirán en un excelente negociador en cualquier campo. Pero lo que realmente quiero transmitir aquí es la diferencia que existe entre un objetivo y un resultado. Los objetivos pueden controlarse; los resultados, no. Si te mantienes fiel a tus objetivos conductuales, conseguirás los resultados que deseas alcanzar.

Repito: en lugar de intentar jugar por debajo del par (o en uno sobre par, más probablemente), un resultado que no podemos controlar, es mejor concentrarse en hacer un buen *swing,* una acción que sí podemos controlar. Aunque la distinción es bastante clara, no deja de sorprenderme que, en mis talleres, los mismos tipos que asienten con la cabeza cuando escuchan la analogía del golf se den la vuelta y anuncien que su objetivo en esta negociación es firmar el acuerdo y cobrar.

Así que vuelvo a preguntar: ¿firmar y cobrar es algo que podemos gestionar y controlar? Podemos intentar influir en la decisión de otra persona, ayudarle a ver, pero ¿podemos dirigir su decisión final? No, si estamos en una auténtica negociación en la que ambas partes tienen derecho a decir que «no». No se puede falsificar la firma del adversario. O dicho de otro modo: después de llevar el caballo al agua, ¿puedes obligarlo a beber? Según el viejo proverbio, no se puede, y los proverbios nunca se equivocan.

A medida que aprendas estas lecciones y las apliques a tu negocio y a tu vida, desarrollarás una conciencia profunda de aquello que puedes y no puedes controlar, y, por tanto, de aquello que es y no es un objetivo válido. Lo que puedes controlar es el comportamiento y la actividad; lo que no puedes controlar es el resultado de ese comportamiento y actividad.

Piensa en el comportamiento; olvídate del resultado. Si alguien trata de exhortarte de alguna de estas maneras: «¡A por ellos, equipo! ¡Haced que ocurra algo! ¡Agitad el avispero! ¡A la yugular! ¡Cerrad, cerrad, cerrad!», te recomiendo que los ignores. Si crees que la persona que trata de exhortarte merece la pena, te invito a que le expliques por qué ésos no son objetivos válidos. Y si crees que la persona no merece la pena el esfuerzo, pero no te queda más remedio que seguir trabajando con él o ella porque eres su jefe o colega, deberías plantearte seriamente la posibilidad de cambiar de empleo, porque en éste estarás perdiendo el tiempo, la energía y el dinero.

Incluso si se alcanza algún tipo de objetivo cuantitativo, *sigue* siendo un objetivo inválido y peligroso. Digamos que eres comercial y has «llegado a tu cifra» de la semana, y sólo estamos a miércoles. Puedes tener la tentación de pensar: «Tío, voy genial. Me relajaré el resto de la semana. Es mi recompensa». ¿Ves el problema? Peor aún, ¿qué pasa si no has llegado a tu cifra al final de la semana? Tiendes a trabajar más *duro,* pero no más *inteligentemente,* y todo al servicio de algo que, de todas formas, no es válido. Acabas trabajando en el problema equivocado, o con las actividades y hábitos equivocados, y cavando un agujero aún más profundo. Y si eres un fanático del todos ganan, es muy probable que acabes cometiendo uno de los errores clásicos de esta táctica negociadora: una concesión innecesaria mientras tratas de alcanzar un objetivo inválido. Eso es mortal.

En mi experiencia como *coach* de negociación, la cual, por cierto, es bastante amplia, pues abarca diversos sectores del mundo de los negocios, he visto que el fracaso a la hora de establecer objetivos razonables es un error muy común. La gente se confunde porque carece de un plan por etapas.

Hablan a la ligera de objetivos y resultados, pero no saben distinguirlos. Para empezar, no disponen de una misión y propósito que les sirva de guía, por lo que terminan metidos en una montaña rusa emocional, y esto es un error fatal, como veremos repetidamente a lo largo del libro. Decepción, excitación, desesperación, esperanza…; la gente experimenta todo tipo de emociones, y todo porque reacciona a acontecimientos sobre los que no tienen ningún control e ignoran aquéllos sobre los que sí lo tienen.

Al seguir tus metas válidas, conseguirás tu objetivo. Al obtener tu objetivo, impulsarás tu misión y propósito. En todo momento establecemos metas y objetivos que son tan válidos como la misión y propósito a los que sirven. Parece sencillo, y es fácil de decir y entender, pero se necesita disciplina y práctica para vivir y negociar de este modo. Podríamos decir que mi sistema, y este libro, no es otra cosa que un medio de identificar actividades y comportamientos que podemos controlar durante una negociación.

La negociación nunca termina

¿Cuándo termina una negociación? La creencia más extendida sostiene que termina cuando se cierra el trato, cuando se firma el acuerdo, antes incluso de que se seque la tinta. Pero si esto fuera cierto, nunca sentiríamos el remordimiento del comprador, ¿no? No necesitaríamos abogados (o, mejor dicho, no necesitaríamos tantos abogados). Los clientes no cambiarían de proveedor, y éstos no decidirían que no quieren volver a saber nada de determinado cliente. En el mundo real, la negociación no termina cuando se firma el acuerdo. Los negociadores más despiadados de las multinacionales –los tipos que se encargan de la gestión de los sistemas de suministro– actúan bajo la *suposición* de que los contratos son fáciles de romper, que eso forma parte de los negocios y que sus grandes corporaciones tienen más capacidad jurídica que las pequeñas empresas con las que hacen negocios.

Dedica un minuto a recordar las negociaciones más importantes en las que has participado, ya sea en el mundo de los negocios o en tu vida privada. ¿Terminaron realmente o siguieron activas durante un tiempo? Sé perfectamente que continuaron activas. ¿Y cómo reaccionaste? Si tu objetivo era «firmar un acuerdo», seguramente primero te enfadaste y luego te sentiste desorientado, porque no sabías qué hacer a continuación. Sin embargo, si tu objetivo había sido siempre el comportamiento y la actividad, elementos sobre los que sí tenemos control, lo más probable es que no tuvieras ningún problema. Después de la primera negociación vino una segunda negociación. Trabajo rutinario. Pan comido.

Cuidado con los objetivos indignos

Establecer objetivos inasumibles, es decir, objetivos que escapan a nuestro control, es un error muy común. Otro error habitual consiste en perder tiempo y energía en objetivos asumibles pero insuficientes o indignos. Para dejar claro mi punto de vista, estableceré una distinción entre lo que denomino actividades *remuneradas* y *no remuneradas*. Pido disculpas de antemano por el argot y el tono excesivamente mercenario, pero la distinción es importante y no he encontrado una forma mejor de describirla. La actividad remunerada engloba todo lo relacionado directamente con la negociación, desde la concertación de citas y reuniones válidas hasta la presentación final. La actividad no remunerada incluye todo aquello que no está directamente relacionado con la negociación. Rellenar formularios de gastos, por ejemplo, y otro tipo de papeleo burocrático, son la forma más baja de actividad no remunerada. Bueno, supongo que entiendes por dónde van los tiros. Para un comercial, conseguir citas con clientes potenciales realmente cualificados es una actividad remunerada, mientras que conseguir citas con personas o empresas por el mero hecho de cumplir una cuota obligatoria *no* lo es.

Aunque debemos dedicar tiempo y energía a las actividades no remuneradas para llegar a las remuneradas, obviamente el escenario ideal sería reducir al máximo las no remuneradas. Algunos negociadores complacientes aprovechan las ventajas de las actividades no remuneradas, como invitar a cenar a clientes potenciales, pasar por sus oficinas para charlar un rato con ellos, jugar al golf, enviar regalos, etc., pero nunca pasan a la fase importante de la negociación. De hecho, esto es algo bastante común en el mundo empresarial, pero también en las profesiones de interacción directa con el cliente, como, por ejemplo, los comerciales. Este tipo de personas o bien no conocen la diferencia entre actividad remunerada y no remunerada o, más probablemente, la conocen muy bien, pero se engañan a sí mismos y utilizan todas esas ventajas no remuneradas para evitar una negociación que saben que será difícil. Aunque con la actividad no remunerada no se consigue una ganancia inmediata, tampoco se corre ningún *riesgo* inmediato, y eso resulta enormemente tentador.

La actividad remunerada tiene una recompensa potencial, pero también conlleva riesgos, además de un mayor esfuerzo. También puede llegar a ser frustrante, pero no debemos dejarnos llevar por ese sentimiento. El mismo día que estoy escribiendo estas palabras, tengo una reunión que, en el futuro próximo, podría desembocar en una negociación por un acuerdo de 20 millones de dólares. Aunque voy encantado, sé perfectamente de qué se trata; es una actividad no remunerada, y renunciaría a ella sin dudarlo a cambio de una actividad remunerada en una negociación por un valor de tan sólo un millón de dólares. Una de las virtudes de los mejores negociadores es su capacidad para pasar rápida y eficazmente de una actividad no remunerada a una remunerada.

A veces, la creencia popular puede llevarnos al error y hacernos creer que una determinada actividad es remunerada cuando en realidad no lo es. Me refiero concretamente al hecho de suplicar una cita, un error muy extendido en todos los ámbitos empresariales, como ya he mencionado anteriormente. He visto a comerciales profundamente frustrados por este tipo de *sueños* no remunerados. Una cita que merezca la pena con un proveedor o cliente potencial es, sin duda, una actividad remunerada. Pero una cita arrancada de la guía telefónica para cumplir con la cuota es, sin duda, una actividad no remunerada y un caso grave de autoengaño. Esta cita fracasará, al igual que la siguiente y, muy pronto, por muy fuerte que seas, la imagen que tienes de ti mismo se resentirá y estarás metido en un problema muy gordo. Aunque en el capítulo 1 he hablado del efecto positivo de las llamadas en frío, no debemos olvidar que se trata de una actividad no remunerada. Esto es algo que debes tener muy claro en todo momento. Asegúrate de no hacer una llamada en frío ni cualquier otra actividad equivalente mientras tengas una actividad remunerada legítima pendiente.

Cuando seamos capaces de fijarnos como meta *sólo* las actividades que podemos realizar y que son realmente productivas, habremos dado el primer paso para empezar a trabajar de verdad. En lugar de tener éxito o no tenerlo casi por casualidad al servicio de un objetivo que en realidad queda al margen de nuestro control, habremos dado el primer paso para asumir la responsabilidad de nuestros actos y poner fin a lo que, en realidad, es un autoengaño (y probablemente también un engaño para toda la empresa).

Esto puede parecer duro, pero es la verdad. Es muy fácil conseguir, o no, el objetivo de vender cincuenta aparatos esta semana o firmar, o no, un contrato con un proveedor. Lo realmente difícil es comportarse y actuar en todo momento de forma disciplinada y sistemática. Sin embargo, esto es precisamente lo que debes hacer si quieres lograr aquello de lo que eres capaz.

El seguimiento diario ayuda a controlar nuestro trabajo

Seguramente, una de las habilidades más difíciles de dominar sea aprender a pilotar los ultrasofisticados aviones de combate. El entrenamiento es muy riguroso, por no decir otra cosa. Se trata de un entorno completamente nuevo para cualquier joven recién salido de la universidad. La máscara de oxígeno y el paracaídas son tan incómodos que pueden llegar a provocar vómitos. Estar sentado en una cabina tan pequeña y con las correas tan apretadas, lo que dificulta la movilidad, también es muy agobiante. Volar a velocidades próximas a los mil doscientos kilómetros por hora requiere una toma de decisiones rápida y eficaz.

No cabe duda de que la muerte puede ser instantánea si se toman las decisiones equivocadas, por lo que es quedarse muy corto decir que el joven piloto se enfrenta continuamente a un reto mayúsculo. Entonces, ¿cómo consigue el Ejército convertir en sólo doce meses a un graduado universitario en un magnífico piloto? ¿Cómo construye ese piloto los hábitos de acción y comportamiento necesarios para cumplir con sus objetivos?

Pues bien, lo primero que recibe el joven o la joven cuando se matricula en el curso de formación de pilotos es la carpeta de rutinas diarias. El futuro piloto lleva encima en todo momento este registro, el cual es revisado por el instructor *(coach)* y el jefe de vuelo. Se revisa dos o tres veces al día, poniendo un especial énfasis en la recompensa tras el éxito y el esfuerzo para corregir los errores cometidos. Dadas las circunstancias, los buenos hábitos se consiguen relativamente rápido. La carpeta de rutinas es un documento que va elaborándose paralelamente a la carrera del joven piloto. Y cuando termina su carrera, la carpeta se convierte en un documento histórico que pasa a formar parte de su expediente militar permanente.

Ahora voy a asustar a unos cuantos lectores con la respuesta a la siguiente pregunta: ¿cómo convierte en hábito un alumno de negociación la actividad y el comportamiento recién aprendidos? Pues llevando también un registro diario y usándolo para identificar sus puntos fuertes y débiles. Aunque éste no es un libro sobre psicología, mi sistema requiere del negociador que sepa analizar la naturaleza humana, y le *exige* al negociador serio que lo haga. Debes ver al adversario como un ser psicológico –un planteamiento implícito en todo el análisis anterior– y comprometerte a hacerlo también contigo mismo. El hábito diario de analizar el rendimiento y corregirlo es fundamental para el éxito. Es algo que muchos de nosotros hacemos de vez en cuando –a veces explícitamente–, y en mi trabajo práctico como profesor y *coach* les pido a mis alumnos que se comprometan a realizar un autoanálisis y una evaluación activa todos los días, para así poder controlar su comportamiento y sus emociones, dos de los elementos que afectan más al proceso de negociación. Recuerda las palabras de Vince Lombardi: «Ganar no lo es todo, pero la voluntad de prepararse para ganar sí que lo es».

Para muchas personas, este «seguimiento diario», como yo lo denomino, es una tarea rigurosa. Pero también sé que realizar este seguimiento diario resulta tan valioso en la labor negociadora como cualquier otra cosa que puedas hacer. La evaluación crítica de las acciones diarias y la toma de decisiones indica los puntos débiles, refuerza los fuertes y fomenta la autoestima. Esta disciplina te obliga a pararte a pensar cómo empleas el tiempo, cómo estás asimilando este material, cómo te va como negociador. Como he mencionado en la introducción, algunas teorías del aprendizaje sugieren que necesitamos ochocientas horas de práctica para aprender algo nuevo y complejo. Es posible que sea una cifra demasiado elevada para algunas tareas, no lo sé, pero lo que sí sé es que necesitamos mucha práctica. El seguimiento diario nos ayuda a conseguirlo. Te animo a que te comprometas a hacerlo; en la conclusión, te enseñaré a configurar tu propio seguimiento diario para establecer objetivos que puedas controlar y, posteriormente, supervisar tu progresión.

6

¿Qué te parece?

Los combustibles del sistema Camp:
Las preguntas

¿Cómo podemos dejar de engañarnos, o incluso mentirnos, a nosotros mismos durante una negociación? ¿Cómo podemos evitar o corregir los malentendidos? ¿Cómo podemos identificar los temas y problemas importantes? ¿Cómo podemos evitar que los adversarios nos engañen y mientan? ¿Cómo podemos llegar a acuerdos duraderos? ¿Cómo respondemos con sinceridad sin herir los sentimientos de otra persona? Pues usando los objetivos específicos del comportamiento y la acción (objetivos que podemos controlar) y que a mí me gusta denominar los «combustibles del sistema»: los *hábitos* de comportamiento que nos permiten conocer la situación comercial y la posición negociadora de nuestro adversario y descubrir lo que realmente está pasando al otro lado de la mesa.

El combustible más importante que tenemos, la meta y el *hábito* de comportamiento más importante que podemos desarrollar, es nuestra capacidad para hacer preguntas. Los otros combustibles, que presentaré en el próximo capítulo, sirven para apoyar nuestras preguntas. Tal vez pienses que se trata de un tema menor, incluso extravagante, para dedicarle todo un capítulo. En primer lugar, es un capítulo corto y, en segundo lugar, aunque pueda parecer extravagante (y ciertamente el resto de los libros sobre negociación lo pasan por alto), la poca disposición o la incapacidad para plantear buenas preguntas es una de las peores flaquezas en este campo. Créeme, merecen su propio capítulo. Si dominas el arte de preguntar, tu trabajo como negociador se verá enormemente beneficiado.

Para muchas personas, el problema es que han recibido una formación en sus respectivos entornos educativos dirigida a convertirlos en la persona más inteligente de la sala. ¿Y cómo se consigue eso? Pues *contestando* preguntas, por supuesto. Son pocos los que han recibido la formación necesaria para saber *plantear* buenas preguntas, e incluso aquéllos cuyo trabajo profesional depende de esta capacidad (médicos y abogados, por ejemplo), no se les suele dar demasiado bien. Algunos médicos pueden estar tan limitados por el tiempo y las fórmulas burocráticas, y depender tanto de las pruebas de laboratorio, que pierden una de sus principales herramientas de diagnóstico: la capacidad de hacer buenas preguntas. Tengo experiencia de primera mano con este tipo de medicina. También he tenido una experiencia similar con abogados, y no me refiero sólo a la actividad en los tribunales, donde los interrogatorios están estrictamente controlados por normas, sino también a las declaraciones, donde las partes pueden tomarse más libertades.

El médico necesita entender qué le pasa a su paciente, el abogado necesita descubrir todo lo que pueda de lo que el testigo sabe del caso, y el negociador debe tratar de ver y comprender el mundo de su adversario. En cualquier negociación, ¿dónde debemos pasar la mayor parte del tiempo posible? En el mundo de nuestro adversario. Si has contestado otra cosa, no pasa nada, pero espero que ésa sea tu respuesta una vez que hayas terminado de leer el libro. Tu misión y propósito deben estar centrados en el mundo de tu adversario. Empezando por la misión y el propósito y siguiendo desde ahí, tu objetivo debe ser *habitar* el mundo de tu adversario, ya que ése es el mundo sobre el que necesitas información, y ésa es la perspectiva desde la que el adversario toma sus decisiones.

No toma decisiones desde *tu* perspectiva, ¿verdad? Por supuesto que no. Las toma desde su propia perspectiva. Como no puede ser de otro modo. ¿Y cómo puedes conocer esa perspectiva? ¿Cómo puedes habitar su mundo? Pues haciendo preguntas.

Como hemos dicho antes, inicialmente, nuestras decisiones se basan totalmente en las emociones. Una vez tomada la decisión mediante las emociones, necesitamos tiempo para ver las cosas más claras, para analizar esa decisión racionalmente. Las preguntas son la herramienta que usa el negociador para ayudar a que su adversario haga esto. Las respuestas del adversario a nuestras preguntas conforman la visión que necesitamos para poder tomar decisiones.

Sin visión no hay decisión real: ésta *es una regla de la naturaleza humana.*

Los tipos más maleables y defensores del todos ganan no comprarían una baratija de diez céntimos sin antes tener la visión de sí mismos o de sus hijos jugando con ella. ¿Me equivoco? Si tienes alguna duda sobre este punto, por favor, dedica un momento a reflexionar sobre ello. Siempre es la visión que vemos con el ojo de nuestra mente lo que nos impulsa a comprar *esta* casa, a plantar *esta* flor, a negociar *este* trato. Todo el mundo toma decisiones basándose en la visión que tenemos del tema en cuestión. Sin visión, no hay decisión. Es muy importante que entiendas este punto.

Como negociador, las preguntas son el combustible que utilizamos para guiar a nuestro adversario hacia una visión que sirva de catalizador para tomar una decisión. En la medida de lo posible, queremos que la negociación se mantenga en el mundo de nuestro adversario. Las preguntas también sirven para ayudarnos a controlar nuestra necesidad y a no sentirnos demasiado bien (y espero que todos estemos de acuerdo en que ése es un objetivo muy valioso), aunque el objetivo primordial de las preguntas es el de permitirnos movernos por el mundo de nuestro adversario y ver lo que él ve, para luego poder guiarle también a una visión y una decisión claras.

El poder de hacer las preguntas *correctas*

Hacer preguntas es tanto una ciencia como un arte. La ciencia nos permite construir preguntas intelectualmente adecuadas. El arte nos permite formularlas adecuadamente y controlar el tono de voz, la elección creativa de palabras, el comportamiento y los comentarios previos a su formulación. De modo que vamos a ponernos bastante técnicos, pero no nos queda otro remedio, pues en esto la técnica lo es todo.

Empecemos por la «ciencia». Al construir una pregunta, podemos empezar con un verbo o con una partícula interrogativa. La pregunta con verbo es sólo eso, una pregunta que empieza con un verbo.

«¿Es esto algo que deberías hacer?».

«¿Puedes hacer esto?».

«¿Lo harás?».

«¿Necesita esto?».

«¿Puedes concederme cinco minutos?».

¿Cuántas respuestas pueden producir estas preguntas? De entrada, la mayoría de mis nuevos clientes y alumnos dicen que dos. Ojalá fuera así, pero la respuesta correcta es tres.

«Sí».

«No».

«Tal vez».

Espero que recuerdes el análisis que hemos hecho de estas tres opciones en el capítulo 3, «Empieza con un no», y por qué, a efectos de un negociador, «tal vez» no dice nada en absoluto y «sí» es aún peor. Sólo el «no» dice algo real, te da algo para plantear tu *siguiente* pregunta. Con sólo una respuesta de tres que merezca la pena, no resulta muy difícil deducir que las preguntas con verbo suelen ser una pérdida de tiempo. Por tanto, sólo hay dos razones para hacer este tipo de preguntas: si ya conoces la respuesta (a los estudiantes de Derecho se les enseña precisamente esta regla), o si estás muy cerca del final de la negociación y necesitas ir a por todas.

La respuesta a la pregunta con verbo no suele proporcionar demasiada información valiosa. Ése es un problema. El otro problema es que, a veces, el adversario puede creer que estás buscando el «sí». «¿Puedes hacer esto?» es el ejemplo paradigmático. El adversario tiene la sensación de que la pregunta pretende arrebatarle su derecho a decir que «no». Resulta sutilmente manipuladora, y normalmente lo es. Para empezar, la mayoría de la gente no quiere decir que «no», como ya hemos dicho antes, así que si tu pregunta se lo pone aún más difícil, habrás creado un adversario incómodo y a la defensiva, y eso no te beneficia en absoluto.

Las preguntas son extremadamente sutiles. Observa la diferencia entre estas dos opciones:

«¿Es esto lo que realmente quieres?».
«¿No es esto lo que realmente quieres?».

Ambas empiezan con un verbo, y por tanto son ambiguas, pero el añadido de la palabra «no» hace que la segunda pregunta sea realmente mala porque está insinuando que tenemos «prisa por cerrar el acuerdo». Recuerda: «No cierres el trato». Tarde o temprano durante la negociación, el intento será contraproducente.

«¿Podrías decir que sí a esto?».

Ésta es otra pregunta horrible que empieza con un verbo. *Nunca* hagas una pregunta que el adversario pueda interpretar que limita su derecho a decir que «no».

«¿Hay alguna razón por la que no dirías que sí a esto?».

Peor aún, si cabe. *Nunca* formules una pregunta que el adversario pueda interpretar como un intento de engañarlo. Estoy seguro de que, al leer la última pregunta, has sentido una sensación extraña; sin embargo, un montón de negociadores inexpertos hacen continuamente este tipo de preguntas.

Este punto debe quedar claro: formular una pregunta es un proceso delicado y sumamente importante. Se puede echar por tierra una presentación de una hora en menos de un minuto con una pregunta de una sola frase mal elegida como ésta: «¿Hay alguna razón por la que no dirías que sí a esto?». Sin embargo, oímos este tipo de preguntas continuamente porque los negociadores mal preparados *creen* que tienen que hacerla para que las cosas avancen rápidamente.

Pero, ¿qué ocurriría si hiciera la siguiente pregunta?:

«¿Qué te gustaría que hiciera?».

Bueno, ésta es una pregunta muy sencilla pero completamente distinta. Genera algunas dinámicas interesantes. Principalmente, es una pregunta muy tranquilizadora. Demuestra que el negociador que la ha hecho no tiene ninguna necesidad. Acaba de abrir un espacio de negociación en el que no cabe el miedo ni las suposiciones. El adversario se siente cómodo, porque demuestras que estás a su servicio. Desde luego, no estás cerrando el trato, ni intentando confundirlo, ni haciendo nada tan negativo como todo eso. Al oír esta pregunta, el adversario sentado al otro lado de la mesa no tiene motivos para temerte.

También es importante señalar que se trata de una pregunta abierta que no tiene una respuesta rápida. No *puede* responderse con un sí, un no o un quizá. La respuesta, necesariamente más extensa, seguramente contendrá algo de información, alguna emoción o algún titubeo revelador, o quizá una reflexión. Debería tener *algo* con lo que poder trabajar, porque, como sabemos, a la gente le encanta hablar.

¿Quién tiene el control de la conversación, el que escucha o el que habla? El que escucha, por supuesto. Si deseas mantener el máximo control y la ventaja (y lo quieres, por supuesto), deja que sea tu adversario el que lleve el grueso de la conversación. Con una pregunta como «¿Qué te gustaría que hiciera?», invitas al adversario a que caiga en esa debilidad. Además, su respuesta te permite entrar en su mundo y en su visión.

Del mismo modo, cuando pregunto «¿Cómo estás?», ¿en qué mundo estoy entrando? Y cuando pregunto: «¿Por qué me has invitado a esta reunión?». O «¿Cuál es el mayor reto al que se enfrenta tu empresa?».

¿Te has dado cuenta de la principal diferencia entre estas buenas preguntas y cualquiera de las malas preguntas que hemos visto antes? Las buenas preguntas empiezan con una *partícula interrogativa,* no con un verbo. «Quién», «qué», «cuándo», «dónde», «por qué», «cómo» y «cuál»: éstas son las famosas partículas interrogativas que todos aprendemos en la escuela. Y todas ellas encabezan las preguntas seguras y eficaces en una negociación, las preguntas que harán que avance sin los escollos que suscitan de las preguntas encabezadas por verbos. Aunque hay que mostrase diligente y cuidadoso con todas las preguntas –con cada una de las palabras que pronuncias–, las que empiezan con un verbo casi siempre representan un problema, mientras que las que encabezamos con partículas interrogativas son la herramienta fundamental del descubrimiento. Proporcionan detalles, garantizan el rigor, ayudan al adversario, y a nosotros mismos, a ver lo que no ha visto ni entendido antes.

Seguro que no te has dado cuenta –tranquilo, es normal que no repararas en ello– de que la primera frase de la introducción era una pregunta encabezada con una partícula interrogativa: ¿cuántas veces has leído u oído en los últimos veinte años la expresión todos ganan? Mi estrategia era sencilla. Para predisponerte positivamente a mi polémico enfoque, llegué a la conclusión de que tenía que desafiar inmediatamente, desde el primer párrafo, el paradigma imperante en el mundo de la negociación, el cual no es otro que la estrategia del todos ganan. Pero para ello tenía que crear en tu mente una visión de su omnipresencia en nuestra cultura. ¿Qué mejor manera de hacerlo que con una pregunta que empezara con una partícula interrogativa?

Es difícil equivocarse con preguntas que llevan una partícula interrogativa

Seguramente habrás participado alguna vez en un taller donde se ha realizado un juego de rol. Son un elemento básico en el mundo de los negocios y la verdad es que pueden ser muy útiles, de modo que probemos uno ahora. Cierra los ojos. Relájate. Deja que tus músculos se relajen. Imagina que estás en tu lugar favorito, con la persona que prefieras, haciendo cualquier cosa que te apetezca. Vale, empecemos. ¿*Dónde* estás? ¿Con *quién* estás? ¿*Qué* estás haciendo? Quizá estés en algún lugar del trópico con una playa al fondo, o quizá esquiando por una montaña con un chalet y un ponche caliente de fondo. En cualquier caso, tu capacidad para imaginar la escena tendrá un efecto directo en tu capacidad para ayudar a los demás a hacerse una idea clara de lo que te gustaría que vieran. Ésta era *tu* imagen, *tu* mundo que yo estaba tratando de descubrir mediante el uso de interrogativos. Del mismo modo, en una negociación la pregunta encabezada por partículas interrogativas te ayuda a encender el tubo de rayos catódicos de tu adversario, a activar su propia visión y que esboce imágenes claras, para que así ambas partes vean la *misma* imagen. Te da el poder de ver lo que ellos ven, algo que necesitarás sí o sí. De lo contrario, no se producirán avances en la negociación.

A continuación tienes una serie de preguntas que empiezan con un verbo y su equivalente con una partícula interrogativa sobre el mismo tema. En cada caso, ¿qué pregunta es mejor?

«¿Es éste el mayor problema al que nos enfrentamos?» frente a «¿Cuál es el mayor problema al que nos enfrentamos?».

«¿Te parece suficientemente ajustada esta propuesta?» frente a «¿Cómo puedo ajustar esta propuesta?».

«¿Podemos trabajar en las fechas de entrega mañana?» frente a «¿Cuándo podemos trabajar en las fechas de entrega?» o «¿Qué importancia tienen para ti las fechas de entrega?».

«¿Crees que deberíamos involucrar ya a Mary?» frente a «¿Dónde encaja Mary en todo esto?» o «¿Cuándo deberíamos involucrar a Mary?».

«¿Necesitas algo más?» frente a «¿Qué más necesitas?».

«¿Te gusta lo que ves?» frente a «¿Qué te parece?».

«¿Es demasiado caro?» frente a «¿Qué precio pagarías?».

«¿Se ajusta a tus necesidades?» frente a «¿Cómo lo ves? o «¿Dónde lo usarías?».

Esta regla sobre cómo formular tus preguntas no es algo muy difícil de entender.

Desde hace muchos años se les enseña a los negociadores a hacer preguntas abiertas, y las preguntas encabezadas con partículas interrogativas son un tipo de preguntas abiertas. Insisto más en la idea de las preguntas con partícula interrogativa que en la de las preguntas abiertas porque he descubierto que la primera regla es más fácil de entender y poner en práctica en el fragor de una negociación. Evidentemente, las preguntas con partícula interrogativa también pueden ser cerradas

(«¿Qué hora es?», por ejemplo), pero, en general, el negociador que formula este tipo de preguntas va por el buen camino.

Puede que estés pensando: «Bueno, vale, pero este debate es demasiado simple y artificial, no creo que tenga mucho que ver con el mundo real; ¿tiene una aplicación real en el mundo de la negociación a gran escala?». Es una buena pregunta. Algunos de mis ejemplos han sido un poco rebuscados, es cierto, pero todo era en aras de la sencillez y la claridad.

Por eso permíteme ahora que enumere en orden la secuencia de preguntas formuladas durante el curso de una llamada telefónica por parte de uno de mis clientes que trabajaba para una gran empresa. Su adversario trabajaba para una empresa aún mayor. Ésta fue sólo una de los cientos de conversaciones de este tipo que mantuvieron tanto en persona como por teléfono o correo electrónico en el transcurso de una larga negociación. Aunque el tema es intencionadamente confuso, a efectos de lo que nos interesa aquí, el tema es lo de menos. Éstas son las preguntas:

«¿Por qué tu anterior jefe quería que trabajaras conmigo?».

«¿Por qué nos agregaron?».

«¿Quién era tu antiguo jefe?».

«¿Cómo nos afectó eso?».

«¿En qué punto del proceso estamos?».

«¿Qué pasó?».

«¿Dónde estarás?».

«¿Cómo qué?».

«¿Cómo puedo ayudarte a tener éxito?».

«¿Quién unirá a todas estas facciones dentro de [nombre de la corporación]?».

«¿Cómo debería trabajar con [determina persona]?».

«¿Cómo debo proceder?».

«¿Cuáles son los planes de [nombre de la empresa] en las instalaciones de [una ciudad estadounidense]?».

«¿Cuáles son los planes para el [nombre de proyecto]?».

«¿Qué influencia tiene el [nombre del proyecto] en todo esto?».

«¿Cómo debería proceder?».

«¿Por qué lo preguntas?».

«¿Quiénes son?».

No puedo decir que haya escogido esta conversación completamente al azar, pero te aseguro que es más habitual de lo que parece. La mayoría de mis clientes se conducen y prosperan haciendo este tipo de preguntas con partícula interrogativa. Hace poco, uno de ellos se vio inmerso en una negociación con una gran multinacional para convertirse en el proveedor competitivo del proveedor principal. Desde el principio comprendimos cuál era la dinámica y la aceptamos, y también sabíamos que el proveedor principal tendría un poderoso grupo de apoyo dentro de los propios mandos intermedios de la multinacional, porque ese tipo de relaciones son completamente naturales. Cualquier negociador debe abordar esta situación desde el principio. Por lo tanto, formulamos la siguiente pregunta para plantearla al más alto nivel posible (al director ejecutivo o al vicepresidente sénior, concretamente): «*¿Cómo* evitamos que nuestros esfuerzos sean saboteados por alguien de su propia empresa cuya responsabilidad es garantizar el éxito del competidor?». En este caso, la respuesta fue que el vicepresidente sénior daría instrucciones al responsable interno del proveedor principal para que se asegurara de que los esfuerzos de mi *cliente* llegaran a buen puerto. Ahora su bonificación anual dependía de ello.

Retomemos de nuevo el tema de la misión y el propósito. ¿Recuerdas las «características y ventajas» para nuestro adversario que queremos que formen parte de nuestra misión y propósito? Estas características y ventajas también pueden formar parte de tus preguntas. Las palabras que describen una característica o un beneficio pueden incluirse en la pregunta para ayudar a tu adversario a reconocer un problema. Digamos, de manera improvisada, que nuestra misión y propósito para esta negociación es ésta: «Conseguir que Humongous, Inc. vea y comprenda que contar con nuestra tecnología satisfará todas sus necesidades, tanto ahora como en el futuro». Una buena pregunta encabezada con una partícula interrogativa que encajaría muy bien en una fase inicial de la negociación podría ser esta: «*¿Cómo* pueden seguir siendo competitivos sin esta tecnología?».

Fíjate en la diferencia fundamental entre esta pregunta y «¿*Pueden* seguir siendo competitivos sin esta tecnología?». El objetivo de ambas preguntas es hacer ver al adversario que *no puede* seguir siendo competitivo de otro modo, pero la segunda suena ligeramente acusadora y podría poner al adversario a la defensiva, mientras que la primera pregunta es más suave, menos amenazadora y más propicia a obtener una respuesta directa y valiosa. Una vez más, la ventaja es para la pregunta con la partícula interrogativa.

Retomemos la historia del capítulo 2 sobre Network, Inc., la empresa que necesitaba renegociar el contrato de sus máquinas porque estaba perdiendo dinero con cada una de sus ventas. Digamos que la misión y propósito para esta negociación es «Ayudar a los niveles más altos de la dirección [de la otra empresa] a que nos vean como una organización nueva y revitalizada que va a mejorar su eficacia...». Una buena pregunta para incluir en la fase inicial del debate podría ser ésta: «¿Cómo nos van a evaluar de ahora en adelante?».

Volvamos a la tristemente célebre negociación con los árbitros de béisbol de la que hemos hablado en el capítulo 4. Digamos que su misión y propósito es, como ya hemos sugerido antes, «conseguir que los jugadores, los aficionados y los dueños de los equipos vean y comprendan que los árbitros proporcionan el más alto nivel de pericia a la hora de cantar bolas, *strikes* y jugadas en las bases, al tiempo que permanecen invisibles en el campo». Una buena pregunta para incluir en un debate inicial podría ser: «¿Cuánto tiempo se tarda en instruir a un gran árbitro?». Otra podría ser ésta: «¿Cuántas decisiones erróneas se necesitan para arruinar un partido de béisbol?».

Te animo a jugar a estos juegos hipotéticos, porque el poder de las preguntas sencillas con partícula interrogativa es asombroso. Este descubrimiento significó para algunos de mis clientes un giro radical en su carrera como negociadores.

Entender la diferencia entre este tipo de preguntas, que consiguen bajar las barreras del adversario, y todas las demás tuvo un efecto liberador. Fueron capaces de controlar su necesidad. Comprendieron que para conseguir una negociación exitosa es necesario residir en el mundo del adversario, no en el suyo propio. De repente comprendieron la necesidad de crear una visión en su adversario.

¿Sin visión no hay decisión? Por supuesto que no. Y ahora añado: sin preguntas con partícula interrogativa no hay visión ni decisión.

No te compliques

Haz preguntas cortas. Cuando una pregunta tiene más de nueve o diez palabras, corres el riesgo de complicar las cosas. Puede que pienses que una pregunta larga y compuesta es impresionante, pero recuerda que tu trabajo no consiste en construir frases impresionantes. Una pregunta de ese tipo sólo sirve para emborronar la visión y confundir al adversario. ¿Recuerdas cuando dije que si nuestra misión y propósito son demasiado confusos, estamos impidiendo que nuestro adversario tome una decisión? Lo mismo ocurre con las preguntas.

Otra regla importante: *haz las preguntas de una en una.* Una pregunta sencilla después de otra, una respuesta después de otra, así es cómo ayudarás al adversario a construir su propia imagen de la situación. Sin embargo, esto no es lo que hacemos habitualmente. Una negociación es un escenario muy emocional, de eso no cabe duda. Solemos caer en la impaciencia, hacer una pregunta sobre otra o cinco o seis preguntas seguidas, sin apenas parar para tomar aliento, y mucho menos para dejar que el adversario responda. En lugar de eso, debes plantear cada pregunta con calma y escuchar cada respuesta, porque esa respuesta será la clave para formular tu siguiente pregunta.

> «¿Cuál es su fecha de entrega ideal?».
> «¿Qué importancia tiene para usted esta fecha de noviembre?».
> «No estoy seguro de entenderlo. ¿Por qué es tan importante el mes de noviembre?».
> «Vaya, ¿cuándo apareció ese problema en la línea de producción?».

¡Qué información más interesante! Y ocurre todo el tiempo, porque ocultas en las respuestas a las buenas preguntas siempre es posible encontrar alguna pepita de oro. (En el capítulo 8 analizaremos este fenómeno con más detenimiento).

El ser humano parece sentir el impulso de ayudar al otro a responder las preguntas que plantea. Empezamos formulando una buena pregunta con partícula interrogativa, pero entonces decidimos responderla por el adversario, o al menos proponemos posibles respuestas. Por ejemplo, pregunto: «¿Cuál es el mayor reto al que se enfrenta?» y, antes de que tenga la oportunidad de responder, añado: «¿La economía nacional o los problemas laborales locales?». Un error tras otro: respondemos a la pregunta por nuestro adversario y, al hacerlo, convertimos nuestra pregunta con partícula interrogativa en una pregunta que empieza con un verbo. Lo único que conseguimos con esta intervención es dificultar el proceso mediante el cual el adversario está creando una visión, tanto para sí mismo como para nosotros, sobre el mayor reto de su empresa.

He mencionado antes que para algunos de mis clientes la repentina comprensión del poder de las preguntas con partícula interrogativa fue una revelación. Para muchos otros, el arte de formular preguntas se ha convertido en un reto permanente. Se lo toman realmente en serio. Comprenden que hacer grandes preguntas es un arte, una ciencia y una habilidad necesaria para alcanzar el éxito al más alto nivel.

7

¿Cómo lo dices?

Más combustibles del sistema Camp

Hacer buenas preguntas es el combustible de mayor octanaje que tenemos. Son un objetivo conductual básico. De los otros cinco objetivos conductuales, que a mí me gusta denominar los combustibles del sistema, cuatro trabajan como apoyo directo de nuestras preguntas. Nos ayudan a controlar lo que decimos y a utilizar las palabras en beneficio propio. A estos cuatro combustibles los llamo cuidar, revertir, conectar y 3+. El quinto combustible, que no está relacionado con las preguntas, es la técnica conocida como «soltar sedal».

En esta lista hay algunos nombres extravagantes, pero no importa. Gran parte del comportamiento que requieren está en las antípodas del de la cultura dominante del todos ganan. Es precisamente este comportamiento opuesto e inesperado el que nos permite superar la media y proporcionarnos una gran ventaja.

Cuidar

Todo el mundo sabe lo que significa esta palabra. «Cuidar» significa alimentar emocionalmente, proporcionar formación moral, desarrollar la mente con pensamientos positivos, comprensivos y agradecidos. ¿Quién propicia los pensamientos y recuerdos positivos? Puede que

113

fuera tu abuela, que siempre tenía una palabra amable, o tu madre o tu padre cuando te arropaban por la noche, u otras personas cuya forma de hablar te tranquilizaba. Tal vez fuera una conversación relajada y suave, o una cargada de respeto. Lo que tenías que decir era importante para otra persona, y ella quería escucharte. El mero hecho de ser *escuchado* puede suscitar buenos pensamientos.

En una negociación, la capacidad de cuidar a los demás hará que ésta siga adelante contra viento y marea, y también para que la otra parte regrese a la mesa de negociaciones después de una crisis. Tu capacidad para cuidar a tu adversario, para hacer que se sienta cómodo, es la clave para asegurarle que le estás escuchando y que valoras lo que tiene que decirte. También es otra forma de permitir que se sienta bien.

Esta capacidad debe formar parte de tu lenguaje corporal. Cuando estés sentado, evita los movimientos bruscos hacia delante. Reclínate en la silla. Relaja el cuello, la cara y las manos. Si estás de pie, apóyate en la pared y adopta una postura menos dominante. Nadie va a negociar eficazmente contigo si los intimidas físicamente. Todo esto es de sentido común, y la mayoría de los negociadores estarían de acuerdo. Sin embargo, muchos de estos mismos negociadores transmiten las señales equivocadas de una manera menos obvia. Se inclinan hacia delante, sacuden los brazos y golpean la mesa. El negociador que se siente cómodo, el que ha recibido una instrucción adecuada, se lo toma con calma. En caso de duda, habla más despacio y baja la voz. Como dice el refrán, la risa suele ser la mejor medicina, especialmente cuando nos reímos de nosotros mismos. La risa es una forma de cuidar a todos los presentes, incluidos a nosotros mismos. Pero todo esto no se diferencia mucho de la técnica del todos ganan. Aunque es verdad que no encontrarás un apartado sobre la capacidad de cuidar en la mayoría de los libros sobre negociación, esto se debe a que los autores desean impresionar a sus lectores con sus arcanas teorías académicas y sus tablas y gráficos. No es que no estén de acuerdo conmigo en este punto, es que creen, *erróneamente,* que el material carece de pedigrí.

La forma en que formulamos nuestras preguntas y declaraciones puede ser enriquecedora o todo lo contrario. Retomemos algunas de las preguntas de este debate y descubramos si promueven la capacidad de cuidar porque resultan estimulantes. «Hola, ¿qué tal?». Esto es estimulante. «Buena pregunta». Esto es estimulante. «Tío, tienes mala cara». No demasiado estimulante a menos que estés burlándote de un buen amigo. «Esa pregunta no me dice nada». No demasiado estimulante.

Aún más importante que lo que se dice con fines didácticos es *cómo* se dice. Fíjate en esta pregunta: «¿Es lo que realmente quieres?». Estas cinco palabras pueden tener significados completamente opuestos. Si hago la pregunta de forma brusca y cortante, no tiene nada de estimulante. Pero si la hago en voz baja y mostrando interés, pese a tratarse de una pregunta que empieza con un verbo, resulta mucho más enriquecedora. Te recomiendo que cierres el libro durante unos minutos y pronuncies la pregunta en voz alta de varias maneras, tanto: «¡¿ES LO QUE REALMENTE QUIERES?!» como en voz baja: «¿Es lo que *realmente* quieres?». Enseguida percibirás las diferencias a la hora de fomentar confianza en el otro. La forma en que decimos las cosas lo es todo. Todo el mundo lo sabe, pero lo olvidamos con demasiada frecuencia.

No me malinterpretes. No me gustan las negociaciones sensibleras. No hay que confundir la capacidad para cuidar con la facilidad o la amabilidad. Esta capacidad no es sinónimo de compromiso arbitrario, ni «salvar al adversario» de una decisión difícil. La capacidad de cuidar es simplemente un recurso psicológico que permite liberar un poco de tensión en el momento adecuado. Uno de los hombres más duros del siglo XX fue sir Winston Churchill, pero si estudias sus escritos y escuchas sus discursos grabados, descubrirás *tanto* la dureza del bulldog *como* su capacidad para cuidar. Si escuchas sus discursos, te darás cuenta de que tenía una voz naturalmente afectuosa. Asimismo, Joe Lieberman, candidato a la vicepresidencia por el Partido Demócrata en el año 2000, se hizo famoso por su voz y comportamiento naturalmente afectuosos. Era capaz de decir casi cualquier cosa y salirse con la suya. Imagina a un psicólogo tratando de sonsacarte tus secretos más profundos y oscuros. ¿Crees que lo hará con una voz áspera y desafiante, o con una calmada y afectuosa?

La capacidad de cuidar requiere que seas sutil. Podemos llamarlo de ese modo, pero también expresión facial o gesto. Se trata de una capacidad que requiere de mucha práctica, perspicacia y reflexión. Cuando las cosas se pongan difíciles en una negociación, tu mayor reto será cuidar a tu adversario a pesar de todo lo que está en juego. Debería escribirlo en mayúsculas, pero no voy a hacerlo; no sería muy enriquecedor.

Revertir

Éste es un comportamiento que debe dominarse a la perfección si se desea tener éxito en las negociaciones. La reversión es una táctica conductual consistente en responder a una pregunta con otra pregunta cuya respuesta nos resultará útil. Cuando nuestro adversario nos hace una pregunta, tenemos que decir algo, pero no debemos hacerlo cómo nos enseñaron en la escuela.

«¿Cómo estás?».
«Muy bien. ¿Y tú?».

Eso es una reversión. Y bastante eficaz, por cierto. Sin embargo, la mayoría de las veces, por distintos motivos, los negociadores inexpertos no aprovechan la oportunidad de responder a una pregunta con otra. Quizá estén demasiado ocupados hablando de sí mismos y dando información. En otros casos asumen que ya conocen la respuesta. O no entienden la diferencia que hay entre las preguntas que empiezan con un verbo y las que lo hacen con una partícula interrogativa, y están cansados de recibir un «no» como respuesta a sus preguntas encabezadas por un verbo. Por otro lado, el negociador experimentado aprovecha la menor oportunidad para responder a una pregunta con otra.

Punto importante: para no parecer un abogado de oficio durante un contrainterrogatorio, la reversión debería ir precedida de un breve comentario alentador. Si no lo haces, la reversión servirá de poco. Si tienes alguna duda de que la reversión *comprensiva* funciona, ponla a prueba la próxima vez que hables con alguien junto al dispensador de agua. A los seres humanos nos encanta que se interesen por nosotros.

«Jim, ¿en qué me beneficia esta opción?».

«Buena pregunta, Dick. Antes de entrar en materia, ¿cuál es el mayor reto al que te enfrentas en este ámbito?».

Cuidar, revertir:

«Eso está muy bien pensado. Por cierto, ¿cuáles son tus limitaciones de costes?».

«Evidentemente tenemos que hablar de eso, pero antes de llegar a eso…».

«Interesante. Muy interesante. ¿Cuánto tardarás en cumplir con los plazos?».

«Eso es algo en lo que no había pensado. ¿Cuándo podrías entregarlo?».

«Mmmm. ¿Qué es lo que no estoy entendiendo? ¿Qué más puedes decirme al respecto?».

Actualmente, mi hijo Brian juega al fútbol americano en una universidad muy importante. No es el estudiante de instituto que he mencionado en el capítulo 3, pero, hace un par de años, durante el proceso de selección, el decano de estudiantes de uno de los programas de fútbol americano más prestigioso y respetado del país le preguntó: «¿Qué crees que sería lo más difícil de jugar al fútbol en esta universidad?». Aunque bastante larga, la respuesta de Brian es un gran ejemplo de reversión: «Vaya, ésa es una gran pregunta. Me gustaría contestarte con otra pregunta porque ahora mismo tengo demasiadas cosas en la cabeza. Me gustaría que me ayudaras a entender cómo lo ves tú, ya que tienes mucha experiencia en esto. ¿Qué cosas debería tener en cuenta?». En la misma situación, casi todos los candidatos potenciales que pasaban por el despacho de ese decano hacían una pausa obligatoria en este punto, totalmente indiferentes a lo que aquel hombre tuviera que decir. Pero aquel candidato formado en el sistema Camp —mi hijo— le había hecho saber al decano que no era un chaval engreído y autosuficiente que creía tener todas las respuestas. (Hay muchos chicos así, y también bastantes adultos). El candidato también facilitó que el decano se sintiera la persona más cómoda de la sala, lo que siempre es una ventaja. El decano estaba encantado de hablar con un chico que parecía respetar su opinión y, gracias a eso, se convirtió en una valiosa fuente de información sobre el funcionamiento del campus y la extraordinaria presión a la que estaban sometidos los jugadores de fútbol, ya que se trataba de un programa de alto nivel. Cuando salimos del complejo al final de la visita, Brian dijo: «No quiero estudiar en un museo».

En otro campus, Brian se entrevistó con un respetado entrenador de fútbol. (Pido disculpas por poner estos dos ejemplos seguidos, pero ambos tienen que ver con el tema de la reversión, y el hecho de que los dos estuvieran protagonizados por un chico de dieciocho años demuestra que el objetivo conductual de la reversión está al alcance de todo el mundo). El entrenador estaba hablando con Brian sobre su estatura, que es considerable, y entonces le preguntó si era flexible. Brian rápidamente revirtió la pregunta y dijo: «En mi instituto trabajamos mucho con pesas, entrenador. ¿Qué importancia tiene el levantamiento de pesas en su programa?». El entrenador le dijo a mi hijo que en realidad no creía mucho en el entrenamiento con pesas para los *quarterbacks,* la posición en la que entonces jugaba Brian. Al entrenador le preocupaba que el tamaño y la fuerza de los *quarterbacks* actuales limitara su flexibilidad. A pesar de que mi hijo no había estudiado fisiología del ejercicio, sabía que la preocupación del entrenador estaba basada en teorías de hace veinte años que hoy en día prácticamente se consideran mitos. En los últimos tres o cuatro años, deportistas como Tiger Woods habían derribado los viejos mitos según los cuales los ejercicios de fuerza son malos para los «deportes de flexibilidad». Si no me crees, fíjate en los jugadores de béisbol, incluso en los lanzadores. De modo que en el deporte moderno no hay lugar para el pensamiento anticuado e incorrecto de ese entrenador, y la sencilla reversión de mi hijo le permitió obtener toda la información que necesitaba sobre su programa. La respuesta del entrenador fue una de las razones por las que Brian decidió no escoger aquella universidad.

En cualquier negociación, la reversión permite dejar claro que tienes una pregunta importante *para la otra parte,* lo que te permitirá recabar más información. Tu trabajo consiste en obtener información del adversario haciéndole preguntas, no en proporcionarle información respondiendo a las suyas. La reversión no es más que la técnica que suelen usar los abogados para aclarar las cosas. Las preguntas y la reversión nos ayudan a penetrar en el mundo del adversario. Es la manera de crear una visión. Sin revertir y hacer preguntas, no llegaremos a ninguna parte.

A veces puedes sentir la *imperiosa* necesidad de dar algún tipo de respuesta. En ese caso, opta por una respuesta neutra. Cuando tu adversario te pide la opinión sobre un tema determinado, en realidad lo que busca es que confirmes su opinión. No lo hagas.

> «Bueno, Mary, sé cómo te sientes y respeto mucho tu opinión, pero la verdad es que no he tenido tiempo de llegar a una conclusión. Puede que tengas razón. Yo aún estoy indeciso. Pero siempre tendré presente tu opinión».

No has dado ninguna información, y le has hecho creer sutilmente a tu adversario que apoyas su posición sin hacerlo realmente.

> «¿Cuánto cuesta?».
> «Mucho».
> «¿Cuánto tiempo lleváis trabajando en esto?».
> «¡Una eternidad!».

Estás satisfaciendo tu impulso de responder, pero la información que das, a efectos prácticos, no vale gran cosa. La mayoría de las veces, sin embargo, tu adversario no se dará cuenta, aceptará la respuesta y se mostrará receptivo a que le hagas una buena pregunta.

Conectar

Como ya he dicho en otros contextos, tenemos la tendencia a querer salvar a nuestro adversario, a caerle bien. Este instinto puede impulsarnos a cometer estos tres errores muy comunes durante la negociación, los cuales están sacados de lo que casi todos los abogados les dicen a sus clientes antes de una declaración o testimonio: nunca respondas a una pregunta que no te han hecho; no interpretes una declaración como una pregunta y nunca respondas a declaraciones aleatorias.

«No me gusta lo que veo, Jim».

Cuando oímos esto, sentimos el impulso de responder de alguna manera para intentar arreglar las cosas.

«Bueno, Damon, no está grabado en piedra».

¡No! La mejor manera de enfrentarse a una pregunta capciosa o a un comentario provocador es utilizarlo como plataforma para obtener más información. ¿Cómo? Empleando lo que yo llamo un *conector*. Responder es un comportamiento negociador habitual; *conectar* es un comportamiento negociador antagónico y mucho más eficaz. Piensa en un psiquiatra, cuyo trabajo consiste en ayudar al cliente a entender sus problemas y después tratarlos. Ésta sería una posible conversación:

—Doctor, no me está ayudando.
   —Yo creo que sí le estoy ayudando.
   —No, no me está ayudando en absoluto.
   —Claro que le estoy ayudando.
   —Si es verdad que me está ayudando, ¿por qué me siento tan mal?
   —Bueno, se siente mal porque no está comprometido.
   —Sí que estoy comprometido, lo que pasa es que usted no es un buen psiquiatra.

El paciente tiene razón. No es un buen psiquiatra. Ahora veamos cómo el conector comprensivo podría haber mejorado el intercambio.

—Doctor, no me está ayudando en nada.
   —Ayúdeme a entenderlo.
   —Bueno, es que no tengo la sensación de estar haciendo progresos.
   —¿Yyyy?
   —Tengo problemas para hacer los ejercicios que me dijo que hiciera.

—Ya veo. ¿Cuál es la mayor dificultad que está teniendo con los ejercicios?

La conjunción —y usada como pregunta es un excelente conector.

—No me gusta lo que veo, Jim.
—¿Yyyyyyyy? [Debemos alargar la palabra, y acompañarla de un encogimiento de hombros. Ahora el adversario es quien debe completar la información].
—No quiero entusiasmarme demasiado con esto hasta comprobar de lo que es capaz».

Bien. Ya has descubierto algo.
Efectivamente, la conexión es otro tipo de reversión. Damos la vuelta al comentario suelto de nuestro adversario, pensado para obtener algún tipo de reacción por nuestra parte, con la intención de obtener de él algún tipo de información útil.

—Vaya, eso sí que no lo esperaba.
—¿Y eso qué significa…? [Acompañado de un encogimiento de hombros].
—Que no llegaremos a ninguna parte a menos que le quites un cero a esa cifra.

Bien otra vez. Has aprendido algo más.
Una pausa profunda y silenciosa también puede servir de conector. A la gente no le gusta el silencio. Es el vacío que nuestra naturaleza aborrece. Tu adversario se apresurará a llenar el vacío.

—Vaya, eso sí que no lo esperaba.
Silencio.
—No llegaremos a ninguna parte a menos que puedas hacer la entrega el próximo mes.

Vale, ya te estás acercando. El conector, como la reversión, nos ha ayudado a descubrir la raíz del problema.

—No me gusta tu actitud.

—¿Cómo puedo ayudarte?

—El precio es demasiado alto.

Esto sí que es avanzar en la negociación. Tu actitud siempre ha sido correcta.

Pese a reconocer, una vez más, que estas breves conversaciones pueden resultar algo artificiosas, en realidad no lo son tanto. De hecho, ocurren todos los días, aunque de un modo más extenso. El negociador instruido las *practica* a diario.

3+

El combustible «3+» (pronunciado «tres más») es sencillo pero muy importante. ¿En qué consiste? Simplemente en la capacidad de mantener una pregunta hasta que tu adversario la responda al menos tres veces o en repetir una afirmación al menos tres veces. No es una idea original. Cualquiera que haya asistido a una clase de oratoria conoce la vieja regla: diles lo que les vas a decir, díselo y después diles lo que les has dicho. Una, dos, *tres* veces. Hace muchos años escuché por primera vez una versión de esta regla de boca de un amigo comercial y enseguida me di cuenta de que era un gran consejo. He añadido el «+» porque, a lo largo de los años, he descubierto que en ocasiones tres no es suficiente. Así que en mi trabajo enseño a hacerlo más de tres veces: 3+. Cuanto más difícil sea la negociación, más veces y durante más tiempo habrá que reiterar el punto acordado. En la práctica, es difícil excederse con el 3+. Casi imposible.

En la teleconferencia que dio comienzo a la renegociación de Network, Inc. en relación con el contrato por el que estaba perdiendo 100 000 dólares por máquina vendida, el presidente de Network informó a sus adversarios de que repetiría tres veces lo que tenía que decir porque consideraba que el problema era tan grave que quería asegurarse de que todos entendían su punto de vista. Aunque no suelo aconsejar que se anuncie tan abiertamente que se va a utilizar el 3+, en aquella negociación era apropiado.

Por supuesto que con el 3+ hay que cuidar o revertir. Tienes que asegurarte de que el acuerdo que estás escuchando de tu adversario es realmente un acuerdo. Como siempre, desconfía especialmente del «sí». Y, sobre todo, no demuestres que tienes *necesidad* de concretar el acuerdo. El adversario no puede interpretar la técnica 3+ como una herramienta de presión; no puede *ser* una herramienta de presión. Cuando se utiliza el 3+, siempre hay que dejar al adversario la opción de cambiar de opinión. *No* estás apresurándote a cerrar el acuerdo tres veces. Todo lo contrario: estás pidiendo que «no» haya tres veces. Así es como debes planteártelo.

¿Cuántas veces has intentado tomar una decisión y te han pasado por la cabeza pensamientos como éste?

«Voy a hacerlo».
«No, no voy a hacerlo».
«Sí, creo que sí».
«No me gusta nada. No voy a hacerlo».

Tanto si utilizamos 3+ como 20+, le estamos dando al adversario la oportunidad de repasar mentalmente el proceso. La técnica 3+ va de la mano con la de «No cierres el trato». El objetivo de 3+ es darle al adversario múltiples oportunidades de analizar su decisión, para verificarla, justificarla o cambiarla. Le otorgamos la posibilidad de reflexionar sobre la situación, analizarla desde diferentes perspectivas y comprobar por sí mismo cómo cambia su forma de pensar. El adversario no siempre ve lo que debería ver, y el uso de la técnica 3+ le ayuda a mejorar su visión. Sin visión no hay decisión.

Soltar sedal

Para presentar esta técnica, el último de los combustibles del sistema, recurriré a la analogía del péndulo que oscila continuamente de un lado a otro. Así es cómo puede ser una negociación. Inicialmente, el péndulo está inmóvil. Las emociones están en calma, ni positivas ni negativas. Entonces ocurre algo, alguien dice algo, y esa fuerza empuja el péndulo hacia, pongamos, la vertiente negativa. A continuación, algún factor detiene el movimiento hacia esa vertiente y empuja el péndulo más allá de la zona neutral hacia la vertiente positiva. Todos estos vaivenes emocionales pueden ser catastróficos para la negociación, sobre todo si son grandes y dramáticos. La tarea del buen negociador consiste en mantener el péndulo lo más cerca posible del punto de calma e inmovilidad. Las grandes oscilaciones negativas no son adecuadas para ninguna de las dos partes a largo plazo, pero tampoco lo son las grandes oscilaciones *positivas*.

Tomemos un ejemplo de venta directa, aunque esto puede aplicarse a cualquier tipo de negociación. Si el vendedor permite que el cliente potencial se incline demasiado hacia el lado positivo, ¿qué ocurrirá cuando surjan las *inevitables* dudas? Pues que el péndulo, que estaba en la parte más alta de la vertiente positiva, oscila con tanto ímpetu que deja atrás la zona neutral para entrar en la vertiente *negativa*. ¿Y entonces qué hacemos? Es posible que nunca nos recuperemos de esta situación. Aunque, por supuesto, el eterno optimista pensará, bueno, el próximo cambio de emoción llevará el péndulo desde lo más profundo de la zona negativa hasta la parte superior de la positiva. Vale, de acuerdo. ¿Pero entonces qué? ¿Lo ves ahora? Estas grandes oscilaciones son un círculo vicioso, por así decirlo, y además son casi imposibles de controlar. Sin embargo, debemos mantener el control. Entonces, ¿cuál es la solución? Muy sencillo (en teoría): evitar tanto lo *extraordinariamente* negativo como lo *extraordinariamente* positivo manteniéndonos en una zona *neutral* mucho más tranquila, que es donde se consiguen los acuerdos duraderos. Se trata de una técnica de negociación que va a contracorriente. *¿Estás diciendo que debemos evitar que nuestro adversario se entusiasme demasiado con el acuerdo?* Exacto, porque el entusiasmo no durará mucho tiempo; las inevitables dudas llegarán tarde o temprano.

¿Cómo podemos mantenernos en una posición neutral y controlar todas las emociones durante una negociación? Pues soltando sedal, una referencia a una técnica de la pesca del macabijo (y también de otros tipos de pesca) en la que se suelta el sedal cuando el pez muerde el anzuelo en lugar de tratar de clavarlo más profundamente. Ésta es la única forma de pescar macabijos, pues salen disparados a velocidades incréibles en cuanto notan el anzuelo en la boca para zafarse de él. Al soltar sedal, evitamos ejercer demasiada presión.

Lo mismo ocurre en una negociación: al soltar el sedal, le quitamos presión al adversario. Es una herramienta extremadamente eficaz, y me divierte mucho ver cómo las dudas iniciales de mis clientes se convierten en entusiasmo al comprobar su eficacia. A veces se emocionan tanto que tengo que soltar el sedal para que se relajen un poco. No es la panacea, simplemente es una herramienta muy buena.

Ahora que ya conoces una nueva forma de reducir la presión, supongo que eres capaz de reconocer otras formas de conseguirlo, como el 3+, darle al adversario la posibilidad de decir que «no», permitir que el adversario se sienta cómodo o no cerrando el trato. Cuando se utiliza eficazmente, la técnica de soltar sedal, como el resto de los objetivos conductuales, hará que tu adversario disponga de la oportunidad de validar la información y las decisiones que se han tomado antes.

La versión negativa de soltar sedal

Podemos soltar sedal de diferentes maneras en función de la situación. El primer tipo que examinaré es su versión *negativa,* que ilustraré en primer lugar con la película *Peligrosamente juntos,* en la que el gran actor que es Robert Redford interpreta a un experimentado ayudante del fiscal del distrito que acaba de ser despedido por razones bastantes complicadas. Por motivos también complicados, Redford se une a Debra Winger, una abogada defensora de poca monta, en la defensa del personaje interpretado por Daryl Hannah, una bella joven acusada de matar a su amante. El caso atrae la atención de la prensa rosa y le va demasiado grande a la inexperta abogada interpretada por Winger. La acusación tiene un arma homicida, un motivo y un testigo que sitúa a la acusada en el escenario del crimen. A juzgar por la reacción al alegato inicial de la acusación, el jurado y la prensa ya han declarado culpable a la nueva cliente de Redford.

Estamos ante un caso muy fácil de resolver. Imagina la sala llena y una atmósfera cuasi circense cuando el fiscal del distrito termina su enérgica introducción. ¿Cómo debe proceder Redford? ¿Cómo podría hacer oscilar el péndulo, aunque sólo fuera un poco, de lo extraordinariamente negativo a lo neutral? Comienza su alegato inicial con normalidad: «Señoras y señores, Chelsea Deardon no mató a Victor Taft. La acusación ha sugerido un posible motivo, pero uno basado enteramente en habladurías, conjeturas y pruebas circunstanciales, pruebas que a primera vista parecerían tener algún fundamento, pero que, tras un examen más detenido, demostrarán no tener relevancia alguna para este caso». De acuerdo, un comienzo decente; sin embargo, la cámara nos muestra que los comentarios de Redford caen en saco roto en los miembros del jurado. Él también lo sabe, por supuesto. Y aquí viene la versión dura y negativa de soltar sedal. Redford se queda callado de repente, mira a los ojos a los miembros del jurado, inclina la cabeza en ese gesto tan suyo y dice: «No me creen, ¿verdad? No están escuchando ni una palabra de lo que digo. ¿Me equivoco?». Pausa dramática. «¿Saben qué? No los culpo. Después de escuchar las pruebas de la acusación, hasta *yo* estoy convencido de que mi clienta asesinó a Victor Taft. Al fin y al cabo, si yo hubiera entrado en la habitación y encontrado a Victor Taft muerto en el suelo y las huellas de Chelsea Deardon en el arma que lo mató, me costaría mucho pensar que no era culpable. Miren, vamos a ahorrarnos un poco de tiempo… ¿Quién cree que Chelsea Deardon es culpable?». Cuando Redford les pide que levanten la mano, la acusación protesta. El juez refunfuña.

Redford continúa: «Venga. Tengo la mano levantada. Creo que mi cliente asesinó a Victor Taft a sangre fría. ¿Quién está de acuerdo conmigo? ¡Vamos!». Más objeciones, más gruñidos. «Ahorrémosle al estado de Nueva York mucho tiempo y dinero y pasemos directamente a la sentencia». Redford se ha puesto tan negativo que hasta su ayudante, que no sabía lo que se avecinaba, empieza a tener dudas. La acusada está fuera de sí. Con la sala sumida en el caos, el juez llamando al orden, los periodistas corriendo hacia los teléfonos, Redford se acerca al banquillo del jurado, donde una mujer de mediana edad y aspecto respetable (interpretada por la actriz Liz Sheridan, quien, por cierto, posteriormente interpretaría a la madre de Jerry Seinfeld en la serie de televisión homónima) pregunta en voz baja: «¿No tiene derecho a un juicio justo?». Redford responde al instante: «Oh, démosle un juicio justo y *después* condenémosla».

Para entonces el juez ya está harto, descalifica al jurado y amenaza a Redford de desacato. Redford le ruega indulgencia. Dice que está totalmente satisfecho con los miembros del jurado y que confía en ellos, aunque crea que su cliente es culpable. El fiscal expresa su satisfacción con el jurado y el juez accede a continuar con el juicio.

Una brillante negociación por parte de Redford. Con el péndulo emocional situado claramente en la zona negativa, recurre a la versión más dura y negativa de la técnica de soltar sedal («No me creen, ¿verdad?») para situarse justo en el centro de esa emoción negativa. ¿Cuál es su objetivo? Estabilizar, eso es todo. Pretende que el jurado se enfrente a sus prejuicios plantando una idea nueva. Al unirse a ellos en su decisión del «no», los tienta a entrar en el modo racional, aunque sólo sea por un momento. Recuerda que el valor de la palabra «no» es que, a diferencia del «tal vez», es una decisión real, y como tal debe ser validada racionalmente por el adversario o, en la negociación que plantea el ejemplo, por el jurado. Redford tiene ahora toda su atención. El jurado aún está en el lado negativo, pero al menos está pensando. Entonces les dice: «No están escuchando ni una palabra de lo que digo». Ésa es otra frase típica de la técnica de soltar sedal que ayuda a impulsar el péndulo emocional un poco más hacia la zona neutral. Y luego viene esto: «¿Saben qué? No los culpo», otra frase que sirve para soltar sedal.

Aunque siempre es una decisión subjetiva el número de veces que debe recurrirse a la versión negativa de soltar sedal en una negociación, una buena regla general es continuar hasta que veas o notes que el péndulo se mueve de forma significativa. Cuando Redford finalmente lo percibe con el jurado, introduce sutilmente la presunción de inocencia: «Así que todos pensamos que es culpable. ¿Y qué hacemos ahora? Es un dilema, ¿verdad? Es un problema especialmente difícil porque en este país hemos desarrollado un concepto jurídico para protegernos, para proteger nuestros derechos. Se llama presunción de inocencia».

Y ya sabes que Daryl Hannah al final es declarada inocente; o, mejor dicho, su caso es desestimado cuando se descubre al verdadero asesino. *Peligrosamente juntos* no es, desde luego, una gran película, pero en ella Robert Redford utiliza magistralmente la técnica de soltar sedal en su versión negativa. Me quito el sombrero.

Ahora, una historia real. Hace poco cambié de compañía telefónica porque la cobertura irregular que ofrecía era intolerable. Viajo mucho y necesito la mejor cobertura posible a nivel nacional, pero la gota que colmó el vaso fue el día que no pude llamar a San Francisco mientras viajaba en coche desde San José. Y no era culpa de mi teléfono, ya que había invertido en uno de gama alta. Cuando llegué a casa, llamé a la compañía para darme de baja del servicio y le dije al tipo que me atendió que quería pasarme a la competencia. ¿Qué crees que me dijo? Éstas fueron sus palabras exactas:

«¿Qué quiere decir? Acabo de estar en San Francisco y no he tenido ningún problema. Tenemos una gran cobertura».

No sé cómo sería tu reacción ante esta afirmación, pero en mi opinión este tipo me estaba llamando mentiroso. Consideremos los otros errores que cometió. Me arrebató el derecho a decir que «no», no me permitió sentirme cómodo, no hizo buenas preguntas para obtener algo más de información y no soltó sedal. (Hizo una pregunta con partícula interrogativa, lo que demuestra que tienes que seguir usando la cabeza y el sentido común cuando haces ese tipo de preguntas. La suya no fue una pregunta comprensiva, precisamente). Después de los problemas que había tenido, yo estaba tan poco receptivo que el tipo podría haberme ofrecido el mundo y yo habría dicho no, gracias, pero imagina que hubiera soltado sedal y me hubiera dicho: «Probablemente yo también cambiaría de empresa si me pasara algo así. Pero antes de hacerlo, ¿por qué no me deja que le haga una mejora gratuita para que pueda probar nuestra cobertura durante diez días?».

Su versión negativa de soltar sedal habría neutralizado mi estado emocional profundamente negativo. Quién sabe, igual podría haberme retenido durante diez días más y haber evitado que me diera de baja. No hay mejor herramienta que la versión negativa de soltar sedal para neutralizar una oscilación negativa del péndulo y devolver la situación a la zona neutral. Pruébalo alguna vez.

Encuentra un buen momento para decir: «Vaya, qué mal. No sé si podremos recuperarnos de esto». Lo más probable es que sea tu adversario el que te *ayude* a recuperarte. Es muy divertido cuando eso ocurre.

La versión positiva de soltar sedal

La versión positiva de soltar sedal no es más que eso: una forma de volver a situar al adversario en una posición más neutra desde una posición demasiado positiva; sí, *demasiado* positiva. El vendedor de automóviles experimentado suele poner un poco de freno al entusiasmo de su cliente por el coche negro diciendo algo así como: «El negro es un color potente para un coche deportivo, pero se ve más la suciedad. Tendrá que lavarlo más a menudo». Esto acerca al adversario a la zona neutral y, al mismo tiempo, le insta a reconsiderar el entusiasmo que siente por el color negro, su *visión* del color negro. Y entonces responde: «Sí, pero si compro este coche, mantenerlo limpio será un placer».

En este punto de mi perorata, los alumnos de mi taller suelen decir: «No puede ser». Pues sí que puede ser. De hecho, no conozco ni un solo caso en el que la versión positiva de soltar sedal haya sido contraproducente. Nunca sale mal. Quien crea que puede salir mal es que no entiende la naturaleza humana ni el propósito del negociador.

Casi como si se tratara de la guinda al pastel, soltar sedal suavemente sirve para traer al adversario de vuelta a la neutralidad. Y también es útil para controlar cualquier tipo de necesidad que podamos sentir, para reforzar el derecho del adversario a decir que «no», permitir que se sienta cómodo y conseguir tratos duraderos. Creer que la versión positiva de soltar sedal es peligrosa es un síntoma de que tenemos demasiada «prisa por cerrar el acuerdo». Recuerda que todo depende de la visión de tu adversario, y que debes hacer todo lo que esté en tu mano para moldear esa visión. La versión positiva de soltar sedal consigue precisamente eso, como comprobarás en cuanto pongas en práctica este combustible.

«Antes de firmar el acuerdo, ¿estás seguro de que es lo que realmente quieres hacer?».

«Sí, le he dado muchas vueltas y tiene todo el sentido».

O:

«Estupendo, Joan. Agradezco tu interés, pero aún tenemos muchos retos en los que trabajar».

Nirvana

Ahora mismo debes de estar pensando: «Espera un momento, Camp, tanto en este capítulo como en el anterior, sobre los combustibles del sistema Camp, has estado presentando formas de obtener la *mayor* cantidad de información posible del adversario al tiempo que divulgamos la *menor* información posible sobre nosotros mismos. ¿Qué ocurre cuando te encuentras con un adversario que también conoce el sistema Jim Camp?».

¡Ojalá ése fuera el mayor de tus problemas! La negociación iría como la seda. Ambas partes trabajarían desde declaraciones válidas de misión y propósito y con unos objetivos válidos. Ambos pondrían las cartas sobre la mesa desde el principio de la negociación. Ambas partes se apresurarían a decir que «no» y a explicar por qué. No tendríamos que usar la reversión ni los conectores para sonsacar información y respuestas. No necesitaríamos soltar sedal para mantener las emociones de todos a raya. Los combustibles del sistema son medios para obtener información y para que la negociación se desarrolle con fluidez. Con dos negociadores instruidos en el sistema Camp como adversarios, no me cabe ninguna duda de que el intercambio sería de lo más fluido.

8

—

Tranquiliza tu mente, haz borrón y cuenta nueva

Sin expectativas, sin suposiciones, sin palabras

En mi sistema, «borrón y cuenta nueva» funciona como un verbo. Como negociadores, hacemos borrón y cuenta nueva para *crear* una página en blanco en nuestra mente, la cual estará lista y a la espera de recibir nueva formación, nuevas actitudes, nuevas emociones o cualquier otra cosa nueva que nuestro adversario nos envíe, consciente o inconscientemente. Gracias a esto descubriremos lo que está pasando realmente en la negociación, lo que está retrasando realmente las cosas, lo que el adversario *necesita* realmente.

Hacer borrón y cuenta nueva es un objetivo conductual clave que deberás practicar una y otra vez. Para negociar con éxito, deberá convertirse en un hábito. Y para hacer borrón y cuenta nueva, es probable que tengas que *renunciar* a algunos hábitos que consideras beneficiosos, pero que en realidad te están perjudicando más de lo que imaginas. Ya he señalado anteriormente algunos de los peligros de la necesidad. Otro de sus peligros es que interfiere con la capacidad de hacer borrón y cuenta nueva. Lo mismo ocurre con el miedo a escuchar un «no» y el miedo a fracasar. Y, obviamente, también lo hace la extendida tendencia a «saberlo todo», porque si lo sabemos todo, ¿para qué molestarse en escuchar?

Para poder hacer borrón y cuenta nueva es necesario deshacerse de todas estas actividades conductuales negativas de las que ya hemos hablado antes. Pero una vez que le cogemos el tranquillo, estamos tan concentrados e intensos que casi tenemos la sensación de abandonar nuestro cuerpo, desplazarnos a un rincón de la habitación y observar desde allí cómo negociamos con el adversario. Es una sensación muy estimulante.

La capacidad para hacer borrón y cuenta nueva está directamente relacionada con la capacidad para deshacerse de las expectativas y suposiciones, dos palabras muy malsonantes en mi sistema de negociación. Auténticos tabúes.

El ser humano, por naturaleza, vive inmerso en un mundo de expectativas y suposiciones. Como negociador, debes aprender a reconocerlas y dejarlas de lado. No tienen ningún valor para ti como negociador serio.

Las expectativas positivas son nefastas

¿Cuántas veces has oído una de estas afirmaciones en boca de tu adversario?

«Tiene buena pinta».
«Es exactamente lo que necesitamos».
«No hay duda de que es mejor».
«Reunámonos y acabemos con esto».
«Tío, llegas justo a tiempo. ¡Te necesitamos!».
«¿Crees que puedes enviar cinco mil para el mes que viene?».
«Bueno, no está escrito en piedra».
«Habéis dado en el blanco».
«Estamos en sintonía; encaja perfectamente con lo que queremos hacer».

Con todos estos comentarios –y los hay de todo tipo; cualquier persona de negocios experimentada podría recitarte muchos otros ejemplos de memoria–, tu adversario está moldeando tus expectativas positivas para poder cerrar el trato. Si te tragas alguna de estas afirmaciones, se lanzará a por ti y cogerá la ventaja.

«Tiene buena pinta». Cuando el novato sentado al otro lado de la mesa escucha una afirmación de este tipo, empieza a pensar que ya lo tiene en el bote, pero entonces se ve sorprendido por la siguiente afirmación: «¿Cuál es el precio con descuento?». El novato le da una cifra y ya está atrapado para el resto de la negociación, a menos que sea realmente bueno, pero él no lo es porque, si no, no habría dado un precio en una fase tan temprana de la negociación, antes de saber absolutamente nada de su adversario. Ocurre todo el tiempo.

En una negociación reciente, el equipo adversario dijo que necesitaba nuestro mejor precio para treinta y tres mil unidades. Todos los presentes en la mesa sabían que el precio de venta de aquel aparato tan costoso rondaba los 1000 dólares por unidad. El adversario le dijo a mi cliente que, aunque tenían otros proveedores para este artículo, realmente querían hacernos todo el pedido a nosotros para poder obtener el mejor precio. ¿Qué ocurre cuando un negociador capta el aroma de un pedido de ese calibre? Si no nos andamos con cuidado, lo primero que se nos viene a la cabeza es la cifra de 33 000 000 de dólares. Incluso para una gran multinacional, incluso con un descuento por unidad, se trata de una cantidad apetecible. Obtener un nuevo cliente como ése sería un triunfo para cualquier negociador. Si no tenemos cuidado, la página en blanco puede terminar pintarrajeada por esta expectativa positiva. Y eso es *exactamente* lo que el otro equipo intentaba hacer en este caso: crearnos expectativas.

Supongamos que nos dejamos llevar por el entusiasmo y les ofrecemos inmediatamente nuestro mejor descuento por las 33 000 unidades con la esperanza de que acepten encantados esa cifra, firmen el contrato por la tarde y descorchen el champán esa misma noche. Pero pongamos que no lo aceptan, y no lo harán, porque el champán puede esperar y ya han jugado a este juego un millón de veces. En lugar de eso, vuelven y anuncian que finalmente han decidido repartir la compra de las unidades entre varios fabricantes. Además, habían calculado mal su inventario. Resulta que sólo necesitan 10 000 unidades nuevas, no 33 000, y quieren que les suministremos sólo 3000 al mismo precio unitario increíblemente bueno que acabamos de acordar para un pedido *diez veces mayor*. Y, por cierto, insinúan como de pasada, se sentirían muy decepcionados si no mantenemos ese precio, si decimos que «no».

¿Qué hacemos ahora? ¿Cuáles son nuestras emociones? ¿De qué nos han servido todas esas expectativas positivas? Ésta es *una* de las maniobras clásicas más empleada por las grandes multinacionales y los comerciales astutos de todos los sectores para aprovecharse de los adversarios ansiosos. Crear expectativas positivas con cifras descabelladas para después empezar con los «si», los «y» y los «peros».

Te pondré un ejemplo de expectativas. Hace unos años asesoré a una pequeña empresa de 8 millones de dólares en su negociación con una gran empresa irlandesa. Mi equipo de cuatro negociadores viajó a Irlanda para una reunión, con un gasto total de unos 20 000 dólares, algo nada desdeñable para una empresa de su tamaño. Cuando llegaron, los irlandeses no estaban disponibles. ¿Puro teatro? Tal vez. En cualquier caso, muchos negociadores habrían dejado que la perspectiva de la reunión aumentara sus expectativas positivas y, ante esta decepción, habrían empezado a pensar: «Bueno, ya estamos aquí y no queremos desperdiciar el viaje». Entonces quién sabe qué decisiones habrían tomado.

Sin embargo, mi equipo hizo borrón y cuenta nueva, *no* había volado con grandes expectativas, y por eso no tuvieron reparos en decir: «Ah, no pasa nada». Dieron media vuelta y volvieron a casa al día siguiente. Unos días más tarde, con calma, escribieron una carta en la que expresaban su comprensión por ese tipo de contingencias, establecían un nuevo orden del día e invitaban al equipo irlandés a venir a sus oficinas para la próxima reunión.

Y los irlandeses aceptaron la invitación.

Pero es que las buenas expectativas son tan *positivas*. Sientan tan bien. ¿Quién no quiere tener esperanzas? Una vez tuve un cliente al que le costaba mucho deshacerse de las expectativas positivas. Para empezar, había jugado al tenis en el instituto y en la universidad, y todos los entrenadores que había tenido habían ensalzado las virtudes de una actitud positiva. «Actitud positiva» es algo que suena muy bien, pero para mí no es más que una forma más atractiva de decir «expectativas positivas». Para el negociador, incluso una actitud positiva es peligrosa. De verdad. Puede convertirse rápidamente en necesidad, en expectativas positivas. Cuando digo «borrón y cuenta nueva», quiero decir «*borrón* y cuenta nueva». Sé que cuesta.

Las expectativas negativas también son nefastas

¿Y qué hay de las expectativas negativas? ¿Qué pasa con los dobles *bogeys* o dobles faltas seguidas, o con una serie de acuerdos fallidos? ¿Qué ocurre con el estado emocional de las personas atrapadas en ese tipo de dinámicas? Si no se andan con mucho cuidado, pueden ser presa de los nervios y las emociones. Es muy probable que las expectativas positivas iniciales den paso a las negativas, las cuales pueden tener un efecto terriblemente debilitador. Una temida palabra acude a nuestra mente: depresión. Sin duda, las expectativas negativas tienen cierta influencia en los procesos depresivos; y los negociadores, sobre todo los que se dedican a la venta directa, sufren depresiones.

Durante una negociación, como hemos visto, el adversario puede tratar de fomentar tus expectativas positivas, o crearte expectativas negativas antes incluso de que empiece la negociación propiamente dicha. Analicemos la siguiente operación: un gran contratista quiere comprar una máquina cuyo precio habitual es de 1,7 millones de dólares. Como a veces subcontratan a empresas que compran grandes cantidades de este tipo de maquinaria, saben que el precio con el descuento aplicado para grandes pedidos es de 1,3 millones de dólares por unidad. Ahora quieren el mismo precio con descuento por la compra de una sola unidad, una pretensión que dejan muy clara desde el principio de las negociaciones. Ante esta petición, el negociador sin formación inmediatamente se dejará llevar por la expectativa negativa de no llegar a ningún acuerdo o de llegar a uno, pero con un descuento tan importante que sería prácticamente lo mismo que no llegar a ningún acuerdo. El negociador instruido, por su parte, no tiene ninguna expectativa sobre el precio final del producto. El negociador instruido ve esas cifras iniciales como lo que realmente son: cifras iniciales sin ninguna importancia real. El negociador instruido sabe que en su misión y propósito no hay nada que le impulse a rebajar los precios establecidos sólo porque una empresa le pida que lo haga, de modo que contes-

135

ta: «Vaya, lo sentimos, pero no podemos vender la máquina a nadie, ni siquiera a vosotros, con quienes nos encantaría hacer negocios, por 1,3 millones de dólares. Tal vez podáis comprarles una máquina usada a vuestros amigos de la otra empresa, o conseguir que pidan una máquina extra en su próximo pedido y después comprársela a ellos…».

Este negociador ha hecho borrón y cuenta nueva y ha cuidado a su adversario; ahora sólo le queda esperar la respuesta.

Tal vez el caso más obvio y generalizado de expectativas negativas sea tratar con una persona, o con toda una empresa, con la que siempre has tenido dificultades, que te ha presionado hasta la saciedad, en definitiva, que te han dado más dolores de cabeza que otra cosa. Esto es lo que siempre sientes después de cada negociación con ellos. Y probablemente *den* más dolores de cabeza que otra cosa, pero tú tienes la sartén por el mango, siempre puedes cortar por lo sano. Pero debes hacerlo con calma y racionalmente, *no* porque esas personas sean un grano en el culo, sino porque mañana puede que *no* lo sean, por la razón que sea.

¿Recuerdas a mi cliente de San Francisco del capítulo 5 que visitó al hombre diabético una vez al mes durante dos años? Él tenía motivos de sobra para albergar expectativas negativas. Si la visita no hubiera sido tan fácil y conveniente, es probable que hubiera dejado de pasarse. Sin embargo, mantener el contacto no le suponía ningún esfuerzo, y como no sucumbió a las expectativas negativas, finalmente la negociación concluyó de forma satisfactoria para todo el mundo. Ahora bien, mi cliente se merecía que le bajara la nota por no haberse molestado en descubrir los motivos que llevaban a aquel hombre a comportarse como lo hacía por las mañanas. Si hubiera hecho borrón y cuenta nueva, no habría tenido que esperar dos años a cerrar el acuerdo.

Ni las expectativas positivas ni las negativas tienen cabida en mi sistema. Haces borrón y cuenta nueva y *negocias*, eso es todo. Cuando tienes una misión y un propósito válidos, cuando tienes objetivos conductuales claros, cuando tienes un plan para resolver el problema real, cuando estás totalmente enfocado en la negociación, cuando tienes todo esto a tu favor, ¿qué sentido tiene subirse a la montaña rusa emocional de las expectativas? En cuanto empieces a poner en práctica mi sistema, estarás tan concentrado en los objetivos que controlas, te importará tan poco todo aquello sobre lo que no tienes control y te sentirás tan libre de necesidades que las expectativas ni siquiera entrarán en la ecuación.

Aunque, en realidad, sí que lo harán. Las expectativas están en todas partes. En este sentido, son como las emociones. De hecho, *son* emociones. No podemos deshacernos definitivamente de ellas, pero sí podemos aprender a reconocerlas y tomar las medidas adecuadas. Cuando en una negociación las cosas parecen ir viento en popa, es fácil emocionarse y dejarse llevar por las emociones. Cuando sientas que te ocurre esto, pide un receso, tómate un descanso para ir al baño, sugiere una pausa para tomar un café o para comer o da un paso atrás de alguna otra manera.

Venga ya, me han dicho algunos alumnos. Hacer borrón y cuenta nueva no puede ser para tanto. Perciben la disciplina necesaria y eso los asusta un poco. Hacen bien. Es difícil ser disciplinado. Pero sin disciplina, nunca llegarás a ser un gran negociador. Perderás dinero una y otra vez.

No asumas *nada*

¿Y qué hay de las suposiciones, el otro gran obstáculo para poder hacer borrón y cuenta nueva de forma eficaz? Las suposiciones son tan peligrosas como las expectativas, ya sean positivas o negativas, e igual de frecuentes, porque la mayoría de la gente cree que es muy buena interpretando a los demás, entendiendo lo que realmente sienten y piensan. Los negociadores suelen enorgullecerse especialmente de su don de gentes. En innumerables ocasiones he escuchado a alguien decir:

«Sé lo que harán si les hacemos esa oferta».
   «Así es como trabajan».
   «Si subes el precio, querrán un descuento por granes pedidos».
   «Estoy bastante seguro de que es ella quien toma las decisiones».
   «Es imposible que hagan una oferta hoy».

Hay un millón de suposiciones esperando al acecho para tendernos una emboscada. Aprendí mi primera lección sobre el tema cuando aún era niño y vivía al oeste de Pensilvania, donde la caza prácticamente es una forma de vida. Cuando mi primo Earl me regaló mi primera escopeta, una de pequeño calibre del catálogo de Sears, le di vueltas cuidadosamente entre las manos. Todavía recuerdo la escena. Es probable que muchos de vosotros tengáis el mismo recuerdo. También recuerdo lo primero que me dijo mi padre: «Comprueba si está cargada. Nunca des por sentado que un arma no está cargada. Compruébalo siempre por ti mismo».

Todos somos vulnerables a las suposiciones, a pesar de que todos conocemos algunas que han demostrado ser completamente erróneas. En Kosovo, la OTAN pensó que Slobodan Milošević cedería tras unos cuantos bombardeos a gran altitud contra cuarteles aislados, mientras que Milošević pensaba que la política de la OTAN limitaría la ofensiva a esos mismos bombardeos a gran altitud contra cuarteles aislados. El resultado de estas suposiciones –aunque la palabra delirios podría ser más ajustada para este contexto– terminaron siendo trágicos. Durante la guerra de Vietnam, los líderes estadounidenses supusieron que si dejaban de bombardear durante las fiestas de Navidad, Ho Chi Minh también lo haría. Esta suposición errónea costó unas tres mil vidas en una semana. A principios de siglo, los herreros de pueblo, cuyo principal negocio eran los caballos y las calesas, pensaron que venían tiempos oscuros; sin embargo, otros herreros enseguida reconocieron las oportunidades en la nueva moda de los automóviles, oportunidades en forma de estaciones de servicio y gastos de reparación. Fueron capaces de ver las cosas desde una nueva perspectiva, de reconocer la nueva situación, de hacer borrón y cuenta nueva y, por tanto, de aprovechar la nueva oportunidad. En 1982, los controladores aéreos supusieron que el presidente Reagan no tendría las agallas de impedir que los trabajadores en huelga accedieran a sus puestos de trabajo. Se equivocaron. Los árbitros de béisbol, como hemos visto en el capítulo 4, supusieron que la incompetente burocracia de las grandes ligas no tendría las agallas de aceptar sus dimisiones. Se equivocaron. En el capítulo 3, he hecho referencia a la brillante decisión de Bill Gates de reconocer que tanto él como Microsoft se habían equivocado al ignorar el potencial de Internet. Pero, ¿qué es lo que ocurrió realmente? Pues simple y llanamente que Bill Gates fue incapaz de hacer borrón y cuenta nueva. Al venir del mundo del *software,* él y sus secuaces no supieron ver que la red podía llegar a superar al sistema operativo del PC, o incluso dejarlo obsoleto. Te salvaste por los pelos, Bill.

Una de mis historias favoritas de las personas que han participado en mis talleres es la de Samuel Langley, un tipo que lo sabía todo sobre la máquina de vapor a principios del siglo XX. Estaba convencido de que en el futuro próximo el vapor sería la fuente de energía definitiva. Simplemente lo *sabía.* Por tanto, trató de propulsar un avión con una máquina de vapor. A toro pasado, Langley estaba completamente equivocado, pero eso no le impidió convertirse en un inventor clave para el mundo de la aviación. ¿Cómo lo consiguió? Pues haciendo muchas de las cosas que hemos visto en los capítulos anteriores: fue capaz de aceptar un «no» del mundo como consecuencia de sus experimentos fallidos; fue capaz de aceptar el fracaso; fue capaz de establecer objetivos prácticos que podía controlar, no fines que quedaban más allá de su control, como, por ejemplo, propulsar un avión con una máquina de vapor. Y, sobre todo, fue capaz de hacer borrón y cuenta nueva y volver a empezar. Cuando se demostró que la solución al vuelo propulsado era el motor de explosión, y no la máquina de vapor, Langley adoptó los nuevos conocimientos. Si hubiera seguido por el camino sin salida que era su máquina de vapor, nunca habría contribuido al mundo de la aviación y la base aérea de Langley, en Virginia, llevaría ahora el nombre de otra persona.

Y ahora una última historia que también es bien recibida en mis talleres, aunque sin demasiada satisfacción. En los años sesenta, los expertos en cohetes y misiles estaban absolutamente convencidos de que en el futuro los combates aéreos sólo se librarían desde grandes distancias. Los enfrentamientos aéreos cercanos entre aviones de combate estaban condenados a desaparecer. Los aviones volarían a velocidades supersónicas, los radares detectarían al enemigo, se lanzarían misiles desde muchos kilómetros de distancia y las batallas las ganarían y perderían pilotos que en ningún momento verían al enemigo. Los ingenieros y expertos estaban tan seguros de esto que construyeron el primer avión de combate de la historia que no llevaba equipada una ametralladora ni un cañón de disparo rápido: el F-4 Phantom. Adivina qué pasó. Pues que en Vietnam del Norte, los MiG soviéticos, mucho más ligeros, se acercaban allí donde los misiles estadounidenses no eran eficaces y a veces conseguían derribar a algún F-4, más grande, menos maniobrable y sin *capacidad de fuego*. La terriblemente equivocada suposición no tardó en hacerse evidente, y su posible solución era más que evidente. Sin embargo, hicieron falta *nueve meses* para instalar armas defensivas en los F-4. Los supuestos expertos no sabían que no sabían algo. Eran incapaces de hacer borrón y cuenta nueva. Un trágico error que terminaron pagando algunos de los mejores jóvenes estadounidenses.

Volvamos a lo nuestro. ¿Cuántas veces has cometido un error como el de la máquina de vapor y no lo has corregido? ¿Cuántas veces has ido a una reunión por una razón y después te has dado cuenta de que estabas allí por una razón completamente distinta? ¿Cuántas veces te has fijado en la forma de vestir de alguien y has hecho una suposición, buena o mala, que luego has descubierto que era completamente errónea? ¿Cuándo fue la última vez que hiciste una suposición basándote en el coche de alguien? Efectivamente, estamos hablando del efecto Colombo; nunca cometas el error que suelen cometer sus sospechosos: subestimarle. Cualquier persona con experiencia en el mundo de los negocios recuerda alguna ocasión en la que ni siquiera se molestó en llamar a un cliente o proveedor potencial porque daba por hecho que era imposible llegar a un acuerdo, para después descubrir que podría haber funcionado. Nos ha pasado a todos, excepto quizá a Stanley Marcus, quien enseñaba a sus comerciales a tratar a todos sus clientes como si fueran millonarios, porque de hecho podía ser así, sobre todo en Texas, una región rica en petróleo.

Realmente, puede que las suposiciones sean incluso más peligrosas que las expectativas, pues son más sutiles e insidiosas. Si digo la palabra «jubilación», ¿qué quiero decir realmente? Si digo: «Te pagaré dos dólares», ¿cuál sería tu reacción? Si digo: «Estoy demasiado ocupado para hacerlo», ¿qué harías? Todos los días se hacen afirmaciones de este tipo, y todos los días hacemos suposiciones cuando las oímos. ¿«Jubilación»? Puede tener un millón de significados. No puedes saber a qué me refiero hasta que no hagas preguntas (preguntas con partícula interrogativa como, por ejemplo, «¿Por qué quieres jubilarte?»). Si aceptas los 2 dólares que te doy sin hacer preguntas, estás suponiendo que no estoy dispuesto a pagar más, y yo no he dicho eso. Si me has creído cuando he dicho que estaba demasiado ocupado, has asumido que estaba diciendo la verdad y que sabías lo que yo quería decir con esa palabra. Pero, ¿qué significa realmente la palabra «ocupado» para mí? ¿Nuestras definiciones podrían diferir? Por supuesto que sí. Tienes que descubrirlo.

Hagamos otro juego que suelo hacer en mis talleres. Cierra los ojos e imagina una persona. De acuerdo, ¿de qué color tiene la piel? ¿Tiene el pelo claro u oscuro? ¿Brillante o mate? ¿Cuánto mide? ¿Es un tipo muy corpulento? ¡Uy! ¿Te has dado cuenta de mi primera suposición? Seguro que sí, si estabas imaginando una *mujer* en lugar de un hombre. Como yo estaba imaginándome a un hombre cuando he planteado la situación, he supuesto que tú también lo harías. En ese momento he puesto en riesgo mi página en blanco. En una negociación real ese error podría colocarme en una posición perdedora. Si te dedicaras a los recursos humanos y estuvieras buscando a una mujer y yo me imaginara a un hombre, no habríamos empezado con buen pie. Necesito ver *tu* imagen mental de la mujer, no la mía del hombre. Tengo que olvidarme de mi imagen. No tiene ninguna importancia. Pero cometemos este error con demasiada frecuencia. Cualquiera podría sentarse por la noche durante diez minutos y hacer una larga lista con todas las suposiciones a las que ha llegado aquel día. Las suposiciones son como las expectativas: no podemos deshacernos de ellas, pero, si queremos ser buenos negociadores, aprenderemos a evitarlas.

También podemos *plantar* suposiciones; y si la otra parte te deja, ¿por qué no hacerlo? Pongamos que te preguntan cuánto cuesta tu dispositivo. «Es caro», respondes. Bueno, ésa es una palabra que significa cosas muy distintas para un millonario o para una persona que gana 30 000 al año y, lo que es aún más importante, cada uno de ellos *asume* inmediatamente que quieres decir lo mismo que él está pensando, por lo que es posible que esté dispuesto a pagar un precio mucho más alto que el tuyo. De hecho, la gente –los negociadores– suelen hacer ofertas más altas de las que esperamos debido a estas falsas suposiciones por su parte.

«¿Cuándo pueden hacerlo?».
«Pronto».

Asimismo, «pronto» puede significar casi cualquier cosa. Cuando te digan «pronto», tienes que aclarar qué están diciendo realmente. Haz una pregunta. Cuando eres tú quien dice «pronto», puedes aprovecharte del hecho de que tus adversarios no se molesten en aclarar qué quieres decir realmente. Nuestras suposiciones siempre juegan en nuestra contra. Las suposiciones de la otra parte pueden usarse a nuestro favor.

Investiga

Aunque Investigar puede ayudarnos a deshacernos de muchas suposiciones y a hacer borrón y cuenta nueva, no tenemos la costumbre de hacerlo. En lugar de ello, nos dejamos llevar por las suposiciones. La falta de información hace que sea muy fácil suponer y prácticamente imposible hacer borrón y cuenta nueva. Al desconocer la mayor parte de la información sobre algo, sentimos el impulso de rellenar los espacios en blanco con lo primero que se nos ocurre. Improvisamos, por así decirlo.

Pero los japoneses no. Antes de empezar una negociación, investigan a fondo y envían equipos a estudiar y recopilar datos sobre las empresas y los mercados implicados. Por el contrario, nosotros, los estadounidenses, a menudo nos saltamos este paso vital. Nunca dejará de sorprenderme la cantidad de negociaciones que se llevan a cabo todos los días sin la más mínima investigación: hacer una búsqueda en Internet, consultar periódicos y revistas de negocios, comprobar los estados financieros e informes anuales para estudiar al adversario y conocer su situación financiera, sus puntos fuertes y débiles en el mercado, sus principales fuentes de beneficios (o pérdidas). El otro día, un cliente de Silicon Valley me comentó que no deja de sorprenderle cómo su equipo de negociación está mucho mejor preparado que los de empresas que forman parte de la lista Fortune 100 (sí, sí, Fortune 100, no 500), es decir, las más grandes y, teóricamente, las mejores empresas del país.

Por otro lado, los equipos de gestión de los sistemas de suministro de las multinacionales más agresivas del mercado *sí* hacen los deberes. Es más que probable que conozcan a todos los competidores del producto o servicio que ofrecen, su situación financiera, sus puntos fuertes y débiles, su estrategia de negociación, su éxito negociador, la jerarquía en la toma de decisiones y los datos personales de los principales responsables de tomar las decisiones: nivel educativo, universidad, premios, familia, mascotas, hándicap de golf, etc.

De lo cual se deduce que tú también debes tener la misma información sobre tu adversario y sus competidores. No hay excusa, debes descubrir todo lo que puedas relacionado con tu sector de negocio y con la negociación que tienes entre manos. Ahora bien, si te presentas a una negociación con la mentalidad del todos ganan, ¿crees que sentirás el mismo impulso a hacerlo? Lo dudo mucho.

Hoy en día tenemos menos excusas aún para no investigar. Hace veinte años, la biblioteca estaba a unas cuantas manzanas de distancia. ¡Qué rollo! En la actualidad, la Web está justo delante de nosotros, en nuestros escritorios. Utilízala. Dicho esto, lo cierto es que el periódico, una tecnología de baja intensidad, sigue siendo un recurso muy valioso. ¿Sabías que durante la guerra de Vietnam los norvietnamitas utilizaron una red de estadounidenses para recopilar noticias «inofensivas» sobre jóvenes en la prensa local? Archivaron toda esa información por si algún día apresaban a alguno de aquellos hombres. Y cuando los capturaban, usaban la información sobre su familia y su hogar para doblegar su voluntad. Un ejemplo horrible del poder de la investigación aplicada.

Un ejemplo mucho más agradable es el de Woody Hayes, entrenador en la universidad de Ohio State, a quien tuve el privilegio de conocer en los años sesenta y setenta. Hayes fue uno de los mejores entrenadores de fútbol que han existido, pero eso no viene al caso ahora. También fue una de las mejores personas de su tiempo. Tuvo un enorme impacto en mi vida, como en la de miles de otras personas. También tuvo un enorme impacto en mis ideas sobre la negociación. El entrenador Hayes era un lector infatigable de periódicos. Sin duda, hoy en día sería un maestro del universo Web. Utilizaba sus investigaciones para impresionar, persuadir, educar y demostrar que para ser un gran entrenador hacía falta algo más que ganar partidos. En la conmemoración del centenario de la muerte de Ralph Waldo Emerson, la Universidad de Harvard eligió a Hayes –sí, Woody Hayes, un entrenador de fútbol americano universitario– como el orador principal, oportunidad que aprovechó, gracias a sus vastos conocimientos, para aplicar las lecciones de Emerson a nuestros problemas actuales. Recibió una gran ovación.

Volvamos a la negociación de antes en la que el adversario quería que se aplicara a su pedido de 3000 mil unidades el mismo descuento que normalmente sólo es aplicable a pedidos mucho mayores. Mencionar la cifra de 33 000 al principio de la negociación sólo pretendía aumentar las expectativas positivas de mi cliente, un truco de eficacia probada que podría haber funcionado con muchos negociadores. Sin embargo, mi equipo había hecho los deberes y sabía que la multinacional sólo tenía una capacidad de venta a nivel mundial para aquellos dispositivos de *22 000* unidades. ¡Qué descaro! Esos negociadores en ningún momento habían pretendido distribuir 33 000 unidades. Lo único que les interesaba era aumentar las expectativas y conseguir así un precio con el que poder presionar. Gracias a la investigación, gracias al borrón y cuenta nueva, esta táctica no funcionó con mis clientes. Sabían que el pedido de 33 000 mil unidades era un farol, así que no se entusiasmaron. En lugar de eso, les dijeron: «No, lo siento, no podemos vender esos tres mil dispositivos a un precio tan rebajado».

Más sencillo imposible

Investigar es indispensable, pero la herramienta más infalible y fácil de usar a nuestra disposición para hacer borrón y cuenta nueva es la más sencilla imaginable: tomar buenas notas. Si lo analizamos fríamente, la propia naturaleza del proceso de tomar notas nos saca de nuestro mundo y nos ayuda a entrar en el de nuestro adversario. El simple hecho de coger el bolígrafo o el lápiz nos impulsa en esa dirección. Tomar notas refuerza nuestra capacidad de escuchar. Al tomar notas, nuestra atención se centra automáticamente en lo que se está diciendo. En seminarios, reuniones y negociaciones, enseguida sé qué personas son las que tienen más éxito. Son muy eficaces silenciando sus propios pensamientos y absorben todo lo que pueden del mundo de su adversario. Se trata de las personas que escuchan atentamente y toman notas, lo que les permite hacer borrón y cuenta nueva y reunir las piezas del rompecabezas. (Es importante señalar que aún no están resolviendo el rompecabezas. Eso viene después, con el análisis y la reflexión profunda). Saben que lo que *se dice realmente* y lo que *oímos* durante una negociación es mucho más importante que lo que creemos pensar mientras los demás hablan. Para poder hacer borrón y cuenta nueva de una forma eficaz, debemos silenciar la vocecita en nuestra cabeza.

Para tomar notas, hay que escuchar. Todos pensamos que somos buenos oyentes, pero ¿cuándo fue la última vez que te concentraste en tu capacidad para escuchar sólo para ponerla a prueba? Debes escuchar cada palabra con la misma atención que un abogado escucha cada palabra del testigo, sin dejar que la mente divague, sin pensar en lo que quieres decir a continuación, sin interrumpir, sin responder a tus propias preguntas. No soy muy freudiano, pero Freud enseñaba a sus alumnos que debían adoptar este mismo enfoque con sus pacientes: primero *escucha* con la mente lo más abierta posible. No juzgues. Eso viene después.

Al tomar notas, nos cuesta menos mantener nuestras emociones bajo control. Nuestros nervios se relajan, nuestro estómago se calma y nos disponemos a empezar cómodamente con la sesión de negociación. No mostramos emoción ni decepción. Al tomar notas, también conseguimos que nuestro adversario se sienta más a gusto, ya que se siente más importante al ver que estamos tomando notas de lo que está diciendo. Desde un punto de vista más práctico, las notas también sirven para documentar lo que se ha dicho, pero también lo que se ha hecho o gesticulado, porque los grandes anotadores no se olvidan de registrar el comportamiento no verbal y los estados de ánimo.

¿Cuántas veces has sido incapaz de recordar algo? Puede que hayas captado lo esencial, pero no recuerdas los detalles. Tienes algunas lagunas en la conversación, quizá incluso una sensación de vaguedad general. Peor aún, ¿cuándo fue la última vez que te has preguntado con quién acabas de hablar porque no has anotado su nombre? ¿Era Sue o Sally? ¿Jim o John?

Aunque la mayoría de la gente puede garabatear algunas notas aquí y allá durante una conversación, tomar buenas notas requiere mucha práctica. La próxima vez que asistas a una reunión, saca el bloc de notas en lugar de la tarjeta de visita. La próxima vez que suene el teléfono, coge el bolígrafo, escucha atentamente y toma notas, aunque te haya llamado tu madre. (Ése podría ser el reto definitivo: ¡intentar hacer borrón y cuenta nueva con un miembro cercano de tu familia!).

Si tomamos notas, significa que estamos escuchando, lo cual es bueno, pero también significa que no estamos hablando, y eso también es bueno. ¡Nada de hablar! Se trata de una de mis reglas de oro, y una exageración, como ya he admitido antes. No quiero decir que no se pueda pronunciar ni una palabra, sino que, en una negociación, si deseamos controlar la necesidad y hacer borrón y cuenta nueva, deberíamos hablar mucho menos de lo que lo hacemos. Cuando somos parcos en palabras, podemos hacer preguntas mucho más concretas que nos mantienen en el buen camino y nos ofrecen imágenes más claras. Si no puedes evitar hablar, no serás capaz de hacer borrón y cuenta nueva.

Estar callado es difícil. La educación que hemos recibido nos impulsa a conocer todas las respuestas y a soltarlas a la primera oportunidad. Hemos sido recompensados una y otra vez por saber la respuesta correcta.

Toda nuestra vida gira en torno a la inteligencia. Nos esforzamos enormemente para que la gente se entere de lo que sabemos. Pero el peligro es también evidente. Todos hemos asistido a actos sociales en los que alguien parece saberlo todo y llega a la ridícula conclusión de que la gente disfruta escuchándole exponer sus vastos conocimientos. Pero ¿qué ocurre cuando te encuentras atrapado en esa situación con ese tipo?

Para empezar, es posible que te sientas incómodo, te pongas un poco a la defensiva, estés algo resentido y termines rechazándolo por completo. ¿Hasta qué punto te lo tomas en serio? ¿Cuánto recuerdas de lo que ha dicho? Eso sí que es una mala suposición: la suposición de que iba a impresionarte con su palabrería termina por dejarle literalmente fuera del partido. (Otra suposición, esta vez de mi cosecha: ese fanfarrón/parlanchín/sabelotodo será un hombre. Tiene gracia).

Irse de la lengua

Así que nada de hablar, o hablar *menos*. Como negociador, si no puedes mantener la boca cerrada, acabarás diciendo algo de lo que te arrepentirás durante toda la negociación. La comunicación por correo electrónico suele ser preferible a una llamada telefónica, sobre todo para un negociador principiante, porque reduce las emociones. También reduce la posibilidad de irse de la lengua en el vestíbulo. Ésa es la expresión que utilizo para referirme a la errónea revelación de información: «irse de la lengua». La próxima vez, asegúrate de que lo hace tu adversario, no tú. Si participas en muchas negociaciones, *terminarás* siendo el afortunado receptor de ese tipo de información porque mucha gente lo hace *conscientemente* para sentirse importante. Es lamentable pero cierto. La gente también se va de la lengua creyendo, erróneamente, que eso les ayudará a mejorar su posición u obtener algún tipo de beneficio, como en *El Padrino, Parte II*, cuando el pobre y débil Fredo le cuenta a Hymen Roth (a través de Johnny Olla) detalles sobre la posición de Michael Corleone en la negociación, y todo porque Olla le aseguró a Fredo que habría algo para él si las negociaciones llegaban a buen puerto. Lo cierto es que la gente se va de la lengua continuamente, y tu trabajo consiste en aprovechar esa información para tu propio beneficio.

Ahora bien, hay una situación muy específica en la que tengo ciertos reparos a la hora de usar este tipo de información: cuando se presenta un paquete financiero completo para un futuro alto cargo de la empresa antes de obtener el compromiso del candidato aceptando o rechazando el paquete. A menudo, los directivos en busca de un nuevo compañero creen que tienen que ofrecer el paquete antes de exigir su compromiso. Creen que el paquete encaminará la negociación. Pero lo que ocurre es que el candidato lleva el paquete financiero a su actual empleador y lo utiliza como arma de presión. Es algo que ocurre muy a menudo. Por eso yo recomiendo un enfoque distinto y siempre insto a mis clientes a que le digan esto al candidato: «Vamos a ofrecerte un paquete financiero que estará a la altura de lo mejor que se ofrece en el sector, pero no vamos a revelarlo hasta que no te comprometas a aceptarlo o rechazarlo. No queremos que sirva de arma de presión para empezar una guerra de ofertas con tu empresa actual». Aunque se trata de un enfoque justo, las empresas tienen miedo de perder al candidato, así que le revelan en qué consiste el paquete y después lo pierden *porque* se fueron de la lengua y el candidato usa el paquete como arma de presión para reincorporarse a su empresa actual.

A menudo, las personas reconocen sin tapujos que están a punto de revelar información vital.

«No debería decir esto, ya que trabajo para Intrepid, pero entiendo la reacción de su empresa. Es verdad que desde nuestro lado se han hecho algunas declaraciones un tanto dramáticas, pero todo eso forma parte de la negociación. Nosotros pagamos penalizaciones cuando nos retrasamos y esperamos que nuestros proveedores hagan lo mismo cuando son ellos los que se retrasan. En realidad, no tenemos intención de demandarlos si se retrasan, pero tenemos que empezar el acuerdo por algún lado».

«A Richard no le haría ninguna gracia saber que estoy hablando con usted, pero nos gustaría contar con su inversión (no tiene por qué ser del diez por ciento; nos sacamos esa cifra de la manga). ¿Cuál es la primera regla en una negociación? Siempre pide más de lo que estás dispuesto a aceptar. Es lo que hicimos. Pero no tiene por qué ser el diez por ciento. No sé qué podría ser. Quizá software, repuestos, servicios, un crédito para otros productos, no lo sé. Sólo queremos asegurarnos de que está comprometido con el acuerdo».

«Tom probablemente me mataría por decir esto…, pero la verdad es que le encanta su producto. La tecnología resolverá todas nuestras necesidades actuales. Y punto. Es un hecho».

En la negociación de la compañía de danza que he ido describiendo desde el capítulo 3, en uno de sus monólogos de treinta minutos, la directora del programa le reveló a la agente de contrataciones que uno de los colegas de ésta le había informado de que su organización no era la única que aún no había firmado un contrato. Menuda situación: la directora reveló que alguien se había ido de la lengua con ella. (Y, para colmo, la información original era errónea).

Debo admitir que me sorprendería mucho —me quedaría pasmado— que alguno de mis clientes cometiera el mismo error. Es tan absurdo.

Pero Dios sabe que las oportunidades abundan. Ya he mencionado anteriormente las estrechas relaciones que muchos negociadores empresariales intentan establecer con sus adversarios con el fin de crear una sutil necesidad en ellos. Otro objetivo de estas relaciones tan «estrechas» es la oportunidad que brindan de recopilar información.

«Una cosa, Joe, ¿esa estructura de precios que acabáis de proponer va en serio?».

O tal vez sea mediante un comentario algo tendencioso: «Vaya, Joe, qué postura más rara adoptasteis la semana pasada», con la esperanza de que el otro, por amistad, se vaya de la lengua y responda: «Bueno, ya sabes cómo son los negocios, Pete».

Ya hemos visto cómo los negociadores filtran insinuaciones sobre grandes compras, alianzas globales y cosas por el estilo para crear necesidad y falsas expectativas en los ingenuos negociadores del todos ganan, pero el otro propósito de estas promesas es conseguir que te vayas de la lengua y reveles los detalles acerca de la estructura interna de costes y beneficios. Se trata de una estrategia clásica para la optimización de costes: «Eh, somos socios. Déjanos ayudarte a reducir los costes».

Es muy difícil renunciar a las expectativas, no dar nada por sentado, escuchar en lugar de hablar, tomar un montón de notas, asegurarse de que no te vas de la lengua. Sin embargo, con formación y práctica, hacer borrón y cuenta nueva puede convertirse en un objetivo conductual y en una disciplina al alcance de todo el mundo. Eso sí, no hay excusa para que el negociador precavido se vaya de la lengua. Con dedicación y práctica, conseguirás borrar y ajustar fácilmente tu página en blanco e interiorizarás la capacidad para revisar constantemente el estado en que se encuentra la negociación. Cuando cambie tu visión, tú cambiarás con ella. Aunque se te dé bien hacer borrón y cuenta nueva, no caigas ni en las expectativas ni en las suposiciones, escucha con atención, toma buenas notas, no hables demasiado y no sueltes prenda; aunque seas un experto, el mundo exterior *siempre* puede interferir en tu capacidad de hacer borrón y cuenta nueva. Si estás demasiado cansado, te resultará difícil concentrarte. Si tienes resaca, te resultará muy difícil hacer borrón y cuenta nueva. Si tienes alguna crisis doméstica, te resultará prácticamente imposible. Si crees que no puedes hacerlo por cualquier motivo, sólo tienes una opción: cancelar la reunión. Así de importante es hacer borrón y cuenta nueva.

Un juego mental

De pequeño, ¿alguna vez viste un poni o la cara de un payaso en las nubes? Cuando leíste *Robin Hood,* ¿viste literalmente caer al río al fraile Tuck? ¿Te viste a ti mismo disparando la flecha que ganaba el concurso de tiro con arco? Esta capacidad de imaginar que teníamos de niños es la que debemos cultivar ahora como negociadores. Cuando hacemos borrón y cuenta nueva somos capaces de ver de verdad, como si fuera la primera vez. Gracias a mi trabajo con cientos de alumnos y en cientos de negociaciones reales a lo largo de los últimos años, he aprendido que la capacidad de visualización varía de una persona a otra. Y también sé que está directamente relacionada con el nivel de éxito que podemos alcanzar. Cuanto mayor sea nuestra capacidad de visualización, mayor será nuestro potencial de éxito. Si no puedes verlo, nunca podrás hacerlo.

Todo el mundo puede mejorar su capacidad de visualización. Hay muchos ejercicios sencillos que pueden ayudarnos a conseguirlo. Piensa en la palabra «cielo». Repítela en voz baja, cierra los ojos, visualiza el cielo que prefieras. Todos tenemos un cielo favorito. Elige otra palabra que designe un fenómeno natural. Observa ese fenómeno. Obsérvalo desde todos los ángulos con el ojo de la mente. Cuando tengas tiempo —pero no lo dejes para muy tarde—, ve al cine sin levantarte de tu butaca favorita: busca un lugar tranquilo y relájate, cierra los ojos y proyecta en tu mente una película de algún momento agradable de tu vida (un acontecimiento deportivo, una cita, un momento divertido en la escuela o el trabajo). Antes de empezar una negociación, imagina mentalmente cómo se desarrolla. Imagínate a ti mismo haciendo preguntas, tomando notas y negociando con el mejor de los comportamientos. Imagínate relajado, sin expectativas, sin necesidad y sin miedo: una página en blanco perfecta. Funciona, incluso para los duros negociadores corporativos.

9

Conoce su «dolor», pinta su «dolor»

Trabaja con el problema real de tu adversario

En cualquier negociación, antes de pasar a la acción, tu adversario necesita una visión. Lo he dicho antes y lo repito ahora: sin visión, no hay acción. Sin visión, no hay decisión. Sin visión, no hay acuerdos duraderos. Esto es de primero de Naturaleza Humana, el subtexto, en una medida u otra, de casi todo lo que hemos visto hasta el momento. Pero ¿*de* qué tiene que ser exactamente esa visión?

Del dolor. Eso es lo que hace que el adversario se siente a la mesa de negociaciones. Sé que la palabra es un poco dura, quizá incluso ofensiva para algunas personas, porque piensan que convierte la negociación y el mundo de los negocios en una sangrienta batalla. Y aunque entiendo esa preocupación, muy a menudo las negociaciones se vuelven extremadamente emocionales y requieren decisiones extremadamente duras. Para mí, el dolor es sólo un término *técnico*. No tiene nada que ver con el dolor físico real (aunque ciertamente puede derivar en eso, en forma de dolores de cabeza o malestar estomacal). En mi sistema, el dolor es aquello que el negociador considera su *problema actual o futuro.* La gente toma decisiones para aliviar y eliminar ese problema actual o futuro, ese dolor. Expresado de este modo, ¿de qué otra cosa podría tratar una negociación?

Empezaré a profundizar en este tema con una breve lección histórica. Mi experiencia con clientes me ha enseñado que este tipo de lecciones son una forma estupenda de dejar claros un par de puntos. En primer lugar, muchos momentos críticos de la historia en realidad no son más que negociaciones, por lo que podemos aprender lecciones de ellos y después aplicarlos a nuestras necesidades más mundanas. En segundo lugar, situar un nuevo principio en un contexto de gran importancia histórica ayuda a resaltar la importancia de ese principio. Es algo que llama la atención de la gente.

Una anécdota histórica que suele captar esa atención es el gran éxito de Winston Churchill a la hora de atraer la atención pública mundial durante los primeros días de la Segunda Guerra Mundial. El 13 de mayo de 1940, después de convertirse en primer ministro británico tras la dimisión de Neville Chamberlain, cuyo nombre se ha convertido desde entonces en sinónimo de apaciguamiento, el nuevo líder de la política británica compareció ante la Cámara de los Comunes, donde le pidieron que hiciera una declaración sucinta sobre su política en tiempos de guerra. Su respuesta fue ésta: «Hacer la guerra por mar, tierra y aire con toda nuestra potencia y con toda la fuerza que Dios nos pueda conceder; hacer la guerra contra una tiranía monstruosa, nunca superada en el oscuro y triste catálogo de la criminalidad humana. Ésa es nuestra política».

¿A quién se estaba dirigiendo Churchill? ¿Con quién estaba negociando? No con Hitler. Con Hitler no tenía ni la más mínima intención de negociar. No, el nuevo primer ministro estaba negociando con las instituciones de sus aliados potenciales del occidente democrático. El mundo libre había estado, y seguía estando, en aquel momento, poco preparado para el enorme poderío industrial y militar alemán que estaba paseándose por Europa. Chamberlain estaba convencido de que la maquinaria bélica hitleriana no podía pararse y, por tanto, había dedicado todos los esfuerzos del Imperio británico a evitar una guerra que estaba convencido que no podía ganar. Así que no es de extrañar que Churchill heredara un electorado muy poco esperanzado. Sin embargo, él sí tenía esperanza, y pasión, y genio, y su principal problema era cómo persuadir tanto a su propio pueblo como a sus potenciales aliados del otro lado del Atlántico. Churchill expresó su solución el 14 de junio de 1940, cuando volvió a hablar del tema del momento:

«A pesar de que grandes extensiones de Europa y muchos Estados antiguos y famosos han caído o pueden caer en las garras de la Gestapo y de todos los aparatos odiosos de la dominación nazi, no debemos flaquear ni fracasar. Continuaremos hasta el final, lucharemos en Francia, lucharemos en los mares y océanos, lucharemos con creciente confianza y cada vez más fuerza en el aire, defenderemos nuestra isla, cualquiera que sea el costo, lucharemos en las playas, lucharemos en los aeródromos, lucharemos en los campos y en las calles, lucharemos en las colinas; nunca nos rendiremos, e incluso si, lo cual no creo por un momento, esta isla o una gran parte de ella fuese subyugada y muriera de hambre, nuestro Imperio más allá de los mares, armado y custodiado por la flota británica, continuaría la lucha, hasta que, con la intercesión de Dios, el Nuevo Mundo, con todo su poder y fuerza, saliera al rescate y la liberación del viejo».

No sé tú, pero a mí se me ponen los pelos de punta al pensar en la pasión que ponía en la justa campaña de Churchill contra Hitler. Su discurso es la mejor manera de introducir el tema del dolor en una negociación. Con una pasión desbordante y 179 palabras perfectamente elegidas, Churchill pretendía pintar un cuadro para su vasto público donde quedara reflejado el *dolor* que significa vivir bajo una tiranía abominable, de doblegarse ante ella. También quería pintar un segundo cuadro, el de la lucha contra dicha abominación, una lucha que merecía la vida de todos los hombres y mujeres buenos de la tierra. Su adversario era el electorado de las democracias occidentales, el cual nunca tomaría la decisión de ir a la guerra sin una *visión* clara del intolerable *dolor* que significaría el dominio nazi.

Hace poco, un amigo me habló del discurso que había dado Hugh L. McColl Jr., presidente y consejero delegado del Bank of America, ante el Club Económico de Chicago. McColl lleva cuarenta y un años en el mundo de la banca, desde la creación de un pequeño banco en Carolina del Norte hasta el imperio que es hoy en día Bank of America.

Alguien del público le preguntó cómo había negociado con éxito más de cien fusiones y adquisiciones, a lo que él respondió: «Intento meterme en su cabeza antes incluso de entrar en la sala de reuniones». ¡Exacto! ¿Y qué busca McColl dentro de la cabeza de sus adversarios? El dolor, como me gusta llamarlo a mí.

Por supuesto, cometerás muchos errores como negociador, pero gracias a la visión clara del dolor de tu adversario saldrás adelante pase lo que pase. Como he dicho antes, ceñirte a tu misión y propósito evitará que te desvíes peligrosamente en una dirección *negativa*. Ahora tienes una herramienta que te mantendrá orientado en la dirección *positiva:* la visión del dolor de tu adversario. Con misión y propósito y dolor te mantendrás en buena forma, pero sin ellas será como vagar por el desierto.

Un día, hace ya bastantes años, mi hijo Jim y yo estábamos haciendo un recado para mi mujer, Patty, en Dublín, Ohio, el barrio residencial de Columbus donde vivíamos, cuando pasamos por delante de un concesionario local de coches de lujo justo cuando estaban descargando unos cuantos Porsches recién salidos de la fábrica. Uno de ellos era de color rojo brillante y con la capota negra. Una ligera llovizna había humedecido la capota y dejado algunas gotas sobre la carrocería. En aquel momento ya había salido el Sol y el coche estaba reluciente. «Jimbo —exclamé—, mira eso. Porsche no fabrica descapotables. Sólo coches con techo tipo T y coupés. ¿De dónde ha salido ese descapotable? Apuesto a que es un encargo especial de un cliente. No debe de haber otro igual en Ohio, y mucho menos aquí en Dublín».

Acabé comprando ese coche. ¿Por qué? Por la imagen que tenía de mí mismo como la única persona en Ohio con aquel magnífico Porsche, recorriendo las calles con él un día soleado con la capota bajada y la gente girando la cabeza al verme pasar. Mi dolor era mi ego, mi vanidad. El deseo que tenía de poseer aquel coche me producía dolor. No, no tiene nada malo caer en la tentación de necesitar un coche. Puede que sea un impulso estúpido, pero no le hace daño a nadie. No obstante, en una negociación, el dolor es algo muy serio. Por eso he elegido esa palabra tan dura, para subrayar la importancia del concepto. En toda negociación, el «dolor» es lo que lleva al negociador a la mesa de negociación. De hecho, es el punto débil de su posición negociadora, su zona más vulnerable.

Tu dolor en una negociación puede ser la necesidad que tienes de instalar una determinada máquina en tu fábrica y no uno de los productos de la competencia. Pero es posible que no sepas que necesitas *esa máquina en concreto;* tal vez sólo sabes que necesitas una máquina lo suficientemente buena. Mi tarea principal en esta negociación es crear una visión de tu *verdadero* dolor, es decir, que ésa es la única máquina que puede satisfacer tus necesidades, que esa tecnología es el futuro de la industria y que sin ella se resentirá tu eficacia y tu plan de negocio. Mientras tanto, mi dolor en esta negociación es que mi empresa ha comprometido el 60 % de sus recursos al desarrollo de la máquina en cuestión, y queremos que se convierta en el nuevo estándar de la industria. Nuestros adversarios, si están al tanto de todo, se asegurarán de que sepamos que ellos saben que lo hemos apostado todo por esta máquina. Y lo saben porque habrán investigado, por supuesto.

Otros escenarios: tu dolor puede ser el deseo de contratar a una persona en concreto que crees que está muy por encima de cualquier otro candidato al que hayas entrevistado; o, por otro lado, puede ser tu deseo como candidato de conseguir un trabajo en concreto porque el sueldo es el doble de lo que ganas ahora. O puede ser tu deseo como editor de comprar un manuscrito en concreto a un autor porque es la mejor «novela comercial» que has leído en muchos años, o puede que tu deseo más ardiente sea vender esa novela comercial por mucho dinero, porque te has gastado los pocos ahorros que tenías para poder escribirla durante los últimos dos años. Tu deseo puede ser vender ese Porsche *cuanto antes* o ser el único pez gordo de Ohio en conducir ese modelo. Puede ser la necesidad de una compañía de danza de firmar un bolo porque necesita los ingresos y completar el calendario, o puede ser la necesidad del teatro de completar su propio calendario. Puede ser el deseo incontenible de un futbolista de jugar en un equipo puntero, o el del entrenador del equipo puntero de conseguir a ese chico para su equipo. Y en su negociación con su pueblo, Winston Churchill también tenía su propio dolor: la imagen de lo que significaba el fracaso, no para él personalmente, sino para Europa Occidental y el resto del mundo.

(En el ámbito político y moral, casi se podría definir el liderazgo como el hecho de pintar eficazmente el dolor *compartido* entre el líder y su pueblo. Pensemos en Lincoln: tuvo que compartir con sus electores la imagen que tenía del dolor que se produciría con la desintegración de la Unión. Por supuesto, Winston Churchill y Abraham Lincoln son dos de las personalidades más importantes que han existido. Los dos entendieron en el *hara,* sus entrañas, que todas las acciones y decisiones significativas empiezan con una *visión.* Sin la visión que cada uno de ellos mostró al mundo con sus incomparables palabras, la gente no habría emprendido ningún tipo de acción decisiva. Pese a ser seres mucho más limitados que ellos, podemos aprender muchas cosas de Lincoln y Churchill).

En una negociación realmente eficaz, *ambas partes* hacen todo lo posible por aclarar la visión del dolor del adversario. En cualquier caso, nunca inicies una negociación en la que no hayas visto el dolor de tu adversario. *Nunca.* De hecho, si tu misión y propósito están situados en el mundo de tu adversario, y deben estarlo, tanto las características como los beneficios de lo que ofrezcas durante la negociación necesariamente estarán dirigidos a paliar su dolor. Ahora bien, no olvides hacer borrón y cuenta nueva y asegurarte de que no hay ningún dolor oculto que no hayas detectado y que esté poniendo en peligro el acuerdo.

En muchos casos, el dolor será bastante evidente y los problemas bastante claros. Pero, en otros, será necesario escarbar. Pensemos, por ejemplo, en el proceso que lleva a adquirir un seguro de vida. Se me ocurre una razón bastante sencilla por la que alguien podría querer concertar una cita con el vendedor («Bueno, supongo que mi mujer y mis hijos necesitan un seguro de vida»), pero no debemos olvidar que, detrás de esta emoción general, podrían esconderse otras circunstancias especiales, y podría ser que fuera la circunstancia especial, y no la emoción general, la que al final generara el acuerdo.

Es posible que tengas que indagar en busca del dolor

Muchas veces, cuando se nos presenta un problema irresoluble durante una negociación, o bien no hemos ayudado al adversario a entender su dolor, o bien no tenemos una visión clara de ese dolor, o bien el dolor real sigue oculto.

Imagina las negociaciones entre grandes empresas, donde participan personas muy distintas con objetivos personales a veces contrapuestos y cuyo dolor siempre se procura camuflar. Incluso dentro de una gran empresa, las distintas divisiones suelen ocultar su dolor al resto de las divisiones *de la misma empresa* (un comportamiento burocrático habitual) y mucho más a los negociadores de otras empresas. Obviamente, los negociadores no exponen abiertamente su dolor para que cualquiera pueda verlo. Bueno, a veces lo hacen, pero no es lo más habitual, y desde luego los grandes negociadores profesionales no lo hacen nunca. Para revelar su dolor, las personas, y también los negociadores, tienen que sentirse seguras y, en muchos casos, incluso tener una visión clara de éste. Por supuesto, no expondrán su dolor públicamente si temen que el adversario trata de aprovecharse de ellos. ¿Quién lo haría? Así que tu reto como negociador consiste en descubrir y pintar para tu adversario la imagen más clara posible de su dolor, pero *sin dejar de cuidarlo.*

Según la tradición familiar, mi bisabuelo solía decir lo siguiente de una de las mulas de su granja: «Para llamar su atención tienes que golpearla entre los ojos con una tabla de madera. Cuando tienes su atención, inmediatamente sabe lo que tiene que hacer». Sin embargo, esto no funciona con los humanos. Podemos estar tan faltos de visión como una mula, pero no solemos responder bien a los golpes. Quieres que tus adversarios humanos vean su dolor, pero no quieres golpearlos con una tabla de madera entre los ojos. Para eso sirven los cuidados, para suavizar el golpe.

El siguiente ejemplo muestra cómo la visión clara de un dolor oculto, revelado gracias a los cuidados, impulsa el proceso de toma de decisiones: uno de mis clientes estaba intentando comprar una empresa mucho más pequeña cuyo fundador había fallecido recientemente. Sin embargo, el precio por acción de la empresa en cuestión era tres veces superior a su valor real de mercado. El precio estaba exageradamente inflado. Mi cliente no entendía por qué su adversario asumía semejante riesgo con un precio de salida tan alto. Obviamente, mi cliente no tenía la menor idea de cuál era el *auténtico* dolor de su adversario.

Resultó que la viuda del fundador de la empresa pertenecía al mismo club que uno de los miembros del consejo de administración de mi cliente, y la esposa de este jugaba a menudo a las cartas con la viuda. Un día, mientras estaban en el club, la mujer del directivo le preguntó a la viuda cómo podía gestionar todos los detalles de la empresa de su difunto marido. La mujer del directivo formuló la pregunta con partícula interrogativa (*¿Cómo…?*) y de una forma tan cuidadosa que la viuda se fue de la lengua. Le reveló que la venta de la empresa de su difunto marido para ella representaba poner punto final al legado de su marido, que la gente se olvidara de él. Su marido había sido inventor y ella trataba desesperadamente de encontrar una forma de inmortalizarlo, sobre todo para sus numerosos nietos y bisnietos.

La mujer del miembro de la junta consiguió organizar una reunión entre la viuda y mi cliente. ¿Cuál era la misión y el propósito de esa reunión para mi cliente? Conseguir que la mujer viera y entendiera qué era lo *más* importante tanto para ella como para su familia en aquella adquisición. Mi cliente le explicó que las dos empresas estaban tan alejadas respecto al precio por acción que esa diferencia nunca podría superarse. Le preguntó qué podía hacer él: «*¿Cómo* puedo ayudarla?». Por segunda vez, la viuda se fue de la lengua y le contó a mi cliente que temía que el legado de su marido desapareciera. Mi cliente le preguntó si había pensado alguna vez en erigir un monumento conmemorativo en los terrenos de su empresa para reconocer y honrar los logros de su marido. Ella se quedó atónita. Mi cliente añadió que, si acababa comprando su empresa, estaría encantado de erigir y costear él mismo el monumento conmemorativo. Ella podría elegir el artista y el material y diseñar el monumento como quisiera. La viuda aceptó la oferta casi en el acto y, seis meses después, la adquisición era una realidad. Mi cliente finalmente había descubierto el auténtico dolor que impedía avanzar la negociación. Una vez que tuvo esa información, pudo ayudar a la mujer a visualizarlo en su propia mente y proponerle una forma de aliviarlo.

Pon el *Discovery Channel*. Pinta el dolor. Cuando por fin hablas con la persona adecuada en una negociación, ésta suele irse de la lengua y revelarte su verdadero dolor para que puedas ayudarla a solucionarlo.

La empresa objetivo pedía 100 millones de dólares por la adquisición. Un precio ridículo, como bien sabíamos, pero al cabo de un tiempo el consejo de administración de mi cliente acabó autorizando la compra por 50 millones de dólares. Al final pagaron menos de 25.

Y no te olvides de cuidar

Tengo varios clientes del mundo digital, donde los cambios van tan rápido que una empresa puede quedarse atrás de la noche a la mañana. (Si le puede pasar a Microsoft, le puede pasar a cualquiera). Si estás seguro de que un cliente potencial ha tomado una decisión potencialmente fatal, y sabes que tienes los medios para ayudarle a corregir ese error, ¿cómo te las apañas para pintar un dolor tan terrible? ¿Cómo le dices a una empresa que ha invertido decenas de millones de dólares que tiene que dar un giro de 180 grados, y rápido? Evidentemente, no puedes decirles: «Gente, acabáis de malgastar 30 millones de dólares y varios años de trabajo de 20 personas excelentes. Ésa es la mala noticia. La buena es que nuestra tecnología puede sacaros del apuro». No te llevaría a ninguna parte. No puedes cuestionar todo el tiempo y el dinero que la empresa ha invertido en una decisión equivocada sin un poco de mano izquierda. Sin el cuidado adecuado, la visión que tendrán tus adversarios es que son unos perdedores incompetentes y que pronto rodarán sus cabezas. Sólo con los más atentos cuidados y mostrándoles adecuadamente su dolor, serán capaces de ver y *aceptar* las ventajas de la visión correcta, gracias a lo cual verán y *decidirán* que tomar otra dirección es la única forma de tener éxito a largo plazo. Entonces dices:

«Vale, te pido un poco de paciencia conmigo, pero es que tengo un grave problema. Puede que me haya vuelto loco. Necesito que me digas si lo estoy. Sin tapujos. Y sé que todo lo que voy a decir va a sonar interesado, lo entiendo, pero con tu permiso, me gustaría contarte cómo veo las cosas, a ver si juntos le encontramos algún sentido».

Pero en ningún momento describes tu visión, sino que, a través de una serie de preguntas con partícula interrogativa, vas construyendo su visión. La primera pregunta es: «¿Qué dirección está tomando la industria en el ámbito de los dispositivos inalámbricos?». Has cuidado de él, le has dado permiso para que diga que no y ahora utilizarás la técnica 3+. Así es cómo empiezas a construir la visión del dolor de tu adversario; en este caso, el adversario no lo está ocultando porque ni siquiera sabe que lo tiene. Por cierto, no se trata de un adversario hipotético, sino de una reunión real entre el presidente de uno de mis clientes y el de una gran empresa que se enfrentaba a graves problemas.

Cuando empiezas una nueva negociación o te das cuenta de que estás perdiendo el control de una negociación en curso, ¿qué haces? Pues regresar a tu misión y propósito. ¿Y dónde está ubicada tu misión y propósito? En el mundo de tu adversario. ¿Y qué está incrustado en lo más profundo del mundo de tu adversario? Su dolor. En caso de duda, regresa siempre al dolor. Y siempre muéstrate comprensivo, porque si no, el dolor puede ser intolerable.

«Vaya, qué mala suerte. ¿Cuánto tiempo estará tu coche en el taller?».

«Eso es terrible. ¿Cuánto tiempo pagará tu empresa el apartamento temporal?».

«Esta tecnología es genial. Debes de haber invertido mucho en ella».

«Por supuesto que tenemos muchos competidores, así que no debes preocuparte en ese sentido. Dime, ¿cuándo necesitas volver a poner en marcha tu línea de producción?».

Cuanto más *clara* sea la visión que tiene tu adversario de su dolor, más *fácil* será el proceso de toma de decisiones. Aunque éste puede parecer uno de los aspectos más contraintuitivos de mi sistema de negociación, míralo desde esta perspectiva: si el médico no consigue transmitirte una imagen clara de tu caso –tu dolor–, ¿crees que podrá «venderte» un medicamento, un procedimiento ambulatorio o mucho menos una operación de tres horas? Lo dudo bastante.

Siempre pienso en este proceso psicológico cada vez que veo un anuncio de una campaña antitabaco. ¿Cuánto tiempo llevamos financiando estos programas? ¿Hasta qué punto han sido eficaces, especialmente los dirigidos a los niños? Incluso suponiendo que hayan tenido un efecto menor, y creo que eso sería difícil de demostrar, es evidente que no son realmente eficaces. ¿Y por qué no lo son? Porque no han sido capaces de pintar satisfactoriamente una visión del dolor provocado por el tabaco –la tos seca, el mal olor, el precio, la desaprobación social (en algunos círculos) y el riesgo de cáncer– lo suficientemente clara como para anular el placer y, por supuesto, la *adicción*.

Pintar el dolor no es *crear* dolor

Espero que nadie piense que estoy promoviendo la necesidad de *crear* dolor en nuestro adversario. Muchas veces oigo este comentario: «Vaya, les he hecho sufrir». Eso es ridículo; sólo podemos ayudar a crear la visión, pero no creamos el sufrimiento ni el dolor en sí. El dolor simplemente está ahí. El médico no crea tu dolor; te ayuda a ver tu caso con claridad.

El dependiente de una tienda no parte de cero. Mi hijo Jim y yo no entramos en el aparcamiento del concesionario de Porsche por casualidad. Yo quería ese descapotable con todas mis fuerzas. Ningún vendedor del mundo sería capaz de convencerme de que tengo una necesidad imperiosa que en realidad no tengo. Del mismo modo, nadie entra en una tienda de electrónica con la intención de comprar un frigorífico nuevo. El vendedor siempre tiene algo con lo que trabajar. Hasta Churchill tenía algo con lo que negociar con sus electores. Europa Occidental y Estados Unidos necesitaban prepararse para la guerra contra Hitler. Los británicos ciertamente conocían los peligros que representaba Hitler. Sólo necesitaban una visión *y la solución* expuesta con pasión. (Los estadounidenses fueron un poco más lentos, pero es comprensible. Estábamos lejos y comprensiblemente hartos de las guerras europeas, pero también nosotros pudimos finalmente ser incitados a la acción gracias a los esfuerzos combinados de Churchill y Roosevelt, quienes lograron pintar con pasión tanto la visión como la solución).

Así que, por favor, descarta cualquier idea que puedas tener sobre *crear* dolor en tu adversario. Eso es de aficionados. Lo que le ayudas a crear es una visión de su dolor real. La diferencia es colosal, y no deberías seguir leyendo hasta estar convencido de que tengo razón en esto. Como negociador, quieres que tu adversario vea y comprenda su dolor con calma y racionalmente, del mismo modo que tú viste y comprendiste hace tiempo tu propio dolor, con calma y racionalmente. (Por ejemplo, ¿me equivoco al suponer que estás leyendo este libro porque tienes un leve dolor en el ámbito de la negociación?). Si estás atrapado en un problema irresoluble en una negociación, no es porque no hayas sido capaz de *crear* algo de dolor. Como he dicho anteriormente, o no tienes una visión clara del dolor de tu adversario, o no has sido capaz de transmitirle esa visión con claridad, ¡o tu adversario ni siquiera es consciente de su propio dolor!

«Venga ya», puede que exclames. Pero es verdad. A veces el adversario no se da cuenta. «¿Y eso no es bueno? —suelen preguntarme mis nuevos clientes—. Si descubro cuál es su dolor y ellos no lo saben, ¿no me da eso ventaja? ¿No me permite acercarme sigilosamente?». No, eso es una tontería. El mundo real no funciona así. Si la empresa sentada al otro lado de la mesa no entiende que necesita tu máquina y no otra, ¿qué incentivo tiene en la negociación? Si el agente inmobiliario no entiende que la casa alimentada por energía lunar en medio del lago es tan estrafalaria que muy poca gente se interesará por ella, ¿cuál es el incentivo para bajar su ridículamente alto precio de venta? ¿Crees que alguien llegará a un acuerdo sin una visión clara del *motivo* por el que necesita ese acuerdo? Por favor. El desconocimiento de su dolor pone a todo el mundo en terreno pantanoso. Si tu adversario no conoce su propio dolor, nunca llegaréis a un acuerdo.

Dos competidores estaban tratando de vender una máquina de características aparentemente similares a una tercera empresa. Una costaba 2,9 millones de dólares y la otra 2,1 millones. Sólo había una diferencia entre las dos máquinas, una diferencia que nadie conocía al inicio de las negociaciones: la máquina más cara podía configurarse para ofrecer un servicio mucho más prolongado que la barata. Esta vida útil más larga tenía un valor muy superior a la diferencia de 800 000 dólares de coste entre ambas máquinas, pero, aunque pueda parecer increíble, el comprador no se había dado cuenta de aquel importante detalle. Cuando conseguimos que viera con claridad su futuro dolor si se decidía por la máquina más barata, que entendiera que aquello se había convertido en una situación de «págame ahora o págame después», compró encantado la máquina más cara.

La segunda entrega de la saga Network, Inc., aunque más intrincada, pone de manifiesto el poder de mostrarle a nuestro adversario su dolor *real*. Como seguro que recuerdas de la primera entrega, que vimos en el capítulo 2, la empresa se había metido en un serio aprieto por culpa de una nefasta negociación que había dado lugar a contratos en virtud de los cuales perdía 100 000 dólares por cada máquina que vendía a su principal cliente. Aun así, habían seguido enviando máquinas por miedo a perder un importante cliente y verse abocados a la quiebra. Por supuesto, perder dinero con cada máquina también los acabaría llevando a la quiebra, aunque más lentamente. Esta situación se produjo hace unos años, durante una recesión del sector. El consejo de administración de Network, que se encontraba entre la espada y la pared, estaba dispuesto a bajar la persiana si se vendía una sola máquina más a un precio que le suponía grandes pérdidas. El presidente recibió el encargo de renegociar o cancelar el acuerdo con un gran conglomerado europeo.

Los negociadores de la otra parte eran unos auténticos tigres. Su estrategia en cada negociación consistía en jugar al juego del todos ganan, aplastar a sus adversarios del todos ganan y hacer bajar todos los precios de sus numerosos proveedores. Y lo consiguieron. Sin duda lo habían conseguido con Network. Varios miembros del equipo de Network, completamente intimidados por estos negociadores, estaban convencidos de que se enfadarían y se marcharían si Network intentaba pasar de una situación de pérdidas a una más rentable mediante una renegociación. De hecho, estas personas perdieron su trabajo porque se negaron a aceptar el nuevo sistema de negociación que yo les estaba enseñando. No obstante, el presidente de Network estaba dispuesto a todo.

Como no disponíamos de mucho tiempo, trabajé intensamente con el presidente, y él se encargó de controlar a su equipo. Les habían hecho una rápida introducción de mis métodos, pero eso era todo. Pese a que no estaban realmente formados, seguimos adelante porque no teníamos otra opción. Siete días antes de que Network enviara la primera máquina de un gran pedido que había sido firmado ocho meses antes, organizamos una conferencia telefónica en la que participaron trece negociadores de seis países distintos. Mi cliente, el presidente de Network, no se alargó mucho con las formalidades de rigor, porque aquella llamada era muy importante. No debía permitir que nada distrajera la atención de nadie. Su declaración fue breve, concisa y directa:

«Nuestro problema es que queremos ser su proveedor del futuro. Queremos ser el proveedor tecnológico que los lleve al siglo XXI, pero tenemos que advertirles que no podemos enviar las máquinas que nos encargaron porque estamos perdiendo 100 000 dólares con cada una de ellas. Estamos en una situación desesperada. Simplemente no podemos enviarlas».

El presidente concluyó su intervención disculpándose por haber puesto a la otra empresa en una situación como aquélla, algo que, como empresario profesional, nunca haría si no dependiera de ello la supervivencia de su propia empresa. Si Network no sobrevivía, no habría máquinas que vender a ningún precio.

Es importante destacar que el presidente de Network no mostró explícitamente el dolor de su adversario; no había ninguna necesidad. Al describir la situación desesperada y decir: «No, no podemos entregar estas máquinas a este precio», hizo que su adversario descubriera y sintiera su propio dolor, tanto actual como futuro, si su *respuesta* era que «no». A veces la mejor forma de mostrarle al adversario su dolor es pidiéndole que te diga que «no». Cuando el adversario reflexiona sobre las implicaciones de ese «no», su dolor se hace más evidente y pueden ocurrir cosas buenas para ti.

En esta negociación en concreto, aunque el adversario tenía acceso a una maquinaria a un precio muy reducido, ahora había consecuencias. En primer lugar, dejarían de recibir el material, y necesitaban las máquinas porque eran tecnología punta y las mejores del mercado. En segundo lugar, corrían el riesgo de provocar la quiebra de un proveedor con una gran capacidad tecnológica. En tercer lugar, si terminaba pasando eso, perderían la eficaz «estrategia de doble proveedor» en las negociaciones. Dado que sólo había dos proveedores de esa tecnología vital, la pérdida de uno significaría que no tendrían ninguna influencia sobre el otro proveedor. De hecho, quedarían a merced del otro, cuya máquina, además, era técnicamente inferior. ¿De qué les había servido su cacareada estrategia de optimización de costes? Estoy convencido de que, tras la declaración del presidente de Network, los negociadores del adversario comprendieron todo esto rápidamente.

No le puedes *decir* nada a nadie

En lugar de emprender el, a veces, largo y arduo camino consistente en mostrarle al adversario su visión y dolor, muchos negociadores cometen el error de pensar que pueden *convencer* a alguien de que tome la decisión racional de hacer algo, de comprar algo, de ver algo como ellos lo ven. Hacen un despliegue de razones, hechos, cifras y encantos porque están seguros de que todo eso hará que cualquier persona racional vea las cosas como ellos las ven. De hecho, la mayoría de los negociadores consideran que el don de la palabra es una de sus mayores bazas. Pero ¿cuál es el problema de intentar convencer a alguien de que vea las cosas como tú las ves? Ya conoces la respuesta, pero vamos a explicarla de todos modos. Para empezar, le estás pidiendo a tu adversario que entre en *tu* mundo y vea *tu* mundo. ¿Y dónde queremos estar la mayor parte del tiempo durante una negociación? En el mundo del adversario. En segundo lugar, si estamos demasiado ocupados dando razones a nuestro adversario significa que estamos demasiado ocupados hablando; por tanto, estamos en nuestro mundo y limitando nuestra capacidad de hacer borrón y cuenta nueva. Por último, y lo más importante de todo, estamos olvidando que las decisiones no se toman con la cabeza, sino con el corazón y las tripas. Recuerda que, hasta que se toma una decisión, las negociaciones son completamente emocionales.

No puedes decir nada a nadie. Reflexiona sobre esto y asegúrate de que estás de acuerdo conmigo. Lo único que puedes hacer es ayudar a la gente a *ver por sí misma.* Para poner a prueba esta tesis, un ingenioso cliente ideó un ingenioso experimento. Estaba haciendo una presentación a un analista financiero y, de hecho, la hizo dos veces: una de la forma didáctica habitual y otra haciéndole un montón de preguntas. En la primera presentación, el analista no dijo gran cosa y tomó alguna que otra nota; la segunda vez, sin embargo, llenó varias páginas mientras respondía a las preguntas de mi cliente. Desde aquel día, mi cliente entiende perfectamente el poder de las preguntas para ayudar a pintar la visión y el dolor, para que el adversario en una negociación sea capaz de verlo por sí mismo.

Al intentar convencer a alguien de que compre un producto o servicio o de que firme un acuerdo, al intentar *razonar* con alguien, nos estamos predisponiendo al fracaso. En lugar de eso, debemos recurrir a los combustibles del sistema (preguntar, cuidar, conectar, revertir, etc.) para así poder pintar el cuadro de *su* dolor. Durante la teleconferencia que he mencionado antes, el presidente de Network, Inc. preguntó a su adversario: «*¿Cómo* cree que podemos resolver el problema?». Una pregunta con partícula interrogativa, por supuesto. Al final, la otra empresa ofreció pagar a Network 200 000 dólares más por máquina: 100 000 para cubrir gastos y otros 100 000 para obtener beneficios. Además, se ofrecieron a dar (no prestar) a Network varios millones de dólares para garantizar su estabilidad financiera.

¿Crees que es demasiado bonito para ser verdad? Tal vez lo sea, pero es cierto. Al parecer, la presentación del presidente de Network le hizo ver al adversario una imagen clara de su dolor actual y futuro si no conseguía aquellas máquinas. Sin embargo, mi cliente no aceptó la oferta inmediatamente. Tras cuatro reuniones más, consiguieron cerrar nuevos pedidos de maquinaria. En resumen: Network logró darle la vuelta a su situación financiera con un incremento de decenas de millones de dólares, además de conseguir 100 millones de dólares en nuevos pedidos. El cambio del antiguo equipo de ventas al nuevo se prolongó aproximadamente un año y medio. El nuevo equipo, compuesto por siete personas, produjo, y sigue produciendo, un volumen de negocio tres veces superior al que generaba el antiguo equipo de treinta personas.

¿Qué mejor ejemplo podríamos encontrar de la regla que asegura que el valor de cualquier negociación –el precio que se acabará pagando– está directamente relacionado con la claridad de la visión del dolor? ¿Qué mejor ejemplo de la regla que dice que cuanto mayor sea el dolor, mayor será el precio que pague el adversario para deshacerse de él? (Ahora bien, ¿habría funcionado también el paradigma de todos ganan para la asediada Network? No, no habría funcionado. ¿Cómo iba a sacarles de aquel aprieto el mismo estilo poco convincente de negociación que les había metido en él? Imposible).

A veces, una simple pregunta puede crear una visión del dolor y propiciar rápidamente una decisión. Recordemos la negociación entre mi cliente y los médicos del hospital sobre si su hija debía ser trasladada a otro hospital para ser operada. Mi cliente pensaba que el traslado era demasiado arriesgado. Él y su mujer querían que los médicos del otro hospital realizaran la operación en el hospital donde estaba ingresada su hija. Mi cliente sólo hizo una pregunta al jefe de la unidad neonatal: *¿Cuánto* riesgo está dispuesto a correr con la vida de mi hija?

Después de que el padre formulara esta pregunta con partícula interrogativa, el médico consideró detenidamente su respuesta. La pregunta sobre el dolor del bebé estaba pensada para que el médico reflexionara sobre su propio dolor: *¿Cuánto riesgo estoy dispuesto a correr en el traslado de este bebé?* Hay que reconocer que el médico no actuó impulsivamente ni se comportó como un sabelotodo. Y aunque no sabía nada de mi sistema de negociación, comprendió que hasta ese momento no había conseguido mostrarle a mi cliente una imagen convincente de su *propio* dolor. El médico respondió con calma que sí, que trasladar al bebé entrañaba riesgos, que sí, que había un quirófano en aquel hospital y que sí, que podían pedir a los especialistas del otro hospital que vinieran a éste. Pero el *verdadero* riesgo para la hija de mi cliente no era lo que ocurriera durante la operación, sino las complicaciones posoperatorias. Si la trasladaban al otro hospital, dispondría de los mejores cuidados en cuestión de segundos en caso de que se produjera una urgencia tras la operación. Si permanecía en el hospital actual, la mejor atención serían las llamadas telefónicas, los buscas, los buscas y los desplazamientos urgentes en coche.

Ahora el dolor era muy evidente en ambas partes. Mi cliente cambió inmediatamente de opinión y aprobó el traslado al otro hospital. La operación fue un éxito y el bebé es ahora una niña pequeña perfectamente sana.

Pintar el dolor es un arte

«Tu mayor fortaleza es tu mayor debilidad». Cito estas palabras de Emerson por segunda vez porque son absolutamente ciertas. Para un negociador, son oro puro. El negociador ingenioso por naturaleza habla demasiado. El negociador brillante intenta dominar a su adversario con inteligencia. El negociador amable y compasivo intenta «salvar» a su adversario. El negociador agresivo intenta intimidarlo. La lista de escenarios es muy larga, y el negociador serio debe tener especial cuidado a la hora de pintar el dolor porque puede dejarse llevar por su propia fortaleza y habilidad. Es importante evitar el péndulo emocional sobre el que he hablado en la sección dedicada a la técnica de soltar sedal del capítulo 7. Hay que evitar ser demasiado positivo y negativo. La visión tiene que ser clara, pero también la solución que se ofrece. No debes asustar ni enfadar a tu adversario, no puede parecer que estás pasando por encima de él, y debes cuidarlo en todo momento. Pintar el dolor es una de las artes de la negociación. Debes manejar el pincel con el pulso de los viejos maestros.

10

El presupuesto real y cómo aumentarlo

La importancia del tiempo, la energía, el dinero y las emociones

Se puede aprender mucha psicología humana viendo jugar a béisbol a los niños. ¿Qué pasa cuando consiguen batear la pelota? Primero, corren hacia la primera base. (O a veces lo hacen hacia la tercera, pero supongamos que corren en la dirección correcta). ¿Qué más ocurre? A menudo, miran al entrenador en busca de su aprobación, y entonces miran la pelota, después al niño que la atrapa y, por último, miran el lanzamiento. Los jugadores de las Ligas Menores, sin embargo, agachan la cabeza y corren a toda velocidad hacia la primera base totalmente concentrados en ella. Éste es el objetivo conductual adecuado, pero los niños no suelen hacerlo.

Al estar pendientes de todo lo que ocurre en el campo, corren más despacio, reduciendo mucho sus posibilidades de alcanzar la base antes que la pelota. Y a menudo el miedo a caer eliminado se apodera de ellos. Reducen la velocidad o incluso dejan de correr y vuelven a mirar al entrenador, pensando que ya no tienen nada que hacer y olvidando que al jugador de la primera base se le puede caer la bola, lo cual es bastante probable, o que el lanzamiento se quede corto o vaya demasiado alto, lo cual es *muy* probable. En resumen, el comportamiento y la actividad del bateador no son disciplinados porque aún no ha desarrollado los hábitos adecuados. Esa carrera a la primera base no es «válida».

Los niños son niños y, como tales, dicen y hacen las cosas más increíbles. Lo realmente asombroso es que los adultos cometamos los mismos errores. Cuando era joven, a toda mi familia le encantaba ver en la televisión un concurso llamado *Beat the Clock,* presentado por Bob Collyer. Supongo que era el Regis Philbin de la época. La idea del programa era que los concursantes corrieran por el estudio intentando vencer al reloj llevando a cabo una serie de tareas ridículas. Por alguna extraña razón, años más tarde recordé ese concurso y me di cuenta de que el público estaba centrado en el reloj cuando debería haberlo estado de la actividad y el comportamiento de los concursantes. Peor aún, los *concursantes* siempre miraban hacia arriba para ver cuánto tiempo les quedaba, pero aquello no debería haberles importado lo más mínimo. Estaban realizando la tarea lo más rápido que podían, ¿no? Si vencían al reloj, pues perfecto; si no, pues otra vez sería. Mirar el reloj sólo servía para ralentizarlos y hacer más improbable que lograran vencerlo. En resumen: normalmente no era el reloj el que los vencía. Se vencían a sí mismos con lo que yo llamo comportamiento inválido.

He visto este tipo de comportamiento tan contraproducente al otro lado de la mesa de negociaciones tantas veces que soy incapaz de recordarlas todas. Nueve de cada diez veces –el 99 % de las veces, me atrevería a decir–, los negociadores fallidos se derrotan a sí mismos. Hay quien dice que mi sistema está concebido como una guía de comportamiento, y no seré yo quien ponga en duda esta apreciación. Los combustibles del sistema son auténticas guías de comportamiento específicas y concretas que indican desde *qué debe hacerse* y *qué no,* hasta qué palabras utilizar cuando se tiene que hacer una pregunta. Y no estar bien, no tener necesidad, hacer borrón y cuenta nueva, pintar el dolor son todos ellos principios de comportamiento válidos. El tema de este capítulo –el presupuesto– es otro principio que busca el mismo propósito.

Como en el caso del dolor, en mi sistema «presupuesto» es casi un término técnico. Es mucho más de que lo solemos entender por presupuesto, mucho más que un desglose de los costes previstos, porque el precio *real* que hay que pagar en una negociación va mucho más allá del dinero. En el sistema Camp, el presupuesto se desglosa en tres partes que nos ayudan a valorar y controlar el precio *real* de la negociación en tiempo y energía, dinero e inversión emocional. (He unido el tiempo y la energía porque es difícil gastar uno sin gastar también el otro). El presupuesto global es una herramienta completa y poderosa, un medio por el cual podemos mantener el control en la negociación asegurándonos de que nuestras inversiones trabajan a nuestro favor, no en nuestra contra.

Sólo el presupuesto monetario es numérico. Pese a que los otros dos emplean otro tipo de estimación, podemos lograr que ésta sea bastante precisa. Mi fórmula improvisada para calcular el presupuesto global de una negociación le otorga al «tiempo» un valor x, a la «energía» $2x$, al «dinero» $3x$ y a la «emoción» $4x$. Obviamente, no estamos hablando de cifras empíricas. Son una forma de representar la importancia *relativa*. Si en una negociación sólo gastas tiempo y energía, tu presupuesto es de $1x \times 2x$, y tu presupuesto total sería de $2x$. Si empiezas a invertir dinero real, tu presupuesto sería $2x \times 3x$, es decir, $6x$. El presupuesto *real* se ha triplicado con respecto al presupuesto de tiempo y energía. ¿Qué pasa si tus *emociones* entran en juego tanto en la negociación como en la ecuación? Pues que tienes que multiplicar ese $6x$ por $4x$. Llegando a $24x$, una cifra relativa muy alta que demuestra el gran impacto que tienen las emociones en el presupuesto y lo peligrosa que es la inversión emocional.

Insisto, el presupuesto es la forma de controlar el precio *real* que hay que pagar en la negociación, el cual va mucho más allá del dinero. En una negociación, ambas partes tienen un presupuesto para cada una de las tres categorías, y tu trabajo consiste en asegurarte de que conoces tanto el tuyo *como* el de tu adversario. De hecho, el presupuesto es una advertencia que sirve para tener en cuenta factores que suelen pasarse por alto en una negociación y darnos cuenta de su importancia. También es una forma de ayudarte a utilizar esos factores a tu favor. Obviamente, nuestro objetivo consiste en mantener nuestros presupuestos lo más bajos posible mientras nos beneficiamos de los presupuestos más elevados del adversario.

En todo momento, el precio real que estamos dispuestos a pagar se regula mediante una toma de decisiones eficaz, la cual depende tanto de nuestra misión y propósito como de nuestra visión de la negociación. El peligro radica en que, al invertir demasiado en una negociación, perdamos el control de nuestra toma de decisiones y empecemos a pensar en los siguientes términos: «Bueno, ya que hemos invertido tanto en este acuerdo, al menos saquemos algo de él». Este tipo de lógica suele dar lugar a malos acuerdos. Es el tipo de lógica que nos lleva a traicionar nuestra misión y propósito. No conozco mejor ejemplo de lo que puede ocurrir cuando dejamos que la sensación de que el presupuesto ha alcanzado su límite máximo afecte a nuestra misión y propósito que las decisiones de la NASA previas a la tragedia del Challenger. La agencia conocía el problema de la junta tórica, pero su presupuesto para el proyecto del transbordador espacial era ya tan elevado que terminó por poner en peligro sus valores, su misión y propósito e incluso al personal de la agencia.

El desastre del Challenger fue una tragedia humana. Afortunadamente, tú te enfrentarás a situaciones de menor importancia, pero, aun así, la única forma de evitar que se tomen malas decisiones por culpa de presupuestos que se han ido al traste es conociendo y estableciendo presupuestos desde el principio.

El presupuesto de tiempo y energía

¿Cuándo fue la última vez que alguien te preguntó si podías concederle unos minutos de tu tiempo y se los concediste? Aunque se trata de una pregunta de cortesía muy habitual, en realidad lo que hace es darle muy poco o ningún valor a esos minutos, ¿no te parece? Y si a lo largo del día se acumulan varios episodios de este tipo, peticiones no deseadas que van robándonos el tiempo (como, por ejemplo, responder correos electrónicos), al final del día habremos perdido una cantidad considerable de tiempo.

Aunque los negociadores profesionales deberíamos considerar cuidadosamente el valor de nuestro tiempo, normalmente pasamos por alto este cálculo.

«Al firmar esta solicitud, lo único que hace es presentar una solicitud y, una vez aprobada, podrá decidir si quiere la póliza. Por supuesto, esto no implica ningún tipo de compromiso, sólo que está haciendo la solicitud».

«Vale, muy bien».

«Le llamaré para decirle cuándo tiene la cita para el reconocimiento médico. No es muy largo, entrará y saldrá enseguida».

«Bueno, voy a estar bastante ocupado durante las próximas semanas. Llámeme y veremos si podemos arreglarlo».

Y la persecución comienza para este vendedor de seguros de vida. ¿Cuántas llamadas serán necesarias hasta que consiga que su adversario vaya al médico? ¿Cuánto trabajo lleva la preparación de la solicitud y la suscripción? El vendedor debe pensar en todo eso. Para el negociador inexperto, el tiempo es un bien prácticamente gratuito que se regala a diestro y siniestro, por lo que al final acaba gastándose la comisión en tiempo y energía.

¿Realmente disponemos de tanto «tiempo libre»? Puede que Warren Buffett tenga todo el *dinero* del mundo, pero no tiene más *tiempo* que tú y yo. Y créeme, Warren Buffett lo sabe. No creo que reparta citas a diestro y siniestro. En cualquier negociación, *debemos* tener en cuenta el cálculo del tiempo, porque el tiempo del que disponemos, y del que dispone nuestro adversario, es tremendamente fugaz y finito. Quizá no nos guste centrarnos en las horas limitadas del día porque no queremos pensar en los días limitados de nuestra vida. Quizá sea eso, no lo sé, pero lo que sí sé es que, como negociadores, debemos aprender a gestionar las horas del día. Debemos entender que el tiempo puede utilizarse en nuestra contra de muchas maneras, especialmente como forma de aumentar el precio real de una negociación y, en última instancia, lograr un posible compromiso. De repente, pensamos: «He invertido demasiado tiempo en esto. No puedo bajarme del carro ahora».

Para el negociador astuto, una de las tácticas más antiguas del mundo consiste en incrementar el presupuesto de tiempo del adversario: hacerte esperar una hora, inundarte de correos electrónicos y faxes, pedirte que conduzcas dos horas o cojas un vuelo de ocho, cancelar en el último minuto o discutir durante nueve meses sobre la forma de la mesa de negociaciones, que es lo que hizo el equipo de Ho Chi Minh en las negociaciones de paz de París de 1974, aumentando el presupuesto de tiempo de Nixon y Kissinger. En esa negociación, los norvietnamitas tenían todo el tiempo del mundo –al fin y al cabo, llevaban toda una generación luchando contra Francia o contra nosotros–, pero Nixon y Kissinger no.

Este tipo de estratagema presupuestaria es bastante obvia. Otras no lo son tanto. El uso del tiempo en tu contra puede empezar con algo tan sencillo como intentar conseguir una cita.

«Dame diez minutos y te mostraré lo que tengo, Sara».
«Vale, ¿cuándo?».

¡Ya tienes la cita! Tu empresa lleva años intentándolo y por fin lo has conseguido. Pero entonces tu adversario no se presenta. Te dejan plantado; sin explicaciones, sin llamadas telefónicas, sin disculpas poco sinceras. El negociador inexperto se viene abajo, pensando que ha perdido un tiempo valiosísimo.

¿Y si Sara *acude* a la cita? Aún puede usar el tiempo en tu contra: «Vale, enséñame lo que tienes. Pero recuerda que tengo que irme pronto». El negociador inexperto se pone nervioso y empieza a hablar y a explicar todas las características y ventajas de su posición, pues piensa: *«¡Realmente estoy sacando provecho a estos diez minutos!»*.

Pero no es así. El adversario está sacando provecho de esos diez minutos, porque está descubriendo todo lo que necesita saber. Mientras tanto, el negociador inexperto no descubre nada. Está saltándose todas las reglas de mi sistema. Está fuera de control: no hace buenas preguntas, no hace borrón y cuenta nueva, no se instala en el mundo del adversario. Y hace *todo lo posible* por cerrar el trato hoy mismo. Va contrarreloj, como me gusta decir a mí.

«¡Sólo un poco más y picarán!».

Nada más alejado de la verdad. Nunca actúes contrarreloj.

El vendedor prototípico cree que tiene que presentase ante el posible comprador y empezar a hacerle propuestas, ponerse delante de la gente y soltar el rollo, y después pedirles que compren su producto. En definitiva, plantear un juego de números. Compensar una conducta autodestructiva a base de números. Cien anzuelos deben ser mejor que cinco. De acuerdo, es posible que consigas algunos pececillos de este modo, siempre y cuando tengas la energía y la autoconfianza para soportar los golpes (película recomendada: *La muerte de un viajante,* la versión interpretada por Lee J. Cobb), pero nunca alcanzarás todo tu potencial. ¿Por qué tirar un triple con dos defensas encima? ¿Por qué lanzar un pase largo a un compañero cubierto por dos hombres? ¿Por qué golpear a lanzadores que no están en la zona de *strike?* ¿Por qué intentar superar el lago desde una distancia de 200 metros? ¿Por qué ir a una cita a una hora de distancia sin estar seguro de que la negociación será válida?

En el capítulo 1 hemos comparado las llamadas en caliente y las llamadas en frío. Al advertir sobre los peligros de las primeras y los sorprendentes beneficios de las segundas, me refería a las llamadas telefónicas. Nunca hay que pasearse por la ciudad haciendo visitas en frío. Un gran negociador, sea del campo que sea, jamás llamará a la puerta de al lado, y mucho menos se subirá a un coche o cogerá un avión, sin tener una idea clara de cómo se desarrollará la futura negociación: una visión clara del dolor de su adversario y el convencimiento de que éste dispone de un presupuesto en tiempo y energía, dinero y emoción que le permita pagar —negociar— para deshacerse de ese dolor. Esta es la única cita *válida* a la que debería acudir un vendedor, una regla que debería aplicarse con idéntica rigurosidad tanto a los negociadores corporativos como a los de cualquier otro campo.

Esto también se aplica a la publicidad. El siguiente párrafo sobre el tema puede parecer una digresión, pero en realidad no lo es. Creo que ejemplifica muy bien la importancia de las citas válidas, sean del tipo que sean. Cada mañana, todos nos despertamos con algún tipo de publicidad: en el periódico, navegando por Internet, en la televisión, en el correo, en la radio, en las vallas publicitarias, en las fundas de los cabezales del avión, en los billetes de avión, en los vasos de papel, etc. La publicidad está literalmente en todas partes. Es sin duda una de nuestras mayores bazas comerciales. Pero ¿cómo deberías utilizar la publicidad para hacer negocios? Una vez tuve un alumno que se dedicaba a repartir 100 000 cupones a domicilio cada mes. Cada cupón costaba 5 céntimos, por lo que al año se gastaba 60 000 dólares en cupones. Ganaba entre 225 000 y 360 000 dólares brutos con esos cupones. Un día, un representante de publicidad le presentó una campaña para reducir su presupuesto publicitario a la mitad, utilizando los periódicos en lugar de los cupones.

Cuando mi alumno me pidió consejo, le hice unas cuantas preguntas (con partícula interrogativa, naturalmente, ya que estaba tratando de construir su visión).

—¿Qué tirada tiene el periódico local? –le pregunté.

El hombre no lo sabía, pero pronto descubrió que era de 68 000 ejemplares.

—¿Quiénes son tus clientes?

—Jim, eso es muy fácil. Familias trabajadoras con casa en propiedad.

—¿Cuántas familias trabajadoras reciben el periódico cada día en su casa?

No lo sabía, pero suponiendo que todos los suscriptores del periódico fueran trabajadores con una casa en propiedad, el total era de 68 000, una cifra considerablemente inferior a los 100 000 cupones que él ponía en circulación.

—Cuando estás en el trabajo, ¿compras a través de la publicidad de los periódicos?

—Bueno, ahora que lo pienso, no, no lo hago.

—Entonces, ¿qué crees que deberías hacer?

—Quizá debería investigar más, y puede que de momento no cancele la campaña de cupones.

Te recomiendo el libro *Ogilvy y la publicidad,* de David Ogilvy. Ahí está todo. Los principios de la publicidad como herramienta de prospección comercial son sencillos y, además, pueden aplicarse a muchas de las negociaciones que aparecen en este libro. Por muy buena que parezca o suene una cita o reunión a primera vista, debe cumplir los criterios de validez. Si no ofrece la perspectiva de producir resultados que se puedan medir, no merece la pena.

Déjame repetir lo que he dicho antes: el gran negociador, sea del campo que sea, jamás levantará un dedo sin tener una idea clara de cómo se desarrollará la futura negociación, sin tener una visión clara del dolor de su adversario y el convencimiento de que éste dispone de un presupuesto en tiempo y energía, dinero y emoción que le permita pagar –negociar– para deshacerse de ese dolor. Serás capaz de identificar un presupuesto con facilidad cuando entiendas, mediante prueba y error, el riesgo que corre cualquier negociación si no se conoce perfectamente el presupuesto de que se dispone. Esto no significa necesariamente que tu adversario vaya a revelarte sus presupuestos sin rodeos (aunque puede que lo haga sin darse cuenta). Principalmente, aprenderás a descubrir su presupuesto a medida que comparta contigo la visión de su dolor. Cuanto mayor sea el dolor, mayor será el presupuesto, y la gente estará dispuesta a pagar un precio mucho más alto del que tú pedirías.

—Bill, ¿cuál sería tu presupuesto para resolver este problema?
—John, no estoy seguro de lo que hace falta en dinero, pero con tu ayuda elaboraremos el presupuesto adecuado.

No estoy diciendo que todas las citas o reuniones tengan que salir bien o producirse avances para considerarlas válidas. En absoluto. De hecho, no podemos controlar el resultado final. Recuerda, si no, la historia de mis clientes que viajaron a Irlanda y les dieron plantón. Sin embargo, en el contexto de la negociación en curso, ésa fue una reunión perfectamente válida. Que te dejen plantado es molesto, pero puede ocurrir, no es el fin del mundo. Sólo se convierte en un problema si te derrumbas emocionalmente y, por tanto, concedes ventaja en la negociación a tu adversario. Como ya he dicho, mis clientes regresaron a casa en el siguiente vuelo y, un par de días después, con calma, escribieron una carta en la que sugerían una próxima reunión en sus oficinas. Y lo consiguieron.

Cuando alguien planta cara, el negociador instruido debe reflexionar tranquilamente y decidir si quiere volver a intentarlo o si prefiere desaparecer. Dicho de otro modo, debe consultar su presupuesto de tiempo y energía. No se trata de un número concreto de horas, aunque podría serlo. Es más bien una sensación, una evaluación, un *juicio* basado en la experiencia. Es, sobre todo, la *conciencia* de que el tiempo y la energía no son gratuitos. El negociador debe recordar en todo momento que el presupuesto de su adversario aumenta al mismo tiempo que el suyo.

Paciencia, amigo mío, mucha paciencia. Ésa es la consigna. Cuando alguien intente conseguir que dediques más tiempo a algo, sea como sea, la paciencia será tu mejor arma. Con una misión y propósito sólidos de tu lado, nadie conseguirá aumentar tu presupuesto de tiempo. Por definición, tu misión y propósito es un objetivo a largo plazo, una tarea y una responsabilidad continuas. Por lo tanto, el tiempo se convierte en tu aliado; trabaja en tu favor, no en tu contra. Presupuestar el tiempo es una forma de disciplina, de paciencia, de perseverar en nuestra misión y propósito con dedicación y habilidad. Si todo esto se gestiona bien, los problemas de calendario se resuelven solos.

En una negociación de una hora se puede perder el tiempo; y, en una negociación de un año, podemos aprovecharlo al máximo. El tiempo empleado no nos dice nada sobre el tiempo *bien* empleado.

Cuando alguien trate de aumentar tu presupuesto poniendo plazos, aunque sólo sea limitando a diez minutos una presentación, recurre a la paciencia y a tu misión y propósito para aceptar con entusiasmo ese plazo y readaptar tu presentación de acuerdo con él. Cada minuto de *tu* tiempo en una negociación es también un minuto de *su* tiempo. Éste es un juego de dos jugadores.

—Bill, ¿qué día tienes libre en tu calendario?
—Bueno, John, estamos ante un problema importante. ¿Podría ser hoy?
—No, pero podría llegar mañana. ¿A qué hora te va mejor?

Si utilizas bien el tiempo, lograrás aumentar el presupuesto de tu adversario. Puedes conseguirlo cancelando reuniones, con llamadas telefónicas «urgentes» que no devuelves inmediatamente, no dejando mensajes detallados que pueden ahorrar tiempo al adversario pero que te cuestan tiempo a ti, o incluso dejándole en espera durante quince segundos. Siempre que explico esto recuerdo un episodio concreto. En una negociación que se alargó durante seis meses, un cliente recibió una llamada de su adversario porque quería revisar una carta que mi cliente le había enviado. A pesar de tener la carta delante de sus narices, le dijo que tenía que ponerle en espera para ir a buscarla. Aunque sólo fueron quince segundos, cuando estás preocupado por un asunto, quince segundos son suficientes para que todo tipo de pensamientos se agolpen en tu mente. Entretanto, esos escasos segundos le dieron a mi cliente el tiempo necesario para serenarse y encarar preparado la conversación. Además, con aquello también estaba declarando sutilmente que no tenía ninguna necesidad, que ni siquiera tenía la carta delante.

¿Aumentar el presupuesto del adversario es una estratagema absurda? En absoluto. Es una forma muy valiosa de llamar su atención, de obligarle a ver su propio dolor. Los adversarios suelen titubear, poner en juego sus propias estrategias y comportarse de muchas maneras que podríamos calificar de poco serias. Necesitan que les ayudes a avanzar para que puedan tomar decisiones serias. Una forma de conseguir esto es aumentando sus presupuestos, pues son una excelente herramienta para centrar la atención. Ho Chi Minh se dedicó a aumentar y aumentar y *aumentar* el presupuesto de tiempo de los americanos en Vietnam hasta que finalmente nos dimos cuenta de que la guerra no iba a terminar nunca. Plantéatelo así: aumentar nuestro presupuesto de tiempo era la mejor manera que tenían los norvietnamitas de hacernos ver el profundo dolor de nuestra situación, el cual no era otro que la constatación de que la guerra no iba a terminar nunca.

No, aumentar los presupuestos no es un simple truco. Es una herramienta fundamental para poder mostrarle a tu adversario su dolor y conseguir cuanto antes que tenga una visión lo más clara posible. En pocas palabras, *el tiempo intensifica el dolor*. A medida que la inversión de tiempo no deja de aumentar, la presión psicológica también aumenta. Muchos negociadores trabajan bajo la pretensión de tener una fecha límite más allá de la cual consideran que han «perdido el tiempo». A mis clientes les encanta oír esto de sus adversarios: «Vale, vayamos al grano», porque eso puede significar que el presupuesto de tiempo y energía de su adversario está llegando al límite asignado, que empiezan a tener una visión muy clara de su dolor y que por fin están a punto de poder tomar una decisión eficaz.

Por tu parte, asegúrate de que tienes «todo el tiempo del mundo»; si no es así, prepárate para marcharte en cualquier momento. Recuerda que sólo quieres este acuerdo, no lo necesitas. Ahora es posible que sean *ellos* los que lo necesitan. La diferencia es crucial. (Como hemos dicho anteriormente, en una negociación entre dos adversarios que usan el

179

sistema Camp, las tácticas de aumento de presupuesto no son necesarias, dado que ambas partes están instruidas para pasar rápidamente a las cuestiones esenciales, la visión esencial, el dolor esencial, las decisiones esenciales).

Aunque, obviamente, todo tiempo es energía, en las negociaciones complejas podemos gastar nuestra energía en otras cosas aparte del tiempo. La tarea negociadora es agotadora, y no podemos malgastar la energía. Queremos disponer de ella cuando más la necesitemos. Nunca subestimes la energía que vas a necesitar para llegar a un acuerdo. Controlar nuestra necesidad y cumplir con los objetivos de actividad y comportamiento que nos hemos fijado previamente nos ayudará a conservar la energía y agotar la suya. Las citas y reuniones inválidas y sin sentido son un derroche de energía. Aceptar un «tal vez» por respuesta es un derroche de energía. Aceptar un «sí» por respuesta es un derroche de energía. Hacer preguntas que no sirven para nada es un derroche de energía. No hacer borrón y cuenta nueva y hacer suposiciones en lugar de investigar es un derroche de energía. *Necesitar* algo es un terrible derroche de energía.

Por otro lado, el viejo dicho «quien mucho abarca, poco aprieta» es muy acertado. *Debemos* gastar energía en la fase de preparación e investigación, pero la terrible realidad es que son pocos los que lo hacen antes de una negociación. No dedican ni el tiempo ni la energía necesarios. Esto no es ahorrar energía, es pereza, que inevitablemente provocará que gastemos energía en una fase posterior de la negociación. Como ya he dicho antes, mis clientes suelen sorprenderse de la escasa preparación de algunas empresas que están en la lista de Fortune 100.

Aunque mi sistema puede describirse ni más ni menos que como una forma de comportarse en las negociaciones, también puede verse como una forma de ahorrar energía. Nosotros somos los responsables del malgasto de energía. No podemos culpar al adversario, porque nosotros somos los que controlamos la forma en la que nos comportamos. La mayoría de los adversarios bien instruidos tratarán de utilizar la energía en tu contra, tanto si se plantean sus acciones en estos términos como si no.

Ahora bien, si te dejan plantado, por ejemplo, ¿cuánta energía más allá del tiempo perdido *queda* exactamente bajo tu control? Por supuesto, podemos responder de la misma manera: aumentando su presupuesto de energía. Incrementa la preparación necesaria para llegar a un acuerdo («Esto no tiene mucho sentido para nosotros. ¿Podrían rehacerlo?»). Retén tácticamente a los responsables de tomar las decisiones en la negociación («Hemos hablado de esto y hemos decidido que su equipo debería ir a Nueva York para enseñárselo al señor Smith»). Guíate siempre por tu misión y propósito.

Sé muy consciente de tu salud y vigor. Conoce tus límites de resistencia. No te quedes sin energía por culpa del *jet lag*. El ejercicio físico regular es de vital importancia. No estés muchas horas encerrado durante una negociación. Haz descansos y da paseos para mantener alta la energía y la cabeza despejada. El alcohol puede reducir la energía; no es recomendable mezclar la vida social con los negocios.

¿Cuántas veces has leído que un importante conflicto laboral se resuelve finalmente a las cuatro de la mañana? Eso es porque, cuando estamos cansados, nos volvemos impacientes y más vulnerables. Tras días, semanas o incluso meses de negociaciones, las partes implicadas deciden continuar hasta llegar a un acuerdo, en un intento de ambas partes de desgastar a la otra. La parte físicamente más fuerte y con más energía se lleva la mejor parte del trato. Cualquier negociación maratoniana se convierte en una competición de resistencia, así de simple. Debes conocer tu propia resistencia y no dudar en pedir un tiempo muerto, tanto si estás en una reunión de una hora como en una negociación de veinticuatro horas.

El presupuesto monetario

«El dinero no da la felicidad, pero ayuda a conseguirla». Parece que todo se reduce al dinero, ¿no crees? O como dijo una vez alguien muy sabio: «Cuando dicen que no tiene nada que ver con el dinero es que *tiene que ver con el dinero*». En cuanto se empieza a gastar dinero real durante una negociación y a hablar de más transacciones cuando se firme el acuerdo, el valor de cualquier negociación aumenta drásticamente. Recuerda que, a grandes rasgos y de forma relativa, el tiempo es $1x$, la energía $2x$ y el dinero $3x$.

El valor de cualquier cosa aumenta cuando hay dinero de por medio. ¿Quién tiene más probabilidades de asistir y aprovechar al máximo los seminarios o las clases, el alumno que trabaja desde medianoche hasta las cuatro de la mañana para pagarse la carrera o el que tiene una beca deportiva, tutores gratuitos y cinco años para terminar la carrera sin coste adicional? ¿Quién tiene más probabilidades de trabajar en el nuevo sistema de negociación, el estudiante que se paga sus estudios porque está realmente interesado y es ambicioso, o el empleado enviado por su jefe? Creo que la respuesta es obvia.

En el contexto de una negociación, el dinero es un bien sorprendentemente escurridizo. Una suma determinada significa cosas distintas para cada persona. Un ejemplo evidente: un gasto inesperado de 1000 dólares afecta de forma muy distinta al empleado que gana 20 000 dólares que al ejecutivo que gana 120 000, y cada uno de ellos lo procesa de forma distinta. Un ejemplo menos obvio: es posible que un consumidor no sea capaz de reconocer el valor de un producto si su precio es demasiado *bajo* según su marco de referencia. En cambio, si el precio le parece elevado, tratará de encontrar su valor. Un caso paradigmático es el del palo de golf Big Bertha de Callaway. Ely Callaway subió intencionadamente el precio de este palo cuando lo sacó al mercado por primera vez, hace ya muchos años, fijándolo muy por encima del estándar de la industria y de lo que necesitaba para obtener un buen beneficio. Como buen conocedor de las técnicas de la mercadotecnia, comprendió que a un precio más bajo, el Big Bertha habría sido sólo otro palo de golf más, y su público objetivo, las personas adineradas, no habría sido capaz de reconocer su valor. Pero el palo costaba 400 dólares (inicialmente; hoy en día cuesta incluso más), lo que captó la atención de los golfistas, que buscaron su valor y lo encontraron, como puede atestiguar cualquier golfista que lo haya probado. El Big Bertha transformó la industria.

Al igual que con el tiempo y la energía, queremos que el dinero trabaje a nuestro favor y en contra de nuestro adversario. Hay que intentar aumentar el presupuesto del adversario haciendo que la negociación sea literalmente cara, y tu adversario intentará hacer lo mismo, porque todo el mundo sabe que la escasez de dinero suele ir seguida de concesiones si el negociador inexperto pierde de vista su misión y propósito. Tienes que conocer tu presupuesto monetario real para la negociación en curso, pero también debes tener una idea aproximada del de tu adversario, así como cuál es su situación financiera general. ¿Cuál es el marco de referencia de tu adversario? ¿Cuánto es mucho dinero para ellos?

Si tú estás limitado por el dinero y tu adversario no, ten cuidado. Supongo que el ejemplo más obvio de esta situación es un pleito entre un abogado que representa a un solo cliente contra una gran empresa. Aunque los procedimientos judiciales no son, técnicamente hablando, negociaciones, ya que están regulados por factores legales que no afectan a las auténticas negociaciones, el argumento sigue siendo válido: la empresa está en condiciones de aumentar el presupuesto monetario del abogado independiente más allá de lo soportable, mientras que el abogado no tiene esa capacidad. No es un combate justo. (Digo esto sin pronunciarme sobre el controvertido tema de los litigios por agravios). Por eso, algunas empresas de bienes de consumo tienen la política de negarse a llegar a un acuerdo en los pleitos. Prefieren gastarse 100 000 dólares en gastos legales antes de llegar a un acuerdo por 20 000 dólares porque creen que así mantendrán a raya los pleitos y eso les ahorrará dinero a largo plazo. Seguro que tienen razón.

En cualquier caso, si eres abogado, te gustaría conocer de antemano esta política, ¿no crees? Investiga. Si estás negociando con una gran multinacional, ¿no te gustaría saber que tienen la costumbre de disparar los presupuestos insistiendo en celebrar reuniones por todo el país y, a menudo, por todo el mundo? Esta táctica de aumentar el presupuesto monetario de sus proveedores más pequeños es una estrategia básica de los departamentos de compras de las grandes multinacionales. Funciona a la perfección contra negociadores del todos ganan, por supuesto, pero el proveedor que utiliza el sistema Camp no se deja engañar por eso. Simplemente tiene una visión clara, fija su presupuesto monetario y se muestra dispuesto a perder hasta el *último céntimo*. De este modo, se protege de la *necesidad* y del compromiso a medida que se acerca la hora de la verdad.

El negociador profesional lleva a cabo una evaluación continua del presupuesto monetario. Si no dispones de suficientes reservas de efectivo a largo plazo, la negociación está perdida a todos los efectos antes incluso de empezar. Así que lo mejor es no seguir adelante. Busca un acuerdo en otra parte. Mis 4 clientes que viajaron a Irlanda para asistir a una reunión, pero fueron plantados, «perdieron» 20 000 dólares. Sin embargo, ese dinero estaba presupuestado y no tenían ningún tipo de expectativas.

¿Qué te parece esto para intentar aumentar el presupuesto? Uno de mis clientes estaba a punto de enviar dos sistemas a su mayor cliente, una gran multinacional. Se trataba de un pedido especial, un tipo de maquinaria muy avanzada por valor de millones de dólares y con una orden de compra en firme. Así que, cuando el camión de la multinacional llegó al muelle de carga, mi cliente estaba listo para cargar las máquinas. Imagina su sorpresa cuando el transportista le dijo que tenía órdenes específicas de no recoger los dos sistemas principales. Sólo le habían autorizado a recoger otro componente secundario. A eso se le llama ser agresivo. La multinacional esperaba conseguir un descuento de última hora. Pero para jugar hacen falta dos jugadores. Allí mismo, con el transportista esperando, los directivos de mi cliente llamaron a altos directivos de la multinacional y, adoptando una postura agresiva, les recordaron que aquél era un acuerdo confirmado que se había conseguido después de una larga negociación y dejándoles claro que necesitaban una carta de «confirmación de envío en origen», un documento legal que otorga a una de las partes el derecho, a efectos contables, de trasladar un activo de los libros de una empresa a los de otra. Mi cliente la consiguió porque tenía derecho a ella.

Hace algunos años, me presentaron a un joven llamado Craig Lehmkuhl. Craig acababa de dejar el sector de la construcción para incorporarse al sector inmobiliario como agente comercial. Tenía familia y, como muchos padres de familia jóvenes, muy poco dinero. Pero estaba decidido a convertirse en un gran negociador. Craig se estaba gastando todo lo que tenía para pagar el curso y, como me dijo más tarde, «no iba a malgastar mi dinero no aplicando el sistema». A los tres meses de empezar a trabajar con nosotros, se le presentó la oportunidad de obtener una comisión de seis cifras. Craig no se perdió ni una sesión de *coaching* ni una clase del curso. Pese a aprender rápidamente, hasta la última sesión de negociación con su adversario no comprendió el auténtico valor del dinero en una negociación. Al final, el dinero es la decisión empresarial más difícil de tomar.

Dejaré que Craig cuente su propia historia:

«Había dedicado mucho tiempo a este acuerdo, incluido un viaje para visitar al prestamista al sur de California. Mereció la pena, pero sólo el billete de avión era más de lo que podía permitirme. Entre una cosa y otra estaba llegando al límite de mi presupuesto, algo que me estaba afectando emocionalmente. Era el mayor negocio de mi vida. Si lo conseguía, ganaría más de lo que había ganado en toda mi vida laboral. Pero en el sur de California, el agente de la transacción me dijo que me faltaban 50 000 dólares. Por mucho que hiciera, no tenía forma de conseguir esa suma de dinero. Pensaba que la comisión se iba al garete. No creía que tuviéramos ninguna posibilidad de cerrar el trato. No podía pedirle al vendedor que pusiera más dinero.

»Tenía un problema. En realidad, tenía dos problemas. En primer lugar, no entendía por qué el vendedor tenía que pagar ese precio de negociación y, en segundo lugar, no me lo imaginaba extendiendo un cheque de 50 000 dólares. Así que, con el corazón apesadumbrado, fui a verle y le dije, de la manera menos amable posible, que dos problemas importantes habían arruinado el trato. En primer lugar, faltaban 50 000 dólares. Segundo, no me atrevía a pedirle más dinero. Su contribución de 200 000 había hecho avanzar la operación, ¿cómo iba a pedirle ahora 50 000 más? Lo que ocurrió a continuación fue increíble. Todo sucedió muy deprisa. Él me preguntó si realmente los 50 000 dólares asegurarían el trato. Estaba tan emocionado que ni siquiera me di cuenta de que había hecho la pregunta. Le dije que sí. Él ni siquiera pestañeó, abrió su escritorio, sacó una chequera grande, me entregó el cheque con una sonrisa y me dijo que estaba muy contento. ¡Había estado dispuesto a extender un cheque mucho mayor! Me explicó que podría haber perdido mucho más dinero. Había invertido tanto en aquella negociación que no estaba dispuesto a renunciar al acuerdo. Me quedé de piedra. Entonces lo entendí todo. El dinero que ya había gastado hacía que la negociación fuera tan valiosa que no podía dejarla escapar».

Debes conocer tu propio presupuesto monetario y, como descubrió Craig, también debes conocer el presupuesto monetario de tu adversario.

Hace unos años, uno de mis mejores alumnos estaba inmerso en la que se estaba convirtiendo en la mayor negociación de la historia de su empresa. En aquel momento, el mayor acuerdo negociado hasta la fecha había sido de 1,2 millones de dólares. Este acuerdo podría superar los 9 millones. Aunque prometía ser difícil, los responsables de la empresa decidieron que había recursos suficientes para afrontar un proyecto de semejante envergadura y la negociación que conllevaría. Cuando le dieron luz verde, este joven se pasó toda la noche dando forma a su misión y propósito y sus metas y objetivos. Imagínate en su situación. Dedicas un montón de esfuerzos y pierdes horas de sueño. Tu vida se vuelve más intensa. Tu compromiso con el proyecto crece y poco después tu jefe pone el destino de la empresa en tus manos: «Contamos contigo, eres la persona ideal para sacar esto adelante». A medida que la energía y el tiempo se intensifican, empiezan a aparecer los problemas. Tus compañeros se entrometen. Si consigues cerrar el trato, se verán sometidos a una gran presión adicional para mejorar su rendimiento personal. Aunque te dicen que quieren que ganes, también temen que lo hagas. Necesitas su apoyo y ellos se comprometen a estar a tu lado, pero el trabajo que les pides llega tarde o está mal hecho o simplemente no llega nunca. Ahora tienes miedo de que alguien más se involucre. Empiezas a sentirte muy solo. Tu presupuesto de tiempo y energía no deja de aumentar. Pero debes continuar. Incluso bajo todas estas presiones, la energía que ya has gastado es también la que te impulsa a seguir adelante. Haces un gran trabajo de negociación: un total de ochenta miniagendas diferentes (el tema del capítulo 12), más de una docena de convincentes presentaciones ante varios equipos de adversarios, un «no» contundente y bien recibido repetido como mínimo unas diez veces. Huele a victoria. Estás preparado para hacer lo que esperas que sea la presentación final, y entonces el jefe te dice que está muy orgulloso de ti, pero que ha decidido encargarse él mismo de la negociación.

El hombre de la oficina de la esquina da un paso al frente y te dice que ya no te necesita. Increíble, pero ¿qué puedes hacer? ¿Qué sientes? ¿Alivio? Ni hablar: eres un jugador. ¿Decepción? Peor: estás muy enfadado. Tú te has encargado de todo y ahora probablemente él lo eche todo por la borda. Él no es un negociador instruido.

Como cabía esperar, la presentación del jefe sin formación es una broma y un desastre. No conoce el sistema establecido por su negociador –tú– e ignora la única reunión informativa que le has dado. Su presentación de las características y ventajas no viene al caso y carece del más mínimo interés para la otra parte. Hace que todos los miembros de la junta del adversario que asisten a la presentación se sientan incómodos. ¿Y adivina qué ocurre? Le llaman al día siguiente de la presentación para decirle que el adversario no está interesado en que su empresa preste los servicios requeridos. Se acabó.

¿Qué hizo mi cliente enfrentado a esta situación real? Siguió negociando. No renunció. No se puso a gritar. Sencillamente, controló sus emociones y se mantuvo *dentro del sistema*. Puede que el adversario estuviera disgustado con su jefe, pero el acuerdo no estaba muerto. Lo sabía, porque sabía que, aunque había dedicado mucho tiempo, energía y dinero, el precio total seguía estando dentro del presupuesto. Igualmente importante, sabía que el presupuesto de su adversario también era muy elevado a aquellas alturas. Conocía íntimamente su dolor. Hizo las llamadas que tenía que hacer, escribió las cartas necesarias para que todos volvieran a la mesa de negociación y poco después consiguió cerrar el trato.

¿Y al final quién trató de llevarse todo el mérito? ¿Quién si no?

La moraleja de esta historia es la siguiente: si conoces el precio y gestionas tu tiempo, energía y dinero, te mantienes dentro del presupuesto y sirves a tu misión y propósito, te irá bien independientemente de lo que haga tu jefe.

El presupuesto de la emoción

¡La emoción de la victoria! ¡La agonía de la derrota! Apuesto a que reconoces esas frases casi de inmediato, pues se han convertido en clichés de nuestra cultura gracias al programa *Wide World of Sports*, de la ABC. Todavía recuerdo al saltador de esquí al que le salían volando las gafas al estrellarse contra el lateral del trampolín y al equipo de hockey estadounidense celebrando su increíble victoria sobre el equipo soviético, allá por el año 1980, cuando EE. UU. y la URSS eran acérrimos adversarios. Y cuando asisto a los partidos de fútbol universitario de mi hijo, para mí todo es emoción y agonía. Para los aficionados al deporte, ese tipo de emociones extremas están bien. Son casi obligatorias si quieres pasarlo bien. Pero, para los negociadores, son peligrosas.

Me atendré a mi cálculo original: el tiempo es $1x$, la energía $2x$, el dinero $3x$ y la emoción $4x$. Las emociones tienen un valor extremadamente alto en cualquier negociación. El valor de la negociación se multiplica exponencialmente cuando entran en juego el dolor o la excitación emocional. El motivo por el que el dinero es la decisión empresarial más difícil es que los temas monetarios *también* son cuestiones emocionales para la mayoría de la gente. Supongo que hay personas a las que no les importa el dinero, pero esas personas no las encontrarás en el mundo de los negocios.

La emoción de ganar y el dolor de perder, de fracasar, son las dos emociones más importantes tanto para ti como para tu adversario, y los sofisticados equipos de negociación de las grandes empresas están entrenados para aumentar el presupuesto emocional –además de los otros dos presupuestos, por supuesto– con promesas, amenazas, peticiones y plazos ridículos, exclamaciones repentinas de que el acuerdo se ha ido al traste y cosas por el estilo. Tu trabajo consiste en controlar tus necesidades, tus expectativas positivas y negativas, tus miedos, tu ego, tus respuestas y tus decisiones. No esperes controlar las ganancias o pérdidas reales, porque no puedes. Sólo puedes gestionar los medios para alcanzar un fin: mantente dentro de tu sistema, gestiona tu actividad, gestiona tu comportamiento. Ésa es toda la armadura que necesitas. Paralelamente, dedícate a aumentar las necesidades, expectativas, miedos y egos en el adversario para incrementar el valor de la negociación para él.

Conoce tu presupuesto. *Controla* tu presupuesto. Conoce su presupuesto. *Aumenta* su presupuesto. Estas reglas son aplicables al tiempo y la energía, al dinero y a las emociones. Cuando las domines, no fallarás.

11

El juego del trilero

Asegúrate de conocer a los que realmente toman las decisiones

¿Quién manda aquí? ¿Quiénes son los verdaderos responsables de tomar las decisiones en la burocracia del adversario? A primera vista puede parecer una cuestión bastante prosaica, pero no lo es tanto. Se trata de una cuestión de vital importancia en cualquier negociación, a pesar de que prácticamente ningún libro sobre el tema reconozca que la cuestión de quién lleva la voz cantante requiere atención inmediata. ¿Cómo vas a crear una visión y mostrar el dolor a tu adversario de una forma eficaz si no sabes quién toma realmente las decisiones? Es imposible. Así que debes descubrir y comprender desde el principio, o tan pronto como sea posible, cómo funciona el proceso de toma de decisiones en la organización de tu adversario. Si no lo consigues, aumentará tu presupuesto de tiempo y energía, quizá también el monetario y, si no tienes cuidado, también tu presupuesto emocional.

Por regla general, cuanto mayor sea la organización, más complejo y confuso puede llegar a ser el proceso de toma de decisiones. Cuando tienes que negociar con una gran multinacional, como les ocurre a algunos de mis clientes, resolver el juego del trilero puede resultar tan frustrante como cualquier otro aspecto de la negociación. De hecho, te encontrarás con adversarios que lo juegan precisamente con ese propósito: aumentar tu presupuesto. Ahora quien toma las decisiones es éste, ahora es éste, ahora es éste otro.

¿Cuándo fue la última vez que oíste: «Enséñamelo y lo llevaré ante la junta»? O: «Si me gusta, lo recomendaré, y ellos darán el visto bueno. No es más que una formalidad. Tú sólo haz tu oferta basándote en las especificaciones y yo haré el resto». Pero rara vez termina funcionando, ¿verdad? Cuando te paras a pensarlo, la situación nunca es tan fácil. Piensa en todas las veces que, en teoría, eras el único que debía tomar una decisión, pero al final pediste la opinión y la aprobación de otra persona. Lo hacemos continuamente. En mi familia, quien lleva la voz cantante la mayor parte del tiempo es el perro. No es muy distinto en el caso de nuestros adversarios. Muchas veces, el adversario ni siquiera conoce su propio *proceso* de decisión en lo concerniente a la negociación en curso, así que deberás ayudarle a descubrirlo.

Algunos expertos se especializan en el análisis de las diferencias culturales en la toma de decisiones en distintos países. Al parecer, en EE. UU. tenemos un proceso vertical, mientras que en Japón es horizontal. Creo que la mayoría de las estructuras de toma de decisiones tienen ambos elementos, y también muchos giros sorprendentes. En mis seminarios a veces cuento la historia del intento de cambio en el régimen de entrenamiento diario del departamento de atletismo de una importante universidad. Como aquel cambio afectaba al horario del personal de limpieza, éstos acabaron ejerciendo una especie de veto sobre algunos aspectos del horario. Como mínimo, deberían haberles informado. Así que nunca se sabe. Pero *debes* saberlo.

Nunca olvidaré el momento en que descubrí la dolorosa realidad de la vida sobre este tema. Fue en los años setenta, cuando me dedicaba a fichar jugadores de la Costa Oeste para el equipo de fútbol americano de la universidad Ohio State. Trabajaba para Woody Hayes, algo que me llenaba de orgullo. Estábamos interesados en un joven y maravilloso corredor llamado Freeman McNeil, que en aquel momento estaba en un instituto de Los Ángeles. Todas las grandes universidades iban detrás de él, y yo estaba inmerso en su fichaje 24/7, como se dice hoy en día. Hablé con todo el mundo: el director, sus profesores, sus entrenadores, su familia, con todos. El entrenador de Freeman me dijo que su opinión era importante, pero que la decisión final la tomarían el chico y su familia. Hasta ahí, todo bien. Cuando conocí a Freeman, me dijo que estaba muy interesado en Ohio State y que su decisión dependería de su valoración de la escuela y del entrenador Hayes. Perfecto, ya que Woody Hayes era el hombre más impresionante que he conocido nunca. Todo el mundo lo pensaba. Es una historia muy larga, así que me saltaré algunos pormenores y pasaré directamente al fin de semana en el que Woody viajó a California para reunirse con Freeman. Todo fue muy bien. Estaba tan emocionado que ya me imaginaba a Freeman marcando para Ohio State contra USC en la Rose Bowl. Entonces la madre de Freeman nos presentó a la novia de su hijo, quien nos contó que ella y Freeman llevaban saliendo juntos desde hacía dos años. El entrenador Hayes le preguntó inmediatamente a qué universidad iría. Ella respondió: «A UCLA». En su tono más educado y cariñoso, Woody le preguntó: «¿Qué quieres estudiar?». De nuevo ella respondió con una radiante sonrisa que dejó al descubierto una dentadura perfecta: «Arte Dramático».

Aquella tarde estaba tan emocionado que ya me imaginaba a Freeman McNeil ganando el Trofeo Heisman para los Buckeyes de Ohio State. No me di cuenta de lo que estaba pasando, pero el entrenador Hayes sí. Mientras caminábamos hacia el coche, me dijo:

—Jim, has hecho un gran trabajo con Freeman. Has conseguido ponernos en una gran posición. Pero Freeman irá a UCLA. Estaría mejor con nosotros, pero se decidirá por UCLA.

Me quedé atónito. ¿Cómo podía estar tan seguro? Entonces me preguntó:

—Jim, ¿tú te irías de casa para jugar con los Buckeyes?

—¡Por supuesto!

—Pero ¿dejarías a tu hermosa novia sola en UCLA para jugar con los Buckeyes?

Fue entonces cuando vi la luz. Le pregunté a Woody cuándo se había dado cuenta y él me dijo:

—Cuando ella ha dicho que iba a UCLA a estudiar Arte Dramático. Eso es Hollywood, y eso es muy difícil de rechazar. Hollywood y las estrellas de cine ficharán a Freeman. Es un buen chico, pero lo más importante en su proceso de decisión es su novia. Ni siquiera él es consciente de ello. Cree que la decisión la están tomando él y sus padres. Y así es, pero su novia es la que tiene la última palabra. Ella le convencerá de ir a UCLA sin que él se dé cuenta. Si ella quisiera estudiar Medicina, Derecho, Negocios, Pedagogía, podríamos competir, pero es condenadamente guapa y quiere trabajar en Hollywood.

No es que no hubiera encontrado a *todos* los encargados de tomar la decisión, es que no había dado con la *principal* responsable de tomarla. Al final, Freeman McNeil fue a UCLA, donde tuvo una carrera muy buena, aunque no merecedora del Trofeo Heisman. Tiempo después fichó como profesional por los New York Jets y es posible que algún día llegue al Salón de la Fama del Fútbol Profesional de Canton, Ohio.

La incapacidad de detectar a la persona responsable de tomar las decisiones fue un error que nunca volví a cometer mientras estuve a las órdenes del entrenador Hayes, aunque sí he visto cómo otros lo cometían en innumerables negociaciones empresariales, por parte del adversario, claro está, no de los buenos. ¿Recuerdas la negociación del capítulo 9, la que involucraba a uno de mis clientes y una empresa que intentaba adquirir que finalmente resolvimos construyendo un monumento para homenajear al marido de la viuda? Con un precio tan inflado sobre la mesa y las negociaciones estancadas, le pregunté varias veces al responsable de las negociaciones: «¿Qué demonios está inflando el precio?».

No tenía la menor idea, y eso que es un tipo muy brillante. Pese a que él estaba convencido de que el consejo de administración era quien tomaba las decisiones, hice de *coach* y repasé con él la lista de posibles responsables. ¿Abogados? No. ¿Contables? No. ¿Herederos? No. No había pensado en los accionistas más importantes. ¿Quién posee el mayor número de las acciones y ejerce la mayor influencia? No lo sabía, pero lo averiguaría. Ya sabes cómo termina la historia.

¿Por qué los negociadores no suelen conocer el proceso de decisión de su adversario? ¿Por qué la mayoría sólo quiere obtener una decisión, sea cual sea, y largarse lo más rápidamente posible? Creo que ésta es la razón: tienen miedo de no poseer los hábitos adecuados para negociar con los *auténticos* responsables de la toma de decisiones. Gracias a mi sistema, sin embargo, tú sí dispones de esos hábitos. La capacidad de cuidar, revertir y usar la técnica 3+ es fundamental para enfrentarse al proceso, intensamente personal y emocionalmente complejo, de descubrimiento de quién toma realmente las decisiones en una negociación. Con una misión y un propósito sólidos y utilizando todos tus objetivos de comportamiento, no importa lo complejo que sea el proceso de toma de decisiones, podrás con ello. Simplemente dedícate a *negociar* cada una de las piezas del rompecabezas hasta obtener la información que necesitas. Es así de simple (y enrevesado).

¿Cómo puedes descubrir la verdad? De la misma manera que se descubre la verdad sobre cualquier otro tema en una negociación: haciendo preguntas con partícula interrogativa.

«Por supuesto que tú tomas las decisiones. Pero ¿con quién podrías consultarlo?».

«¿Quién podría ayudarte a tomar la decisión?».

«¿A quién deberíamos invitar para que te ayude a tomar la decisión?».

«¿Quién se molestaría o le sentaría mal si le dejáramos fuera?».

«¿Cómo se tomará la decisión?».

«¿Cuándo se tomará la decisión?».

«¿Qué criterios y trámites son necesarios para alcanzar una decisión?».

Necesitas estas respuestas. Elimina todos los elementos impredecibles que se te ocurran. Hazte estas preguntas continuamente: ¿quién falta?, ¿quién no está en mi radar y debería estarlo? En todo momento debes estar preparado para descubrir a múltiples responsables en la toma de decisiones y en todo momento debes ser capaz y estar dispuesto a negociar con todos y cada uno de ellos.

Cómo lidiar con los bloqueadores

En muchos casos, el mayor problema al que deberás enfrentarte en este proceso de descubrimiento es que alguien del equipo de tu adversario te diga, te asegure, te prometa, te garantice que él es quien toma las decisiones cuando no es verdad. ¿Por qué ocurre esto tan a menudo? Pues, sencillamente, porque éste es un ejemplo más de cómo los seres humanos hacemos todo lo posible por sentirnos bien, y no es muy agradable tener que decir: «El director de mi sucursal tiene que revisarlo todo». No es exagerado afirmar que el proceso de toma de decisiones en una organización viene condicionado por la necesidad de las personas de sentirse bien. Cuando entramos en una recepción, ¿en qué se esfuerza el recepcionista? En sentirse bien. Forma parte de la naturaleza humana. ¿Quién quiere sentirse impotente? Las grandes empresas están organizadas en múltiples niveles: la cúpula directiva, los mandos intermedios, desarrollo de negocio, ingeniería, departamento legal, recursos humanos…; las distintas capas son interminables. La gente que trabaja en estos grandes entornos corporativos a menudo tiene la sensación de que terminará siendo engullida. Sabemos que somos reemplazables, porque hemos visto que la empresa sigue adelante incluso si se muere el director general; aun así, queremos *aportar algo* al gran esquema de las cosas. Queremos marcar la diferencia de una forma beneficiosa. Queremos sentirnos bien. Y una buena forma de conseguirlo es insinuar que formamos parte del proceso de toma de decisiones.

Los «bloqueadores» son este tipo de personas inocentes que desean tener algún tipo de función importante. Ten mucho cuidado con ellas. Una vez que hayas descubierto quiénes son los auténticos responsables de tomar las decisiones, a menudo es difícil acceder a ellos porque los bloqueadores se interponen en su camino. Si no puedes rodearlos o pasar por encima de ellos, nunca conseguirás tu objetivo. Recuerda a Craig Lehmkuhl, mi excelente alumno del capítulo 10 que aprendió por las malas que las dos partes en una negociación tienen un presupuesto. El de su adversario era tan elevado que no dudó ni un instante en firmar un cheque por valor de 50 000 dólares. Cuando Craig empezó a trabajar conmigo, su mayor problema era pasar por encima de las recepcionistas. Ésta es una situación muy habitual para las personas que se dedican a las ventas, pero también en otros ámbitos. El bloqueador puede ser la recepcionista que filtra las llamadas, el asistente de dirección, el codirector o, lo que es peor, la persona que crees, erróneamente, que toma las decisiones.

¿Los bloqueadores *se consideran* a sí mismos bloqueadores? A veces sí, porque tienen instrucciones explícitas de bloquear, pero a menudo no. Sólo saben lo que les hace sentir bien. Son defensivos por naturaleza y creen que su trabajo consiste en obstruir el progreso, crear obstáculos y, en última instancia, hacer que no consigas tus objetivos. Aunque es posible que tengan otras razones para bloquear. Puede que su puesto de trabajo esté en juego. Puede que tengan celos, porque tú pareces ser el que toma las decisiones en tu empresa, mientras que ellos, obviamente, no lo son en la suya; tú vas a conseguir mucho prestigio, comisiones o algún tipo de recompensa por este acuerdo, mientras que ellos no. En resumen, es posible que la recompensa del bloqueador tampoco sea demasiado importante.

Los grandes líderes se rodean de grandes bloqueadores a quienes les encanta lo que hacen. Esto es algo que siempre debes tener muy presente. Prepárate para las personas a las que les encanta hacer su trabajo. Podrías decidir incluir en tu agenda bajo el epígrafe «lastre emocional» la maraña de actitudes negativas de un bloqueador. (En el próximo capítulo explicaré esta idea con más detalle). Sea como fuere, trata siempre con respeto al bloqueador, incluso cuando estés rodeando su territorio cuidadosamente vigilado.

He ido describiendo a lo largo del libro los avatares de Network, Inc. la empresa que se encontraba en una situación muy delicada por culpa de un contrato muy mal negociado que no podía cumplir. Estaban a punto de cerrar, así que reunieron a un nuevo equipo de negociadores encabezado por mí. Una de las primeras cosas que descubrimos fue que nadie sabía quién tomaba realmente las decisiones en la otra parte. Cuando lo descubrieron, se dieron cuenta de que nunca habían oído hablar de *ninguno de ellos.* Eso sí que es sorprendente. Mientras el nuevo equipo husmeaba y hacía preguntas en la otra empresa, seguían apareciendo como candidatos a ser los verdaderos responsables de la toma de decisiones los mismos tres o cuatro nombres; sin embargo, todo el mundo mencionaba otro nombre, *excepto* el personal de su propia división. Al final resultó que este hombre era el auténtico responsable de tomar las decisiones y que la gente de su propia división era la encargaba de bloquearle.

El primer equipo de negociadores no sabía nada de él ni de ninguna otra persona importante. En pocas palabras, habían estado negociando con bloqueadores. Habían estado negociando con el departamento de compras, y el departamento de compras nunca debería participar en una negociación. Ellos se encargan del papeleo, no de las decisiones. Todo el mundo lo sabe. Cuanto más poder le daban al departamento de compras, menos eficaces se volvían ellos. Con la llegada del nuevo equipo, el departamento de compras quedó relegado de las negociaciones a todos los efectos.

El segundo grupo de bloqueadores al que tuvo que enfrentarse el nuevo equipo de negociación fueron los evaluadores técnicos de la máquina en cuestión. El jefe de este grupo de evaluación había sido desplazado dentro del organigrama de su propia empresa mientras ascendían a otros compañeros de trabajo. Estaba estancado y no tenía perspectivas muy positivas sobre el estado de la negociación. Defendía a capa y espada todas las decisiones que había tomado en el pasado relativas a este tema, y hacía todo lo posible por defender sus decisiones. Un comportamiento humano clásico. Una de esas decisiones había provocado que la empresa tuviera inmovilizado un equipo por valor de casi 100 millones de dólares. Así que tenía motivos sobrados para defenderse, y el acuerdo con Network haría que ese equipo quedara totalmente obsoleto. Todos los demás miembros del departamento estaban pidiendo a voces el equipo de Network, mientras que el bloqueador hacía todo lo posible para que los responsables tomaran la decisión contraria. Cuando esta persona se enteró de que el nuevo equipo de Network había descubierto finalmente quiénes eran los verdaderos responsables de la toma de decisiones, trató de sabotear todas las reuniones entre las partes, y la obstrucción continuó a buen ritmo durante el resto de la negociación.

Nunca está de más empezar por arriba

Puedes superar al bloqueador de varias maneras. Una de las formas más seguras es empezar por arriba. ¿Qué puede pasar si empiezas por arriba? Pues que te deriven de nuevo al bloqueador, pero no pasa nada, porque entonces tendrás un acceso privilegiado al territorio del bloqueador. Él sabrá que es seguro hablar contigo, y que tú sabes que él es un bloqueador. Empieza por arriba y estarás en disposición de informar a los de arriba. Tendrás permiso para acceder a la oficina del piso superior. Por tanto, los bloqueadores te tratarán con respeto. Si el director general tiene tiempo de hablar contigo, el bloqueador también lo tendrá. O más le vale encontrarlo.

Pero si no puedes empezar por arriba, tranquilo, no está todo perdido. Aún puedes tratar con el bloqueador desde abajo.

¡Ring! ¡Ring!

—Hola, ha llamado a la oficina del presidente de Estados Unidos. Tammy al habla.

—Tammy, me llamo Bill Jones y necesito su ayuda. ¿Cuáles son los criterios que debo cumplir para tener una audiencia con el presidente? Tammy, ¿quién tendría influencia sobre el presidente en temas relacionados con superordenadores capaces de ingresar miles de millones de dólares libres de impuestos al Tesoro público?

—Bueno, le recomiendo hablar con el presidente del Comité de Medios y Arbitrios de la Cámara de Representantes, el señor Smith.

—Tammy, ¿quién es su ayudante más competente? Me gustaría hablar con él.

—Claro, es mi antigua compañera de clase, Betty. ¿Quiere que le pase su número?

—Se lo agradecería. ¿Sería tan amable de contarle por qué la llamo? Como sabrá, es muy difícil llamar sin previo aviso.

—Sí, claro, encantada. Veamos si podemos localizarla.

Una fantasía, sí, pero este enfoque te puede resultar muy útil. No te limites a sortear al bloqueador; haz que trabaje para ti. Esto es mucho más fácil de conseguir cuando entiendes qué está tratando de hacer realmente: intentar sentirse bien. Muestra algo de empatía. Entabla una relación afectuosa.

«Bill, me gustaría hacer un trato contigo. Me gustaría repasar contigo nuestra propuesta. Si lo que te presento no te parece aceptable y sabes que no funcionará, dímelo y me marcharé. ¿Te parece bien? Genial. Hagamos un trato. Si te gusta lo que te propongo y crees que encaja con lo que quiere el comité, lo único que te pido es que me permitas representarme a mí mismo ante él. ¿Te parece bien?».

¿Qué acabamos de hacer? Proteger nuestra propuesta al tiempo que facilitamos que Bill se sienta bien. Si Bill acepta nuestra propuesta, luchará por ella, o al menos apoyará con firmeza nuestro programa ante el comité. Este enfoque suele funcionar. Si no funciona, si Bill no permite que nadie más lleve una propuesta ante el comité, si no está cómodo contigo y teme que el comité tampoco lo esté y le eche la culpa a él, recurre a la segunda opción.

«Bill, entiendo que, en ninguna circunstancia, nadie más que tú puede hablar con el comité. Lo único que te pido es que si no te gusta lo que te muestro, me digas que no y me largaré. Pero si te gusta nuestra propuesta y quieres recomendarla al comité, lo único que te pido es que me dejes asesorarte sobre mi propuesta y lo que podrías decir. Permíteme esperar fuera, en el vestíbulo, por si el comité quiere hacer alguna pregunta. De ese modo estarás protegido con la información adecuada en caso de que surja algún imprevisto. ¿Te parece bien? Ése será nuestro trato».

¿Y si Bill tampoco acepta esta propuesta? Recurre a la tercera opción.

«Bill, entiendo que nadie debe estar presente durante la reunión del comité, ni siquiera en la sala. Lo único que te pido es que me permitas asesorarte sobre lo que tienes que decir y que, si surge alguna duda, me permitas esperar en tu despacho. Puedes llamarme y te daré toda la información que necesites. Por supuesto, si no te gusta mi propuesta, no pasa nada, no me voy a ofender. Sólo dime que no y me marcharé. Intentaremos trabajar contigo en otra ocasión».

Si Bill sigue negándose –poco probable, pero posible– consulta tu presupuesto de tiempo y energía, porque la situación no parece muy prometedora. ¿Cuánto has invertido en la negociación? ¿Estás esforzándote demasiado? ¿Tienes alguna *necesidad*? ¿Deberías renunciar a ella sin mostrar ningún rencor? Sea cual sea tu decisión, será la correcta porque habrás conservado el control de la negociación. Has hecho todo lo posible para que el bloqueador se sienta bien. Para que se sienta cómodo. Le has dado varias oportunidades para decir que «no». No has intentado cerrar el trato. Le has dado muchas oportunidades para que cree una visión. Y, por último, si consideras que Bill es una causa perdida, siempre puedes moverte en la dirección que quieras dentro de la organización. El negociador con talento se mueve libremente dentro del proceso de decisión. El negociador con talento disfruta resolviendo el juego del trilero.

12

Ten una agenda y utilízala

Cómo controlar el caos inherente a una negociación

Mi sistema está diseñado para ayudar a controlar el caos de una negociación, y a veces la palabra «caos» no es tan negativa como cabría esperar. Las cosas se complican rápidamente y los adversarios pueden zaran-
dearnos en muchas direcciones distintas. ¿Cuántas veces te has
preguntado *qué ha pasado, qué ha salido mal, qué debería haber hecho de
otro modo, qué debo hacer ahora, con quién tengo que hablar* y *qué debo
decir*? En resumidas cuentas: estás confuso, das bandazos, tus presupuestos están descontrolados y tu capacidad para tomar decisiones eficaces está en peligro. Negociar de esta manera tan dispersa y sin rumbo
es la mejor manera de conseguir que te pateen el trasero a diario, y eso
no es divertido. En este capítulo te presentaré la parte de mi sistema
que te permitirá saber qué ha ido mal, qué hacer a continuación, cómo
mantener el rumbo de la negociación, cómo seguir tomando decisiones
eficaces y cómo mantener el trasero intacto. El tema son las agendas.

En cualquier campo, las personas con más éxito son aquellas que se
enfrentan directamente a los problemas más difíciles. En el mundo de
la negociación ocurre lo mismo. La capacidad para identificar los problemas más importantes y llevarlos a la mesa de negociación mediante
una agenda mejorará exponencialmente tus resultados. Las agendas

también nos ayudan a mantener el control emocional. Son nuestra primera línea de defensa en ese terreno, nuestra herramienta infalible para mantener el rumbo. Nunca me cansaré de enfatizar su enorme valor.

La preparación de la agenda es un excelente ejercicio en sí mismo, además de una buena forma de verificar tu capacidad para ver la negociación con claridad y asignar prioridades. En los equipos de negociación de las grandes empresas, las agendas válidas son fundamentales para lograr que todos los miembros del equipo estén en sintonía durante los diversos encuentros con los distintos adversarios. Si cinco miembros del equipo que utilizan la misma agenda vuelven con cinco respuestas completamente distintas, lo más aconsejable es que dediquen algo de tiempo a analizar detenidamente las discrepancias. ¿Los miembros del otro equipo no están en sintonía o se la están jugando? Son cosas que hay que saber. Por tu parte, si a tu equipo le está costando elaborar agendas claras, es muy probable que también tenga problemas con la misión y el propósito, con los objetivos, con la capacidad de hacer borrón y cuenta nueva, con la habilidad de pintar el dolor del adversario, con los presupuestos o con todo esto a la vez.

Como ocurre con la misión y el propósito y los presupuestos, las agendas del sistema Camp son diferentes de las que utilizan la mayoría de los negociadores y las personas de negocios. La típica agenda de negocios enumera los temas a tratar, a menudo sin un orden concreto. Incluso si lo hay, ya sabemos lo que ocurre con demasiada frecuencia: que el orden previsto se deja más o menos de lado y empieza una batalla campal. Como suele pasar con la mayoría de las reuniones de trabajo, termina convirtiéndose en una frustrante pérdida de tiempo y energía. Tus agendas tienen que ser mejores. Deben ofrecer un camino claro por el que avanzar a través de la espesura de la negociación.

Toda sesión de negociación –incluso una llamada telefónica o un correo electrónico, independientemente de lo breves que sean, incluso si es sólo un minuto o un párrafo– requiere una agenda. Quizá esto suene radical al principio, pero en realidad no lo es. Cada llamada y correo electrónico tiene un propósito, ¿verdad? Espero que sí. *Entonces, ¿cuál es el propósito?* La agenda lo aclara. De hecho, ¿qué otra cosa puede guiarnos a través del día a día de una negociación *aparte* de las agendas? No hace falta ser un obseso del control para disfrutar del control que ofrecen las agendas que funcionan bien.

Todas las agendas deben negociarse

—Joe, ¿no es lo mejor que has visto nunca? ¿No lo necesitas ahora mismo? ¡Está hecho para ti, Joe!

Ni hablar. Nunca se le puede pedir a un adversario que haga algo si antes no has negociado con él una agenda válida.

—Bill, he dicho que le echaría un vistazo, y lo he hecho. En ningún momento he dicho que lo compraría.

En mi sistema, no hay agendas ocultas. No tendría sentido. ¿De verdad esperas conseguir un acuerdo *duradero* dando sorpresas? Sácatelo de la cabeza. La única agenda válida en una negociación –la única que producirá resultados– es aquella que has negociado previamente con tu adversario.

Tómate el tiempo que necesites para entender las implicaciones de esta regla: la única agenda válida en una negociación es aquella que has negociado previamente con tu adversario. Cuanto más eficaz seas a la hora de negociar la agenda, más cómoda se sentirá la organización adversaria a la hora de permitirte entrar en su santuario. Tu competencia será reconocida y *aceptada*.

Intentémoslo de nuevo con Joe.

—Joe, no estoy seguro de que esta información tenga algún valor para ti, y si no lo tiene, dilo y no seguiremos adelante. ¿Te parece bien? De acuerdo. Entonces, ése será nuestro acuerdo. Si no es aplicable, no seguiremos adelante. Si es aplicable, seguiremos adelante, ¿de acuerdo?

Con esta agenda, Bill no se sentirá sorprendido ni presionado para cerrar el acuerdo. Le has ofrecido la posibilidad de decir que «no». Has reiterado tu propuesta tres veces (3+). Tienes tus emociones bajo control. ¡Menuda agenda!

Antes de hacer su declaración inicial durante la conferencia telefónica en la negociación de Network, Inc. que hemos estado siguiendo, el presidente de Network dijo esto: «Si tienen alguna pregunta, por favor, háganmela a mí. Yo seré el único que responda a las preguntas, a menos que se la ceda voluntariamente a otra persona. ¿Les parece bien a todos?». Esto es un ejemplo de lo que yo llamo una miniagenda. Se puede tener una agenda principal y varias miniagendas a las que recurrir si surge algún problema fuera del ámbito de la agenda principal. Una miniagenda puede ser casi *cualquier* cosa, pero debe incluir *todo* lo necesario. Ningún detalle es demasiado insignificante.

«¿Puedo hacerte una pregunta difícil sin que te enfades conmigo? ¿Estás seguro de que puedo hacerte una pregunta difícil? ¿No te enfadarás?».

Esto es otra miniagenda (y otra 3+). Con esta miniagenda en marcha, puedes hacer la pregunta sin miedo; sin embargo, de haber hecho la pregunta sin avisar, tu adversario podría haberse levantado de la mesa. Las agendas y miniagendas no sólo te hacen sentir cómodo a ti, sino también a tu *adversario*. Y si tu adversario está cómodo, tú mantienes el control y la ventaja.

Qué puede contener una agenda

Una agenda o una miniagenda válida tiene cinco categorías básicas:

1. Problemas
2. Tu bagaje personal
3. Su bagaje personal
4. Lo que queremos
5. Lo que sucederá después

Cualquier agenda puede incluir temas de alguna o de todas estas categorías, pero todos los temas que necesitas negociar –todos y cada uno de ellos–, entrarán en una de estas cinco categorías. Veamos cada una de ellas en detalle.

Problemas

¿Qué es un «problema»? Todos sabemos la respuesta, en sentido general, y aquí estoy hablando en sentido general. Un problema es cualquier cosa que consideres un problema. ¡Cualquier cosa! Incluso pueden ser imaginarios, no reales. ¿Cómo puede ser válido un problema imaginario? Si para alguna de las partes es un problema imaginario, está en el aire, y si está en el aire, hay que solucionarlo. Así que si tu adversario cree que tiene un problema aunque tú no creas que lo sea, debes considerarlo como tal.

Seré más concreto. Tu empresa tenía fama de ofrecer un mal servicio. Ese problema ya está resuelto, como bien saben tus clientes actuales. Ahora bien, la negociación es con un adversario que se acuerda de los viejos tiempos, que te dio por perdido (quizá justificadamente) y que ahora ha decidido darte otra oportunidad. Ese recuerdo negativo es *indudablemente* un problema. Ponlo en la agenda, desde el principio. O una gran empresa tenía tan mala reputación con sus proveedores que los directivos no querían saber nada de ella. Habían tenido demasiadas experiencias negativas. Ahora ha tenido que cambiar (un escenario poco creíble, lo reconozco), pero muchos de esos proveedores aún no lo saben. Tienes que poner en la agenda el tema de tu reputación.

Supongamos que pones a la venta el automóvil más caro del mundo. Pese a no hacer ninguna suposición –nunca deben hacerse, porque nunca se sabe–, entiendes que el dinero puede ser un problema real para muchas personas a las que les encantaría tener ese coche, y pones este tema sobre la mesa para que se considere de antemano. Puede que sea el primer punto de tu agenda para la primera negociación.

«Bill, mi negocio consiste en proporcionar a la gente los mejores vehículos del mundo. Antes de seguir adelante, ¿estás en condiciones de gastar o financiar 200 000 dólares para comprar un Rolls-Royce? Es mucho dinero, lo entiendo… Estupendo. ¿Podrías extender un cheque por 200 000 ahora mismo? Genial. ¿Con qué banco extenderías el cheque?… Ah, entiendo, antes de extender el cheque pedirías un préstamo al banco… Ah, ¿pedirías prestado el dinero a cualquier banco que te lo concediera? Interesante».

Has cuidado, has hecho reversión, has conectado y has descubierto el estado de la situación. Buen trabajo. Por supuesto, este escenario es extremo, pero los extremos sirven para proporcionarnos imágenes claras. Recordemos la negociación con Craig, el agente inmobiliario que necesitaba 50 000 dólares adicionales para cerrar el trato. En cuanto esto se convirtió en un problema, lo incluyó en la agenda. Si hubiera ocultado el problema, lo más probable es que hubiera tenido que renunciar al acuerdo.

A continuación tienes una pequeña muestra de diversos problemas que han formado parte de las agendas de profesionales con los que he trabajado:

- No entendemos la visión que tiene el señor Smith de su negocio.
- Existe un muro de cristal entre las dos empresas. Nos vemos, pero mantenemos las distancias. Esto puede estar impidiéndonos a nosotros acceder a su tecnología e impidiéndoles a ellos acceder a la nuestra.
- Nuestra empresa no entiende hacia dónde se dirige el adversario con su nuevo programa y, por tanto, no contamos con la misma preparación.
- Nuestra empresa no sabe qué necesita realmente la empresa X. Sería imprudente por nuestra parte responder a su solicitud de propuesta en este momento.
- El señor Jones no vendría a la demostración.
- Nuestra empresa está centrada en las oportunidades reales con clientes que valoran nuestra tecnología. No solemos hacer demostraciones para todos los clientes que las solicitan.
- Estamos recibiendo instrucciones contradictorias por parte de distintos departamentos de su empresa.
- El edificio que queremos comprar no está en la zona adecuada.
- El edificio que queremos vender no está en la zona adecuada.

- Probablemente necesitemos que el vendedor nos ayude con la financiación, quizá con una segunda hipoteca.
- Su producto es magnífico, pero siempre ha sido demasiado caro para nosotros. Seguimos teniendo esa actitud negativa.
- Su empresa tiene fama de comprar sólo la «fruta más barata», y nosotros somos un servicio *premium*.

Por supuesto, cualquier lista de problemas potenciales es literalmente infinita. Cada negociación es diferente y tendrá una serie específica de problemas, pero no tardarás mucho en descubrir que la mayoría de ellos están relacionados con las principales categorías de mi sistema: ¿quién toma las decisiones?, ¿cuál es su dolor?, ¿qué presupuesto tiene? En el caso de Network, Inc., el nuevo equipo que sustituyó al incompetente equipo anterior tuvo que empezar prácticamente de cero con todos los problemas que arrastraba la negociación. Tuvieron que hacer un montón de preguntas y un montón de borrón y cuenta nueva.

Con demasiada frecuencia, los negociadores tratamos de *no* reconocer nuestros problemas o, si los reconocemos, tenemos la tentación de esconderlos bajo la alfombra y esperar que desaparezcan. Si los problemas parecen insuperables, nos rendimos. En resumen, a menudo el verdadero problema subyacente a todos nuestros problemas somos *nosotros* mismos, pues somos incapaces de afrontarlos de frente. Ahora bien, si decidimos enfrentarnos a ellos, el adversario nos verá como personas eficaces, algo que resulta altamente reconfortante tanto para el adversario como para nosotros mismos.

Bagaje personal: El nuestro y el suyo

El bagaje es el conjunto de experiencias y observaciones vitales –algunas antiguas, otras nuevas, algunas inteligentes, otras absurdas– que llevamos a cuestas todo el tiempo. Aunque hayamos dejado atrás buena parte de nuestro bagaje personal, durante una negociación puede aparecer otro tipo de bagaje. ¿Cuánta gente crees que carga con bagaje relacionado con el sexo, la edad, la religión, la educación, la apariencia, las actitudes, la situación económica, la experiencia o el hecho de hacerse mayor? Debes solucionar desde el principio cualquier tipo de bagaje que creas que va a ser un problema durante la negociación. Algunos de mis nuevos clientes se sorprenden al descubrir que deben incluir en la agenda estas cuestiones. Creen que ésta sólo sirve para tener en cuenta los grandes temas del acuerdo final: el precio unitario, los plazos de entrega y otras cuestiones parecidas. Después de pensarlo, entienden que tengan que incluirse estos «problemas», pero ¿el «bagaje»?

Yo siempre digo lo mismo: las agendas y miniagendas sirven para exponer *todo* aquello que tendrá una influencia significativa en la consecución del acuerdo. No cabe duda de que el bagaje personal encaja en esa categoría.

Al sacar a relucir el bagaje personal, ¿no estamos haciendo *suposiciones?* ¿Y no has dicho que debemos evitarlas? Muy buenas preguntas. El bagaje es el único tema sobre el que puedes hacer suposiciones respecto a tu adversario, basándote siempre en tu experiencia con otros adversarios y en cómo te han percibido éstos. Debes tener una experiencia personal en el tema; el bagaje es una conjetura basada en la *experiencia personal.* Si tienes alguna suposición de este tipo, debes plantearla. Aunque puede que te resulte difícil, deberías tener más miedo del bagaje que ni se reconoce ni se negocia desde el principio.

A tu adversario *no* le molestarán las preguntas sobre su bagaje. No es tan inocente. Sabe perfectamente de dónde vienes. De hecho, te respetará aún más por preguntar. O puede que el bagaje que pongas sobre la mesa se *cargue* el acuerdo en ese mismo momento. Tal vez tu adversario no se tome en serio a alguien relativamente inexperto. (Suele ocurrir). ¿Qué consecuencias tiene, por tanto, reconocer tu falta de experiencia y que el adversario se marche? De todas formas, no ibas a conseguir nada de él. Al menos has conseguido mantener tu presupuesto de tiempo y energía extremadamente bajo. Ahora bien, si tu adversario no se va, te habrás ganado su respeto por tu franqueza y aptitud, además de haber abierto una vía por la que transitar sin tener que ir a ciegas.

—George, soy nuevo en esto. Si mi inexperiencia va a ser un problema en esta negociación, prefiero que quede claro desde el principio.

—Sí, ahora es un buen momento. John, el único problema que tengo con que seas nuevo en esto es que si surge algo que no puedas gestionar con confianza, quiero que me asegures que llamarás a alguien para que te ayude. Alguien que realmente sepa cómo gestionar el problema. Si a ti te parece bien, no veo ningún problema.

—Sí, me parece bien. ¿Estás seguro de que te sentirás cómodo?

—Sí, John. Me parece bien.

—Perfecto, pues tenemos un acuerdo. Si no puedo gestionar algo con total confianza, llamaré a mi jefe para que me ayude. Ése es el trato, ¿verdad?

—Exacto. [Fíjate en el uso de la técnica 3+. George aceptó el acuerdo tres veces. A veces uno de los temas de la agenda ayuda a despejar la atmósfera].

—Chicos, soy abogado. ¿Tenéis algún problema con eso? [La gente se ríe, lo que representa un avance, pero tú sigues adelante con la técnica 3+]. En serio, los abogados no salimos muy bien parados en las encuestas. ¿Seguro que no es un problema? [Todo el mundo niega con la cabeza, así que lo repites por tercera vez]. ¿No? Estupendo. ¡A todo el mundo le encanta que sea abogado! [Más risas].

Te has convertido en un tipo estupendo y, al fin y al cabo, no todos los abogados son iguales. Ahora bien, si no hubieras sacado el tema, al cabo de unos días o unas semanas podrías haber oído algo así:

«Bueno, Bill, ya que este contrato es tan importante, te llamaré cuando lo haya estudiado y consultado con algunas personas».

Pero lo que realmente está pensando es:

«No me fío ni un pelo de los abogados. Creo que lo consultaré con la competencia. Y con mi abogado».

O, en una situación diferente, tu adversario podría responder: «Me gusta lo que me has enseñado, Betty. Llámame dentro de unas semanas y te comunicaré mi decisión». Cuando lo que está pensando se parece más a esto: «Los dispositivos son cosa de hombres. ¿Qué sabrás tú de ellos?». Si Betty se ha topado anteriormente con este tipo de prejuicios, debería sacar el tema desde el principio diciendo: «John, soy una de las pocas mujeres que trabajan en el sector de los dispositivos. Sólo conozco a otra.

Somos una excepción en el sector, admitámoslo. Francamente, me he encontrado con el resentimiento de algunos hombres sólo por el hecho de ser mujer. ¿Cómo lo ves tú?». Y entonces, independientemente de cuál sea la respuesta de John, hay que proceder con la técnica 3+. Es posible que no sea sincero, pero el hecho de que la cuestión esté ahora sobre la mesa podría hacer que se lo pensara dos veces antes de dejar que cualquier prejuicio afecte a sus decisiones.

Otro bagaje personal que he visto gracias a mi experiencia:

- Su negociador jefe trabajó para nosotros y tuvo una experiencia claramente negativa.
- Nuestro negociador jefe trabajó para ustedes y tuvo una experiencia claramente negativa.
- Nuestro principal competidor ha sido su proveedor durante doce años.
- Llevamos tres años sin llamarlos.
- Su departamento de producción tiene prejuicios contra nosotros y no quiere ampliar nuestra participación en su empresa.
- Nos hemos retrasado sistemáticamente en la entrega de sistemas.
- No cree que podamos hacerlo mejor que nuestros competidores.
- Cree que nuestra empresa es demasiado cara.
- Cree que nuestra empresa es demasiado pequeña para poder confiar en ella.
- No le gusta nuestra política de precios duales y le preocupa el servicio técnico en el extranjero.
- Estamos peligrosamente cerca de *necesitar* hacer algunos pedidos a corto plazo.

Obviamente, la línea que separa los problemas del bagaje es muy fina y difícil de precisar. El bagaje desechado por todos los implicados no es un problema. El que aún no ha sido desechado sigue siendo un problema. Asegúrate de incluir en la agenda *todos* los problemas y bagajes personales. Usa tu imaginación, tu experiencia y tu sentido común. En caso de duda, lo mejor es incluir en la agenda el problema o bagaje de un candidato.

Deseos

Además de los problemas y el bagaje, los «deseos» también pueden incluirse en la agenda, pese a que pueden llegar a ser mucho más complejos que cualquiera de las otras dos categorías. Considera si no esta corta conversación.

—John, tengo una idea para tu negocio que podría aumentar su valor espectacularmente.
—Está bien, Bill. Veamos de qué se trata.
—Genial, John. Te lo expondré aquí mismo sobre el escritorio.

Diez minutos después:

—Me gusta lo que veo, Bill. Llámame dentro de una o dos semanas, por entonces ya lo habré estudiado detenidamente.

¿Descabellado? Te invito a sustituirme unos días como *coach*. Esto es algo que veo continuamente con mis nuevos clientes. ¿Qué *quería* Bill en esta negociación? La conversación no nos da ninguna pista. ¿Cuál es el resultado? Por desgracia, eso sí lo sabemos: el pobre Bill se ha ido de la lengua y ahora está completamente a merced de su adversario. De hecho, conozco una situación similar en la que el adversario, que no se había comprometido a nada, le propuso la idea a un tercero y se coló por la puerta de atrás en el negocio como corredor registrado. ¡Además de herido, humillado!

De entre todos los temas implicados en una negociación que *deberían* figurar en la agenda, pero que a menudo no lo están, los deseos son los más importantes. En este sentido, son la principal causa de fracaso. A menudo, los negociadores no saben lo que quieren; lo que quieren de verdad, es decir, sus objetivos inmediatos mientras recorren el largo y tortuoso camino. Sólo quieren un acuerdo firmado, eso es todo. No tienen ni idea de lo que quieren en cada etapa del proceso de toma de decisiones *a lo largo del camino*. Piensan en los fines, que quedan más allá de su control, no en los medios, que podemos controlar gracias a las agendas.

Sin una idea clara de lo que queremos en cada etapa de la negociación, no podemos incluirlo en la agenda. Y si no podemos incluirlo en la agenda, no podernos pedirlo. Y si no podemos pedirlo, quedamos completamente a merced del adversario.

Por tanto, si queremos mantener el control en la medida de lo posible –y lo queremos–, tenemos que incluir lo que queremos en todas nuestras agendas. (Lo que queremos, no lo que *necesitamos*. No necesitamos nada, por supuesto).

Aunque es verdad que a veces es difícil saber lo que queremos, si lo descubres, tu agenda te hará «rico». Puedes cometer todos los errores del mundo durante la negociación, pero si sabes lo que quieres y consigues que esos deseos formen parte de una agenda negociada con el adversario, seguirás teniendo una oportunidad.

¿Cómo podría haberse estructurado la negociación del incompetente de Bill con John para que Bill siguiera teniendo el control? En primer lugar, Bill debería preguntarse qué quiere en esta primera fase de la negociación. Lo que quiere, o debería querer, es proteger sus ideas. El siguiente habría sido un enfoque mucho más productivo:

—John, si tuviera una idea para tu empresa que puede aumentar su valor de forma espectacular en los próximos cinco años, ¿quién estaría implicado en el proceso de decisión?

—Bill, yo tomo todas las decisiones.

—Por supuesto que sí, pero ¿quién te aconsejaría mejor en materia financiera?

—Bueno, Bill, el jefe soy yo, pero me gustaría que mi abogado y mi asesor fiscal le echaran un vistazo.

—Ya veo. John, ¿a quién más involucrarías?

—A nadie más.

—John, esto es lo que me gustaría que hicieras. Tengo una idea que me gustaría enseñarte. Si te gusta, ¿podríamos enseñársela juntos a tu abogado y a tu contable? Por supuesto, si no te gusta, lo dejamos estar. ¿Te parece bien?

—Sí, me parece bien.

—Vale, John, el trato es que si te gusta mi idea, iremos juntos a ver a tu abogado y a tu contable. Por favor, ¿puedes firmar este documento para proteger mis ideas? Básicamente dice que otros no pueden usar mis ideas sin indemnizarme. John, ¿te parece bien proteger mi trabajo?

—Claro, no tengo ningún problema. Quien hace el trabajo, lo cobra.

—¿Estás seguro de que te parece bien, John?

—No tengo ningún problema, Bill. Me parece justo. Deja que lo firme.

Bill, haciendo unas cuantas preguntas y planteando lo que quería en ese momento, ha sido capaz de negociar una agenda sobre la que podía tener cierto control. Por supuesto, esto no significa que vaya a conseguir el acuerdo. Todavía tiene por delante arduas negociaciones. Pero al menos tiene la oportunidad de empezar con buen pie.

Saber lo que queremos en cada etapa de la negociación –lo que queremos en cada agenda– nos ayuda a seguir teniendo clara nuestra misión y propósito y nuestros objetivos. Además, nos permite pensar con claridad en cómo vamos a proceder: A, B, C, D, E y el resto de etapas hasta llegar a la Z y a un acuerdo duradero.

Pero ¿y si John se niega a firmar el acuerdo propuesto? Bueno, averígualo. Si sabemos desde el principio lo que queremos, no sentiremos la necesidad de hacer concesiones ni correremos el peligro de que nos tomen el pelo más tarde.

Si en un momento dado de la negociación no sabes lo que quieres, descubre qué otra cosa está fallando. ¿Tienes clara tu misión y propósito? Si no has preparado la sesión de negociación, ¿cómo vas a saber lo que quieres obtener de esa reunión? Sin embargo, si sabes exactamente lo que quieres, ¿cómo crees que te percibirá tu adversario? Pensará que eres eficaz. Si sabes exactamente lo que quieres y además es algo válido, ¿a partir de cuándo empiezas a hacer concesiones? No haces concesiones nunca.

Echa un vistazo a estos «deseos»; la mayoría están sacados de negociaciones reales, pero otros son genéricos:

- Queremos compartir nuestra visión de negocio y sobre cómo debe proceder la negociación.
- Queremos que su empresa entienda que estamos comprometidos con su éxito.
- Queremos conocer su opinión sobre nuestra sugerencia de modificar las tarifas.
- Queremos una reunión para discutir los últimos cambios en su propuesta.
- Queremos su pleno apoyo a nuestros programas.
- Queremos una comparación *objetiva* entre nuestro servicio y el de nuestros competidores.
- Queremos que entienda que este sector está cambiando rápidamente y que vea adónde podría llevarle en el futuro su decisión sobre los precios.
- Queremos que nos explique con claridad qué necesita exactamente de nosotros en este momento.
- Queremos una reunión con el presidente, el único que toma las decisiones en esta empresa.
- Queremos una demostración de su producto.
- Queremos que nos asegure que su inventario y su línea de producción pueden cumplir los requisitos de este cronograma optimizado.
- Queremos el informe de termitas.
- Queremos su estado financiero.
- Queremos su currículum.
- Queremos el primer borrador del contrato.
- Queremos más tiempo para responder a su solicitud de propuesta.
- Queremos una fecha definitiva en la que responderá a nuestra solicitud de propuesta.

La lista podría ser infinita. En una negociación compleja real podría ocupar varias páginas. Un buen ejercicio consiste en imaginar una negociación «típica» en tu sector –si es que las hay– y elaborar una lista de deseos para todo el proceso. La lista completa puede llegar a ser muy larga.

Ahora quiero examinar más detenidamente la lista anterior, porque los deseos que aparecen en ella no son lo suficientemente claros. Piensa en esto: ¿qué implica cada deseo para el adversario? Una decisión, por supuesto.

Se trata de algo bastante obvio, ya que todo progreso depende de decisiones. Por lo tanto, me gustaría que consideraras cada deseo de la negociación en función de la decisión que debe tomar tu adversario para satisfacerlo.

Y, por supuesto, siempre cabe la posibilidad de que diga que «no». Siempre hay que darle al adversario esa posibilidad. Por tu parte, desconfía de cualquier «sí» y muéstrate extremadamente desconfiado de cualquier «tal vez».

Podríamos rehacer la lista anterior de la siguiente manera:

- Queremos que rechace o acepte nuestra visión de negocio y cómo debe desarrollarse la negociación.
- Queremos saber si piensa que nuestra empresa está comprometida o no con su éxito.
- Queremos que rechace o acepte nuestra sugerencia de modificar las tarifas.
- Queremos que rechace o acepte la propuesta de celebrar una reunión para discutir los últimos cambios de su propuesta.
- Queremos saber si apoya plenamente o no nuestros programas.
- Queremos que presente o se niegue a presentar el informe de termitas.
- Queremos que nos conceda o se niegue a concedernos más tiempo para responder a su solicitud de propuesta.

Éste es un buen ejercicio para entender que cada uno de nuestros deseos requiere decisiones por parte del adversario. Al plantear tus deseos en función de esas decisiones, te recuerdas a ti mismo que debes vivir en el mundo del adversario, un elemento que está presente en todo mi sistema.

Aunque en la mayoría de las negociaciones siempre hay un momento en que uno de tus deseos se convierte en número –un precio, una cantidad–, siempre debes recordar que los números nos limitan. Evítalos hasta el momento oportuno. (Un ejemplo muy reciente: después de cotizar a un coste unitario de 185 dólares durante una negociación previa a la etapa Camp con una empresa muy importante, uno de mis clientes acaba de pasar a 290 dólares en la era Camp. Esto ocurre mucho más a menudo de lo que crees).

Como comprador, *no* conviene conocer los precios del vendedor en la primera reunión a menos que se trate de una negociación extremadamente sencilla.

Como vendedor, *no* interesa saber cuánto está dispuesto a pagar el cliente en la primera reunión. Los deseos avanzan en paralelo al resto de los principios de mi sistema. Tus primeros deseos tendrán que ver con el panorama general: quizá con el bagaje de tu adversario y, sin duda, con su visión, dolor, necesidades y presupuestos.

¿Cuál es el siguiente paso?

El último punto de la agenda es «¿Cuál es el siguiente paso?». ¿Cuántas veces has dado por sentado en una negociación que, cuando la otra parte ha dicho que le llames lo decía en serio, pero cuando has llamado estaban ocupados y no podían hablar contigo? ¿Cuántas veces un negociador inexperto acepta un desplante del tipo «hablaremos en unas semanas» porque se deja llevar por una conversación trivial, se siente incómodo, abandona el tema, hace suposiciones y no concluye el negocio? Ocurre todos los días porque nos dejamos arrastrar por la emoción de los momentos finales de una reunión o una llamada telefónica. Por eso es muy importante aprender rápidamente a controlar la situación negociando adecuadamente lo que sucede a continuación.

Aunque éste también puede parecer un tema trivial, como encontrar al responsable de tomar las decisiones, no lo es en absoluto. Por el contrario, nos ayuda a protegernos de las suposiciones injustificadas (aunque, aparte del bagaje, tú no debes hacer ningún tipo de suposición).

Además, nos da una ventaja de cara a la siguiente agenda. Es simplemente obligatorio. Y, por supuesto, el siguiente paso siempre debe negociarse con el adversario, y verificarse tres veces.

Ya hemos dicho suficiente

La lógica es muy sencilla: la agenda nos permite saber en qué punto de la negociación nos encontramos. Al ponerla en práctica, *mejoramos* nuestra posición.

13

Defiende tu postura, si te empeñas

No te dejes engañar por las bondades de PowerPoint

En muchas áreas de negocios, y por tanto en muchas negociaciones, la presentación es el acto formal donde se muestra el producto o servicio, se exponen sus características, ventajas y precios, y se solicita una respuesta formal: *éste es mi dispositivo, esto es lo que hará, por esto es mucho mejor que cualquier otro dispositivo del mercado, esto es lo que cuesta, ¿cuántos quiere comprar ahora mismo?* A menudo, la presentación se hace después de la solicitud de propuesta, algo de lo que estoy completamente en contra. Para disgusto de algunos de mis propios clientes, la presentación es esa parte de la teoría básica de la negociación (del todos ganan y otras técnicas similares) que la vieja escuela puede pensar que tiene un enorme valor, pero que en realidad no tiene prácticamente ninguno.

Conozco muchísimos casos en que la presentación resultó *contraproducente,* e incluso letal, para la posición del presentador en la negociación. Creo que la mejor presentación que se puede hacer es aquella que tu adversario nunca ve.

Lo repetiré para que quede claro: la mejor presentación que se puede hacer es aquella que tu adversario nunca ve.

Para empezar la defensa de esta postura, plantearé algunas preguntas con partícula interrogativa: ¿cuándo fue la última vez que deseaste que el comercial/agente/quien sea se callara durante cinco minutos para poder descubrir la oferta por ti mismo?, ¿cuántas veces has entrado en una tienda y un vendedor inmediatamente se te ha pegado como una lapa? Imagino que muchas. La mayoría prefiere que los dejen solos para echar un vistazo tranquilos y, más tarde, cuando estén preparados, pedir ayuda y hacer preguntas. En cambio, ¿cuántas veces has sentido la necesidad de actuar inmediatamente después de una presentación formal de negocios? Apuesto a que nunca. En el mejor de los casos, se trata de una formalidad absurda o, mejor aún, una estratagema insidiosa para conseguir que el adversario se vaya de la lengua sin propósito alguno.

La mejor presentación que puedes hacer es aplicar tu sistema e implantar una visión y pintar el dolor de tu adversario eficazmente.

Uno de mis mejores clientes al principio era tan escéptico con mi sistema como cualquier otra persona que haya trabajado conmigo. Ni siquiera sé por qué decidió seguir adelante, dado que mi sistema le parecía tan contradictorio con su forma de pensar que le resultaba casi «contracultural», y él no es precisamente un tipo contracultural. Y, a pesar de eso, ha logrado convertirse en un excelente negociador. Trabaja en el sector inmobiliario, donde las solicitudes de propuesta están al orden del día, excepto para él. No importa si está negociando con una junta de urbanismo o con un conglomerado japonés. Si logra crear una imagen clara del dolor y una visión de futuro, no necesita hacer ninguna presentación formal. Aunque esta persona es un gran negociador, no es un mago. Si el sistema puede funcionar para él, puede funcionar para cualquiera que trabaje en el sector inmobiliario.

Un principio fundamental de mi sistema es que la negociación debe tener lugar… ¿dónde? Exacto, en el mundo de tu adversario. Para ello, haces preguntas con partícula interrogativa y las respuestas de tu adversario van conformando su visión. No debes *decirle* nada a nadie, recuerda. Tienen que *verlo* por sí mismos. Ahora bien, ¿cómo funcionan la mayoría de las presentaciones? Tratan de *decirle* al adversario no sólo algo, sino *todo,* y después esperan contra todo pronóstico que el adversario acepte lo que le han dicho. Sin embargo, la presentación, por definición, pone al adversario en modo racional. Y cuando el adversario está en modo racional, empieza a plantear objeciones. Si no me crees, piensa en tu propia experiencia. Cuando alguien te presenta algo, sientes el impulso de buscar las objeciones, las discrepancias y los errores, y siempre los encuentras. La presentación clásica sólo sirve para crear objeciones, de modo que acabas *respondiendo* preguntas en lugar de plantearlas.

Cuando planteo la cuestión de las presentaciones de este modo en los centros de trabajo, mucha gente suele asentir con la cabeza. Saben que tengo razón.

Si has hecho un buen trabajo mostrándole a tu adversario su dolor, una presentación es sólo una pérdida de tiempo y energía. Y si *no* lo has hecho, la presentación no corregirá ese error, y tampoco aportará demasiado. ¿Qué vas a presentar? ¿Cómo sabes que los puntos de tu presentación tienen algún interés para tu adversario? No lo sabes, porque no conoces su dolor. Así que cuando alguien quiere «presentarme» algo, sé que no ha logrado pintar el dolor. No sabe cuál es mi dolor. Si lo supiera, no estaría haciendo una presentación a ciegas, tirando puñados de barro a la pared y esperando que algo quede pegado.

Además, las presentaciones muestran necesidad y, a menudo, dan la sensación de que el adversario tiene prisa por cerrar el acuerdo. ¿Y no pueden dar también la impresión de que estamos arrebatándole el derecho a decir que «no»? Por supuesto que sí. También puede ser que quieras hacer una presentación porque la negociación no va a ninguna parte y ésa es tu última baza. O puede que el adversario insista en que la hagas como parte de una estratagema. Así que te pones manos a la obra, te vas de la lengua y les demuestras lo genial que eres. ¿Qué has conseguido realmente? No hace falta que me creas. Si piensas honestamente en tu propia experiencia, estoy seguro de que estarás de acuerdo conmigo en que, pese a que las negociaciones eficaces han *sobrevivido* a las presentaciones formales, lo cierto es que nunca las han necesitado.

—Necesitamos una presentación sobre su negocio.

—Bueno, es que no tengo ni idea de cómo se hace eso. De verdad, no tengo la menor idea. Si supiera cuál es su situación, qué necesita, qué le interesa, estaría encantado de abordar sus preocupaciones. Para eso estoy aquí. ¿Qué le impulsa a pedirme una presentación? Es decir, ¿por qué quiere mi dispositivo? Lleva siete años negociando con Dispositivos USA. A estas alturas debe de tener el mejor precio posible. ¿Cómo podríamos competir nosotros con Dispositivos USA? ¿Por qué está interesado ahora en Dispositivos International?

—Pero si fue usted quien nos llamó.

—Sí, y me alegro de haberlo hecho. Me interesaba saber cómo les va con Dispositivos USA. Debe de haber alguna razón por la que me han invitado a esta reunión. Debe de tener algún interés en Dispositivos International. Pero necesito saber qué es.

No se trata de una conversación demasiado rocambolesca, sino una forma eficaz de enfrentarse a una solicitud de propuesta, de poner las cosas en movimiento, aunque haya que hacer algo oficial hacia el final de la negociación.

En una ocasión, uno de mis clientes logró cerrar un acuerdo por un valor de 200 millones de dólares con una multinacional forzando a su *adversario* a hacer una presentación. Después de unos diez meses tratando de encontrar a los responsables de tomar las decisiones –lo que siempre es un reto en una empresa multinacional–, pintando el dolor y aumentando presupuestos, el adversario finalmente nos pidió que hiciéramos una presentación para determinar la cantidad de nuestro producto que debían comprar, a qué coste unitario, etc. Nosotros les sugerimos que era mucho más sensato que fueran ellos quienes nos dijeran lo que pensaban y nos explicaran bien hacia dónde querían ir y qué intentaban hacer, y entonces, con toda esa información, nosotros podríamos responder con ideas adaptadas a sus necesidades. Nos dijeron que era una gran idea.

Si insistes

Si, por la razón que sea, al final decides hacer una presentación formal, al menos procura hacerla bien. En primer lugar, asegúrate de que te diriges a los encargados de tomar las decisiones. Si haces una presentación formal ante la persona equivocada, estarás perdiendo el tiempo y la energía. En segundo lugar, negocia la agenda antes del gran día. El adversario debe saberlo: «Allá vamos, la presentación formal». El adversario debe saber cuál será el contenido exacto. El adversario debe saber que ha llegado el momento de decir que «sí» o que «no», que el «tal vez» no es aceptable como respuesta tras la presentación. Asegúrate de negociar este acuerdo en una agenda. Si no lo negocias de antemano, ¿qué harás cuando oigas el temido «tal vez»? Por último –y espero que a estas alturas del libro sea algo que te resulte obvio–, procura que la presentación se mantenga en todo momento en el mundo del adversario.

Es cierto que, dada la naturaleza de las presentaciones, estás contando las cosas en lugar de dejar que las vean por sí mismos, pero al menos háblales de los temas que están impulsando la negociación. Presenta *sólo* información relacionada con las preocupaciones de tu adversario, información que responda a sus problemas, o al menos lo que tú sepas al respecto, que probablemente no sea mucho porque, si no, no estarías haciendo una presentación.

No caigas en la tentación de poner toda la carne en el asador. Si el único dolor es la capacidad máxima de carga del neumático, olvídate de la anchura de éstos. Si estás intentando vender una casa con un césped precioso, pero el comprador no ha expresado ningún interés por ello, reprime la tentación de soltar una larga perorata sobre el tema. Deja que el césped hable por sí solo. Siempre puedes sacar el tema más adelante, si se presenta la ocasión. («Sumar restando»: el viejo dicho del mundo del deporte sobre cómo mejorar un equipo deshaciéndose de un determinado jugador también es válido en las presentaciones). Presenta los temas por orden de importancia: «Señor Smith, como sabemos que lo que más le preocupa es la potencia, veamos primero el motor. Después comprobaremos el espacio para la cabeza del asiento del conductor, ya que usted es bastante alto y sé que eso también es importante para usted».

¿Recuerdas al estudiante de instituto del capítulo 3 que jugaba al fútbol americano y que utilizó mi sistema? Aunque nunca hizo una presentación formal de su solicitud a la universidad que finalmente escogió –y que también le escogió a él–, sí hizo una demostración en vídeo, y el punto clave de su demostración es aplicable a todas las presentaciones. La mayoría de los aspirantes cometen el error de enviar vídeos sobre su propio mundo: clips de sus espectaculares carreras, recepciones y *touchdowns*. Pero ¿es eso lo que realmente quiere ver un entrenador? Si no lo es, si el dolor del entrenador está en otra parte, el recluta no ha logrado hacer una presentación que se dirija a ese dolor. La forma de averiguarlo es hacer la pregunta que el aspirante de la historia hizo a todos los entrenadores: «¿Cómo evalúa a un jugador?» Pese a tratarse de una pregunta de sentido común, muy pocos chicos la hacen. Nuestro aspirante descubrió que las respuestas variaban mucho de un entrenador a otro y que, a menudo, resultaban bastante limitadas. A un entrenador le interesaba sobre todo la capacidad de salto vertical, a otro la velocidad, a otro el trabajo de fuerza (en concreto, el *press* de banca).

Un entrenador reconoció que nunca contrataría a un defensa que midiera menos de 1,80, y otro a ningún jugador que midiera menos de 1,80. En cualquier caso, ningún entrenador le dijo o sugirió: «Envíame vídeos de tus mejores jugadas». De modo que nuestro aspirante adaptó el vídeo a las respuestas de cada entrenador. Se presentó en el mundo de cada entrenador, no en el suyo propio. Les mostró lo que decidió que *ellos* querían ver, no lo que él creía que querían ver ni lo que él quería ver de sí mismo. Un enfoque de este tipo requiere mucha disciplina y trabajo.

En pocas palabras, si insistes en hacer presentaciones formales, o si un adversario escurridizo o sigiloso insiste en que hagas una, hazlo bien. No te salgas del sistema. Está muy bien recurrir a transparencias, ilustraciones, gráficos, multimedia y todas las herramientas que ofrece PowerPoint y otros programas informáticos, pero nada de todo eso funcionará si confías en que la ostentación por sí sola haga el trabajo por ti. No lo hará.

Si tu tecnológicamente avanzada presentación no está dirigida a la visión y el dolor de tu adversario, estarás desperdiciando los *gigabytes*. (Y si has negociado bien hasta ahora, los habrás desperdiciado de todos modos).

La siguiente negociación

¿Qué es el paso previo antes del final? Es el recordatorio de que el trabajo en *esta* sesión de negociación no termina hasta que hayas preparado la transición a la siguiente sesión mediante la herramienta «cuál es el siguiente paso» de tu agenda, o hasta que tengas preparada una forma de abandonar la negociación definitivamente, es decir, hasta que te desvanezcas en la noche. El paso previo antes del final va de la mano de «cuál es el siguiente paso» y ambos garantizan que la negociación sea organizada y eficaz. En la negociación de Network, Inc. que hemos examinado varias veces a lo largo de este libro, el presidente expuso cuál era el problema y le dijo a su adversario lo que quería: que la otra empresa propusiera una solución. Entonces añadió: «Cuando hayan ofrecido una solución, estaremos encantados de sentarnos con ustedes cara a cara. Mi equipo se reunirá con el suyo en cualquier parte del mundo con veinticuatro horas de antelación. Sólo tiene que llamarme y decirme dónde».

Ése es un buen ejemplo de paso previo antes del final: avisar al adversario de las condiciones para la siguiente sesión de negociación. Dos días después de la teleconferencia, el adversario solicitó una reunión inmediata en Alemania. Como sabemos, al final todo salió bien.

Retomemos ahora la negociación que he presentado en el capítulo 3 entre la empresa que hemos bautizado con el nombre de Bonanza, Inc. y la gran multinacional, aquélla de la que Bonanza acabó harta tras enfrentarla a otras dos empresas por un gran proyecto. Bonanza tenía unas quince personas trabajando en este acuerdo con sus diversos homólogos de la multinacional. Diría que en total tuvimos unas quinientas sesiones de negociación de todo tipo, incluidas mininegociaciones por correo electrónico. Era una situación realmente complicada. Si las trazáramos sobre un papel, todas las pequeñas negociaciones dentro de la gran negociación tendrían el aspecto de una enmarañada tela de araña. Pero, en realidad, todas esas piezas de la negociación encajaban lógicamente gracias a las agendas y a la diligente preparación de cada etapa del camino. Incluso los correos electrónicos y las llamadas telefónicas preparaban el terreno para el siguiente correo o la siguiente llamada. Gracias a todo esto, en la actualidad Bonanza mantiene una relación especial con la multinacional. (Aunque con muchas multinacionales, estas alianzas suelen carecer de sentido, o incluso ser peligrosas, éste no es el caso).

No es que tu trabajo no termine después de esta sesión de negociación, sino que tampoco se acaba después de firmar el acuerdo ante notario. El contrato firmado no es más que otra decisión. Para empezar, la gente incumple los contratos constantemente. Y lo que es más importante, la mayoría de los contratos, casi por definición, implican una serie de obligaciones futuras para ambas partes. Los acuerdos se firman *para hacer algo*. Una de las partes, o ambas, deben entregar, intercambiar o regalar algún bien o servicio. Algo tiene que funcionar bien. Algo está garantizado. Así que, adelante, célébralo con champán, pero después no bajes la guardia. Prepárate para más negociaciones. Como la historia ha demostrado con demasiada frecuencia a lo largo de los últimos milenios, mantener la paz es mucho más importante, y mucho más difícil, que firmar un tratado de paz. De eso va el paso previo antes del final.

Pero también va de cómo terminar la negociación sin llegar a un acuerdo. Esto es algo que ocurre tanto en el mundo de las ventas directas como en las fusiones empresariales multimillonarias. Tienes un presupuesto determinado para la negociación, tienes una misión y un propósito, y simplemente el acuerdo no puede llevarse a cabo. Al final te das cuenta. Decides que ha llegado el momento de retirarse. Cuando esto ocurre, soy partidario de una aproximación tranquila y sosegada del tipo: «Gracias, pero no, tal vez la próxima vez». En mi opinión, esta forma de retirarse es mucho más eficaz que quemar puentes. No me gusta ver cómo mis clientes queman sus puentes, por muy mal atendidos que se sientan. En primer lugar, demuestra que necesitan algo. No sentirían la tentación de quemar puentes si no hubieran invertido demasiado emocionalmente. Por otro lado, ¿quién sabe lo que ocurrirá en el futuro? Al fin y al cabo, es muy habitual que la gente cambie de opinión. No veo ninguna ventaja en quemar puentes, salvo algún tipo de autovalidación a corto plazo, y ese tipo de necesidad no es aceptable en mi sistema.

Una última historia, un poco larga pero instructiva, sobre el valor del paso previo antes del final. Uno de mis primeros alumnos, Eric, había abandonado la universidad para ponerse a trabajar, como su padre, en el negocio de los seguros de vida, uno de los mejores entornos para desarrollar las habilidades de negociación. Una de sus primeras clientas fue una anciana que vivía en una residencia de jubilados. Eric descubrió el dolor de esta señora –tenía 300 000 dólares en el banco–, la ayudó a reconocer su dolor –podía sacarles un mayor rendimiento–, tenía un presupuesto, comprendió el proceso de toma de decisiones de la mujer y creó una agenda mediante la cual intentaría ayudar a la señora a poner remedio a su dolor. Cuando el jefe de ventas de Eric se enteró de la envergadura de la negociación, se entusiasmó como suelen hacerlo los jefes de ventas, e insistió en ayudarle a *cerrar* el trato. Eric negoció inmediatamente otro trato con el jefe de ventas: podía acompañarle, pero sólo si mantenía la boca cerrada. No conocía el sistema de negociación de Eric y podía echarlo todo a perder.

La negociación entre nuestro negociador de diecinueve años y su adversaria de sesenta y siete, empezó como estaba previsto y continuó como la seda. La mujer decidió darle tres cheques de 100 000 dólares cada uno. En ese momento, Eric hizo exactamente lo que estipula el paso previo antes del final, la regla de «No cierres el trato», la técnica 3+ y la capacidad de cuidar: le devolvió los tres cheques a su posible clienta y le preguntó: «¿Está segura de que esto es lo que quiere hacer? No quiero que lo haga a menos que esté segura de que es lo que quiere hacer». Le ofreció todas las oportunidades del mundo para decir que no. Como era de esperar, el jefe de ventas hizo ademán de interrumpirle, pero Eric le dio una patada por debajo de la mesa.

Ahora dejaré que Eric retome la historia tal y como me la contó él mismo más tarde:

«Jim, aunque yo estaba muy a gusto, creía que a mi jefe de ventas le iba a dar un infarto. No tenía ni idea de lo que estaba haciendo. No entendía que me estaba preparando para la siguiente negociación. Por supuesto que quería ayudar a mi clienta, pero también quería asegurar mi sistema de referencias, y si no lo gestionaba correctamente, no recibiría ninguna referencia por parte de aquella señora. Cuando terminó la reunión, hablé en privado con ella. Me dijo en voz baja que cuando volviera con los otros documentos que tenía que entregarle, no trajera a mi otro "compañero".

»No sabía exactamente por qué, pero no confiaba en él. Dos días después, me llamó para decirme que había estado hablando con sus amigas de la residencia y que les gustaría invitarme para hablar de cómo podía ayudarlas como la había ayudado a ella. Jim, estoy convencido de que el paso previo antes del final fue clave para ganar once clientes nuevos».

Estoy convencido de que Eric estaba en lo cierto.

14

La mayor lección de la vida
La única garantía de éxito a largo plazo

En cualquier aspecto de la vida, incluida la negociación, hay una correlación directa entre la imagen que tenemos de nosotros mismos y nuestro rendimiento. Siempre rendimos al nivel de la imagen que tenemos de nosotros mismos. Nuestro mundo lo han construido hombres y mujeres con una gran autoestima. Para tener éxito en una negociación, la autoestima es absolutamente fundamental. Gracias a ella, tenemos la confianza para enfrentarnos a la debilitante necesidad, para tragarnos el falso orgullo, para tomar decisiones difíciles, en definitiva, para encarar todos los desafíos que he presentado a lo largo de estas páginas. Este último capítulo es tan importante como todos los anteriores.

¿Queda claro que no hay contradicción entre tener una autoestima alta y permitir que tu *adversario* se sienta bien? La autoestima es la valoración interna que haces de ti mismo en tanto individuo, y nada puede afectarla. Estar bien es la presentación *pública* que haces de ti mismo. La diferencia es enorme, obviamente. Tener una autoestima alta es precisamente lo que te permite que tu adversario sea el que se sienta bien en la negociación.

La autoestima te mantiene en la pelea cuando las perspectivas no son demasiado halagüeñas. Gracias a ella, nada puede impedir que te veas a ti mismo como una persona fuerte, capaz, digna y exitosa. Una imagen positiva de nosotros mismos nos da la fortaleza necesaria para tolerar altos niveles de éxito. Confirma el deseo de desarrollar nuestras capacidades. Exige que se nos pague en su justa medida por el trabajo realizado. Una autoimagen elevada es lo que no nos deja dormir por las noches cuando hemos hecho algo mal.

Por otra parte, los que tenemos una mala imagen de nosotros mismos no pagaremos el precio de la victoria. Nos bajaremos del tren. Bill Gates no se enfrentó al gobierno federal mientras cargaba con una baja autoestima. De hecho, reto a cualquiera a encontrar ejemplos de grandeza en cualquier campo producidos por individuos con una baja autoestima.

Piensa si no en el niño al que un padre excesivamente crítico llama torpe y le dice que tiene «dos pies izquierdos». ¿Qué éxito podemos esperar de él en el campo del atletismo? No mucho. ¿Cuántos niños has conocido que ni siquiera han intentado hacer algo por miedo a pasar vergüenza? ¿A cuántos niños llaman «tontos» a una edad muy temprana? ¿Cuántos adoptan el apelativo de «tonto» como *autoimagen* y después demuestran que es verdad? ¿Cuántas veces has oído a alguien decir: «No me veo haciendo eso»? Pero ¿y, si en lugar de eso, dijeran: «Voy a hacer todo lo posible para conseguirlo»? ¿Qué persona tiene la imagen de sí misma que le dará la oportunidad de hacer realidad su sueño?

No soy fatalista. No creo que nuestro destino quede grabado en piedra a los tres años, ni siquiera a los treinta. Por supuesto, los éxitos y los fracasos a una temprana edad influyen en el desarrollo de la autoestima, pero *todo el mundo* puede lograr, mantener y merecer una autoestima muy *superior* a la que tiene si se esfuerza un poco. Y esta observación me lleva al tema principal del capítulo, los actos desinteresados, que introduciré con una última historia sobre el entrenador Woody Hayes.

En 1975, Ohio State se enfrentó a un gran equipo de Michigan entrenado por Bo Schembechler. Era el típico enfrentamiento entre Woody y Bo: ambos equipos estaban invictos y clasificados entre los tres mejores del país. Era como una pelea por el campeonato en la que dos pesos pesados intentaban noquearse mutuamente. Durante los tres primeros cuartos y medio, el partido estuvo muy reñido. Entonces, al final del último cuarto, Ray Griffin, uno de los mejores jugadores de Ohio State, interceptó un pase de Michigan y lo devolvió a la línea de tres yardas. ¡Menuda jugada! Los aficionados de los Buckeye se volvieron locos, no sólo en Ann Arbor, donde se estaba disputando el partido, sino en todo el mundo. Una vez más, Ohio State estaba a punto de ganar la Rose Bowl.

Cuando el equipo regresó a Columbus desde Ann Arbor, fue recibido en el aeropuerto por unos veinte mil aficionados. Para celebrar la victoria y la próxima aparición en Pasadena, un grupo de aficionados regaló una docena de rosas rojas a cada una de las mujeres que habían viajado con el equipo. Acto seguido, el entrenador Hayes hizo algo muy extraño: confiscó todas las rosas y las metió en su camioneta El Camino. Nadie entendió por qué lo hacía, ni tampoco preguntaron. De hecho, nunca se lo contó a nadie qué había hecho con las flores. Mucho más tarde descubrí que, pese a haber dormido sólo cinco horas la noche anterior, se dedicó a recorrer todos los hospitales de Columbus para regalar una rosa a cada enfermo terminal que encontró, hasta que se acabaron las flores.

El entrenador Hayes estaba aplicando la lección que había aprendido explícitamente de Emerson y que enseñaban de forma implícita todas las grandes religiones del mundo, la lección que había enseñado a sus jugadores de Ohio State y a muchos otros del resto del país: en este mundo, hay que «hacer actos desinteresados» porque es muy difícil devolver un favor a la misma persona que nos lo ha hecho. Con las rosas que distribuyó en el hospital el día después de la gran victoria, el entrenador Hayes estaba devolviendo el favor por adelantado. (La película *Cadena de favores,* del año 2000, combinaba esta idea con la de los mensajes en cadena).

¿Recuerdas cómo te sentías de niño cuando recibías algún regalo? Estabas emocionado. Pero, por muy emocionado que estuvieras al recibirlos, ¿recuerdas cómo te sentiste la primera vez que ganaste tu propio dinero y le compraste un regalo a alguien a quien querías con ese dinero que te había costado tanto ganar? ¿Recuerdas lo bien que te sentiste cuando esa persona se emocionó? Una vez le regalé a mi abuela un óleo de un paisaje marino. La mujer se emocionó tanto que se puso a llorar. Fue el día más emocionante de mi vida. ¿Por qué los ricos regalan su dinero? Es cierto que no pueden llevárselo a la tumba y que quieren evitar pagar demasiados impuestos, y que muchos no quieren consentir *demasiado* a sus hijos (algo muy inteligente por su parte), pero también lo hacen para sentirse mejor consigo mismos. La gente que tiene mucho dinero también tiene problemas de autoimagen, como todo el mundo.

La filantropía es pagar por adelantado. Dar el diezmo a un lugar de culto es pagar por adelantado. Pero también lo es el sacrificio patriótico. O dormir en hospitales con los heridos, como hizo el presidente Lincoln. La reina Isabel I de España pagó por adelantado a Colón cuando le extendió un cheque para que explorara lo desconocido, hace más de quinientos años. Un anciano de Iowa, propietario de un gran elevador de grano, pagó por adelantado a un joven que trabajaba en una gasolinera cuando le dijo que se haría cargo de la matrícula universitaria si prometía esforzarse. Esto ocurrió durante la Gran Depresión. Sin esta ayuda, lo más probable es que el joven se hubiera quedado en la gasolinera. Gracias a ella, Roy M. Kottman estudió en la Universidad de Iowa y llegó a ser decano de agricultura en la Universidad de Ohio, desempeñando un papel fundamental en el desarrollo de cultivos híbridos que cuadruplicaron el rendimiento y ayudaron a alimentar al mundo.

No hay nada nuevo en todo esto. Puede que el contexto sea inusual, pero estoy hablando de una sabiduría milenaria. Los logros exigen autoestima, y para aumentar la autoestima sólo hay que empezar a pagar por adelantado, de una forma más eficaz y a la menor oportunidad, con la familia y los amigos, en el trabajo, en la comunidad, en el lugar de culto, en todas partes. Y después deberías hacerlo un poco más. Cosecharás los beneficios en todos los aspectos de tu vida, también en la mesa de negociaciones.

A lo largo del libro he hablado de actitudes, comportamientos y actividades fundamentales para el éxito en la negociación. Pagar por adelantado es tan importante como cualquiera de ellas. Es la forma más radical de verse a uno mismo como una buena persona, una persona de éxito, una persona que contribuye a la sociedad. Es la forma más radical de *ser* esa persona. Es el secreto para aumentar la autoestima, independientemente de la edad o las circunstancias vitales. *Cualquiera* puede hacerlo. No hay excusas que valgan.

Incluso se puede pagar por adelantado en el cruel mundo de los negocios. A modo de ejemplo, te contaré una última historia. Esta historia se remonta a mediados de los años cincuenta, cuando la reina de Inglaterra decidió poner a la venta las tierras que poseía en la región del lago Muskoka, en Ontario (Canadá). Esta tierra nunca había sido propiedad de ningún hombre blanco antes de la reina. Había sido arrebatada a los canadienses originales por un tratado. Mi padre pujó a ciegas por una parcela en el lago Go Home y, para alegría de su familia, su oferta fue aceptada. En la primera visita a nuestra nueva propiedad, mi padre conoció a un viejo trampero y cazador del lago llamado Joe Bolier. Joe estaba empezando a construir cabañas de verano para los nuevos habitantes del lago, gente como nosotros. Contaba con un pequeño equipo de trabajadores de la zona, y estaba creando un pequeño puesto comercial. Papá y Joe negociaron por nuestra nueva cabaña y cerraron el acuerdo con un apretón de manos. No hubo nada por escrito. La cabaña estaría lista cuando regresáramos el verano siguiente.

Según lo planeado, aparecimos con suficientes muebles viejos y otras cosas para hacer de la nueva cabaña nuestra nueva casa de veraneo. Joe pasó a saludarnos y a asegurarse de que papá estaba contento con su trabajo. Papá estaba contento y así se lo dijo. Después le miró a los ojos y le preguntó si estaba satisfecho con el trato. Joe respondió: «Verás, Larry, no me ha ido muy bien. He perdido dinero. Subestimé el coste de subir toda la madera por los acantilados». Sin ni siquiera pestañear, mi padre le preguntó: «Joe, ¿otros 800 dólares cubrirían tu pérdida y te darían un beneficio justo?».

El hombre se quedó atónito. No había conocido a muchos terratenientes como mi padre, pero, como hombre de negocios, mi padre sabía que aquello era lo que debía hacer. Sinceramente, creo que papá, al ser estadounidense, se sentía un poco incómodo en Canadá. Quería sentirse mejor en aquel país. Al hacer lo correcto, estaba protegiendo la alta imagen que tenía de sí mismo. Devolvía cada frase y cada acto tal como los recibía. Papá estaba pagando por adelantado por toda una vida de servicio por parte de Joe. No tuvimos que preocuparnos nunca más de la nieve en el tejado, eso seguro. Joe siguió con el negocio en Go Home Lake y ayudó a muchas otras personas con el pequeño beneficio que obtuvo de mi padre.

Mi padre no necesitaba la autosatisfacción de obtener hasta el último céntimo de cada negociación. Quería un valor justo. Si sabía que lo estaba obteniendo, no le importaba pagar el precio total. Yo soy igual. Pagar el precio total, cuando está justificado, me permite *pedir* el precio total, cuando está justificado. Recuerda que en este mundo solemos obtener lo que pagamos. Y también rendimos al nivel de la imagen que tenemos de nosotros mismos.

Conclusión

¡Baila con el tigre!
Treinta y tres reglas para recordar

Todos somos negociadores profesionales, ¿no crees? Es posible que muchos de nosotros no nos consideremos así, pero todos intentamos llegar a acuerdos todos los días a través de la *negociación*. Algunos lo hacemos al azar, incluso sin entusiasmo, mientras que otros nos damos cuenta de que, ya que siempre estamos negociando, cuanto mejor lo hagamos, mejor nos irá. Es de suponer que los lectores de este libro pertenecen a esta última categoría; quieren ser mejores negociadores. Entienden que hay distintos niveles de cualificación, como en cualquier otra disciplina. El propósito de este libro ha sido el de proporcionarte la cualificación básica en un sistema que transformará radicalmente el modo en que te enfrentas a las negociaciones. Ahora es el momento de ponerlo en práctica.

En la introducción he dicho que los fundamentos de mi sistema son bastante fáciles de entender, pero que requieren disciplina, paciencia y práctica. En la conclusión sigo pensando lo mismo, aunque soy consciente de que el aprendizaje no es automático y que muchos lectores tendrán dificultades para implementar algunos de los principios menos intuitivos de mi sistema, como, por ejemplo, «simplemente di no». Y lo sé porque a mis clientes les pasa lo mismo. Los nuevos siempre necesitan un período de adaptación. Muchos han sido negociadores durante toda su carrera profesional, y tienen que pasar de preocuparse porque no cumplen todos los requisitos del todos ganan a tener que decirle a alguien que «no».

La adaptación lleva su tiempo. En concreto, ochocientas horas, según un estudio que goza de toda mi confianza.

Entonces, ¿cómo deberías adaptarte exactamente al sistema Camp? En primer lugar, y como he sugerido de vez en cuando a lo largo del libro, te recomiendo que primero pongas en práctica los principios y reglas más sencillos y específicos de mi sistema. Al final de esta conclusión encontrarás una lista de treinta y tres reglas concisas –un número bonito y pegadizo– que son un excelente resumen del sistema y que actúan de catalizadores de la memoria. Las reglas no siguen ningún orden concreto, porque todos los elementos de mi sistema están interconectados, por lo que todas las reglas funcionan en combinación con todas las demás. Antes de leer el libro, la mayoría de ellas, como «No cierres el trato», no habrían tenido ningún sentido. A estas alturas, sin embargo, espero que tengan un poco más. Cuando leas «No cierres el trato», sabrás que me estoy refiriendo a la necesidad, algo que debemos controlar, pero también a la ansiedad de tu adversario al sentirse presionado, algo que deberías evitar. Asimismo, sabes que el concepto de «No hables» también está relacionado con la necesidad propia y la capacidad de hacer borrón y cuenta nueva, pero también es un recordatorio de que es preferible hacer preguntas y escuchar que responder y hablar. «Cuanto más clara sea la imagen del dolor, más fácil será el proceso de toma de decisiones» nos recuerda que no podemos decirle nada a nadie, sino que sólo podemos ayudarles a *ver por sí mismos* el dolor que les ha traído hasta la mesa de negociaciones.

Cada día o varias veces por semana, anota todas aquellas reglas que creas que eres capaz de gestionar, revísalas por la mañana y pruébalas a lo largo del día en diferentes situaciones. Encuentra un contexto seguro para decir que «no», asegurándote de incluir también un poco de cuidados y una pregunta con partícula interrogativa: «Amanda, no puedo hacerlo. De verdad, no puedo, pero me gustaría trabajar contigo. ¿Cómo podemos encontrar una solución alternativa?».

En una situación en la que sientas que se avecina un pequeño conflicto, simplemente pregunta: «¿Qué quieres que haga, Jonathan? Estoy a tu servicio».

Prueba el efecto Colombo en una situación inocua y muéstrate un poco torpe: quédate sin tinta para la pluma o sin batería para el móvil, lo que sea.

Cuando te des cuenta de que estás hablando demasiado, prueba la mejor reversión que existe en combinación con una pregunta con partícula interrogativa: «Bueno, ya basta de hablar de mí, Pete. ¿Cómo ves todo esto?».

Al día siguiente o a la semana siguiente, anota otro conjunto de reglas, y a la semana siguiente, otro distinto. Combínalas como quieras; todas funcionan juntas. En esta primera fase de «prueba», no es necesario que sitúes estas actividades en un contexto demasiado amplio. Lo único que necesitas es convencerte de que funcionan. Gracias a esto, conseguirás dos objetivos: sentirte cómodo con ellas y comprobar que *funcionan*. Tranquilo, tendrás muchos más aciertos que fallos.

¿Por qué? Porque estarás implementando objetivos *válidos*: hábitos y actividades que puedes controlar. No mostrar necesidad, hacer buenas preguntas, no sentirse bien, decir y escuchar que «no», hacer borrón y cuenta nueva… Todos éstos son objetivos conductuales válidos. En el capítulo 5, he mencionado el seguimiento diario que llevan a cabo mis clientes con el objetivo de monitorizar sus hábitos y emociones durante el proceso de una negociación. Esta evaluación crítica de los objetivos de comportamiento nos ayuda a detectar nuestros puntos débiles, a trabajar con nuestros puntos fuertes y a desarrollar la autoestima. También nos ayuda a evaluar cómo estamos utilizando el tiempo, cómo estamos asimilando el material, cómo nos estamos desenvolviendo como negociadores. Te animo a que establezcas tu propio registro diario, una hoja donde anotes todas las veces que has controlado la necesidad, no te has sentido bien, has dicho «no» y has invitado a tu adversario a decir que «no», has cuidado de tu adversario, has hecho reversión, has utilizado la técnica 3+, has conectado, has hecho preguntas con partícula interrogativa, has tomado buenas notas, has aceptado una mala decisión y la has corregido con la siguiente y has logrado contener tus emociones. Me doy cuenta de que es muy fácil pedirte que lo hagas, e incluso para ti es fácil tener la intención de hacerlo, pero que, en el ajetreado mundo en el que vivimos, es realmente difícil llevarlo a la práctica. No me hago ilusiones. Además, como *coach in ab-*

sentia, no tengo ningún poder de supervisión, y mucho menos de imposición, pero te garantizo que el ejercicio es extremadamente útil.

Ya está listo para probar el sistema Camp

La primera fase sirve para familiarizarte con las actividades, principios, objetivos y hábitos básicos. Y sin dejar de pagar por adelantado, por supuesto, siempre fomentando la autoestima. ¿Cuánto tiempo tienes que dedicar a esta etapa? No tengo ni idea. El tiempo que necesites para sentirte lo suficientemente cómodo para pasar a la siguiente fase. Pasas del primer testeo a la prueba de fuego, si me permites la metáfora. Ahora ya estás listo para implementar el sistema en una negociación real. Yo elegiría una bastante sencilla, una situación en la que te sientas cómodo, tal vez no la más importante de tu negocio en este momento. Si fuera tú, me diría: «Vale, allá vamos. Probemos el sistema Camp y veamos qué pasa».

No creas que no vas a cometer ningún error; tu necesidad está bajo control. Te sugiero que empieces esta primera negociación de prueba con un proceso en cinco pasos.

En primer lugar, asegúrate de tener una misión y propósito adecuado y sólido y que se sitúa en el mundo de tu adversario, para que así puedas ver y decidir que las ventajas y características de tu producto o servicio, o lo que sea, son lo que desea adquirir en este momento *(véase* el capítulo 4).

En segundo lugar, asegúrate de conocer el verdadero dolor de tu adversario, la verdadera razón por la que está negociando. Haz preguntas para crear su visión *(véase* el capítulo 9).

En tercer lugar, evalúa todos los presupuestos implicados: tiempo y energía, dinero e inversión emocional, tanto para ti como para tu adversario.

Ten siempre presente estos presupuestos, contrólalos en todo momento y observa cómo influyen en las decisiones de ambas partes *(véase* el capítulo 10).

En cuarto lugar, asegúrate de que tratas con los verdaderos responsables de la toma de decisiones. *(véase* el capítulo 11).

Quinto, no llames por teléfono ni escribas un correo electrónico sin planificar una agenda para esa llamada o correo *(véase* el capítulo 12).

Aunque he clasificado estas actividades de la «primera» a la «quinta», siempre puedes implementar más de una al mismo tiempo. A medida que establezcas el esquema básico de la negociación, ten siempre presente los objetivos conductuales que has practicado en la primera fase: hacer borrón y cuenta nueva, hacer buenas preguntas, etc. Todo está relacionado.

Siéntate a hacer balance periódicamente, no sólo para hacer el seguimiento diario de tus objetivos conductuales, sino también de la negociación que tengas entre manos. Tómatelo con calma. Es normal si te sientes incómodo al decir que no. Puede que estés tan acostumbrado a «celebrar reuniones» durante una negociación que te cueste entender cuál es exactamente la agenda de ésta en concreto. Pero también descubrirás que, al centrarte en las cosas que puedes controlar en cada momento –como tu agenda–, la negociación avanza, más rápido o más despacio, pero avanza. O quizá no. Tal vez no vaya a ninguna parte. Si te ocurre eso, dispones de las herramientas para descubrir el motivo. ¿Es realmente válida tu misión y propósito? ¿Conoces realmente el dolor de tu adversario? ¿Lo conoce él?

Poco a poco, vas haciéndote una idea de cómo encajan las piezas del rompecabezas. Cuando la negociación termine, sea como sea, reflexiona sobre cómo han ido las cosas, elige otra negociación en la que implementar el estilo Camp y vuelve a empezar. Primero gateas, después caminas y por último… *bailas*. Ahora es cuando se pone realmente divertido.

¿Cuánto se tarda en sentirse como en casa sobre la pista de baile? Sin la formación adecuada, nunca te sentirás *completamente* cómodo. El estudio y la práctica de la negociación son extraordinariamente complicados. Cada negociación es distinta, y cada ser humano es un mundo. La plena aplicación del sistema presentado en este libro requiere de una gran disciplina, como no me he cansado de repetir, y es difícil mantener esa disciplina en cualquier tarea cuando se trabaja solo. Por eso casi ningún atleta de élite entrena solo.

Entonces, ¿cuánto tiempo tardarás en sentirte *relativamente* cómodo? Eso también puede ser pedir demasiado sin la formación adecuada.

¿Cuánto tardarás en sentirte *mucho más cómodo* de lo que te sientes ahora? Si se te da genial, podrías alcanzar ese nivel en un par de meses. O puede que sean seis meses o más. Todo depende del esfuerzo y del talento innato.

Sólo hay una cosa que tengo clara: cada día te sentirás más familiarizado con el sistema, más convencido de que funciona y más informado sobre cómo y por qué funciona. Cada día serás mejor negociador de lo que eras el día anterior, y un día, por primera vez en tu carrera profesional, empezarás a rendir a un nivel muy cercano a tu auténtico potencial.

Te lo garantizo.

Las treinta y tres reglas

- Toda negociación es un acuerdo entre dos o más partes en el que todas las partes tienen derecho de veto, es decir, el derecho a decir que «no».
- Tu trabajo no consiste en caer bien, sino en ser respetado y trabajar eficazmente.
- Los resultados *no* son objetivos válidos.
- El dinero no es una misión y propósito válidos.
- Nunca jamás te vayas de la lengua en el vestíbulo ni en ningún otro sitio.
- Nunca empieces una negociación, ni hagas una llamada, sin una agenda válida.
- Los únicos objetivos válidos son los que puedes controlar: el comportamiento y la actividad.
- Tu misión y propósito deben establecerse en el mundo del *adversario;* tu mundo debe ser secundario.
- Dedica el máximo tiempo a la actividad remunerada y el mínimo a la no remunerada.
- No *necesitas* algo. Lo *quieres.*
- No salves. No puedes salvar a tu adversario.
- Sólo hay una persona que puede sentirse bien durante la negociación: tu adversario.

- Toda acción, y decisión, comienza con una visión. Sin visión, no hay acción.
- Trata siempre con respeto al bloqueador.
- Todos los acuerdos deben aclararse punto por punto y confirmarse tres veces (mediante la técnica 3+).
- Cuanto más clara sea la visión del dolor, más fácil será el proceso de la toma de decisiones.
- El valor de la negociación se multiplica a medida que se invierte tiempo, energía, dinero y emoción.
- No hables.
- Permite que el adversario salve las apariencias en todo momento.
- La mejor presentación que puedes hacer es la que tu adversario nunca ve.
- La negociación sólo termina cuando queremos que termine.
- «No» es bueno, «sí» es malo y «tal vez» es peor.
- Absolutamente nunca cierres un acuerdo.
- Baila con el tigre.
- Nuestra mayor fuerza es nuestra mayor debilidad (Emerson).
- Pinta el dolor.
- La misión y el propósito lo impulsan todo.
- Las decisiones dependen completamente de las emociones.
- Las preguntas con partícula interrogativa impulsan la visión.
- Cuida.
- No hagas suposiciones. No tengas expectativas. Haz borrón y cuenta nueva.
- ¿Quién toma las decisiones? ¿Los conoces a todos?
- Paga por adelantado.

Agradecimientos

Presentar un libro ante el mundo requiere mucho más que conocimientos y experiencia sobre el tema (en este caso, sobre la negociación). Sin la confianza, la visión y el talento de mis socios, Bob Jordan y Patty y Mike Bryan, este libro no estaría ahora mismo en tus manos. También me gustaría agradecer especialmente a John Thornton y Joe Spieler, de la Agencia Literaria Spieler, por ayudarme a dar forma a este proyecto y a colocarlo en Crown Business, y a Ruth Mills y después a John Mahaney, quienes heredaron el proyecto y lo llevaron a buen puerto con inteligencia y energía.

Los entrenadores de éxito deben tener jugadores de talento con los que trabajar. Yo he sido extremadamente afortunado en este sentido, por lo que expreso mi más sincera gratitud a esos hombres y mujeres. Por razones obvias, no puedo citar tu nombre, pero quiero que sepas que tu éxito es una fuente continua de alegría y que jamás olvidaré ni tu fe ni tu confianza.

Un *coach* de éxito también necesita una base de principios y verdades aprendidos de grandes *coaches*, maestros, mentores, socios y respetados oponentes. Los primeros entre éstos son mi padre, Lawrence R. Camp, y mi abuelo Richard Barlow. Siempre les estaré agradecido por sus consejos y liderazgo.

Coach

Irving P. Olmstead
Duffy Daughtery
Mayor Dave Miller
Salvatore Ruvolo
Norm McElheney
Billy O'Brien
Earl Bruce
Alex Gibbs
Terry Forbes
Jim Haney

Woody Hayes
Coronel L. A. Bienvenu
John Mummey
Tom Hawkins
Dan O'Brien
Dave O'Brien
Jim Anderson
Casey Fredricks
Joe Delamiellure
Carl Fanarro

Dick Eaton
Fred Taylor
Eldon Miller
George Chaump
George O'Leary
Hugh Hindman
Floyd Stahl
Bill Conley
Glen Mason
Eric Tudor

El personal de la Escuela de Supervivencia de la Fuerza Aérea de Estados Unidos, Base de la Fuerza Aérea Fairchild, Washington

Profesores

Bob Barnettson
Prof. William Hubbard
Cal Lowery
Ernie Reese

Prof. Bob Bartells
Prof. Roy Lewicki
Don McComas
Ed Calhoun

Prof. Julian Gresser
John Hendrix
Dick Stratford
William H.
Crawfor III

Mentores

Prof. Arthur Cullman
James Barlow
Jack Havens
Ross Bartschy Sr.
Art DelNero
Bill Dever
John Easton

David Sandler
Wade Stanley
Bob Kanuth
Chalmers Wylie
James Rhodes
Don Biller
Tim McRitchie

Stan McCloy
Arthur Jones
Sonny Spriggs
Ron Burson
Robert Prescott
George Castignola
Michael Burke

Socios

Phil Kabealo	Bob Jordan	Dick Glenn
Gerry Betterman	Valerie Kosorek	Jack Cowan
Peggy Hunter	Gretchen Shipley	Ross Bartschy Jr.
Dick Butkus	Brian Kelley	R. J. and Lynn
John Barlow	Michael Tobin	Matthew DeLamater

Y, sobre todo, mi agradecimiento a mi familia por su apoyo incondicional y su fortaleza: a mi mujer, Patty; a mi hijo Jim y a su familia, su mujer, Cynthia, mi nieto, James, y mi nieta, Jordan; a mi hijo Scott y su mujer, Meredith; a mis hijos Todd y Brian, y a mi hija, Kristina.

Índice analítico

Índice